最高人民法院
指导性案例研究

ZUI GAO REN MIN FA YUAN
ZHI DAO XING AN LI YANJIU

姜丽萍　刘斌　主编

中国检察出版社

前　言

随着 2010 年 7 月 29 日最高人民检察院《关于案例指导工作的规定》和 2010 年 11 月 26 日最高人民法院《关于案例指导工作的规定》的发布，"案例指导制度"在经历了多年的呼唤和酝酿之后，破茧而出，正式登上我国法治舞台。[①] 2011 年 12 月 20 日至 2014 年 1 月 26 日，最高人民法院公布了六批 26 个指导性案例，包括民事、刑事、行政等方面。其中民事方面的案例有 15 个，占 57% 以上。撰写本书时，第六批指导性案例尚未公布，因此，只选择了前五批共 12 个民事方面的指导性案例进行研究。

本书认为，指导性案例制度的重要意义可表现为三个方面：

第一，对法官而言，指导性案例来源于法官审结的实际案件。根据最高人民法院《关于案例指导工作的规定》第 2 条的规定，指导性案例是指裁判已经发生法律效力并符合以下条件的案例：（1）社会广泛关注的；（2）法律规定比较原则的；（3）具有典型性的；（4）疑难复杂或者新类型的；（5）其他具有指导作用的案例。[②] 具体而言，在挑选案例时，考虑的因素主要有：已审结的案件效力稳，终审没有申诉；效果好，服判息讼，发布后效果好；具有普适性，常见多发；指导性，即具有典型性、代表性、示范性；文书好，说理充分，展示了法律的理念和方法，没有明显的瑕疵。各级人民法院每年审理的案件上千万件，能够被选上作为指导性案例的案件可谓凤毛麟角。一旦被选上，就表明具有了普遍的适用性和指导作用，无疑是一种巨大的荣誉，是对法官审判工作的一种认可。这将使法院由过去单纯追求案件数量，逐步转向追求案件质量。法官的专业化水平将不断提高，一批法官精英亦将产生。

英国著名的大法官丹宁勋爵主张，法官一方面要依据法律办案，另一方面必须考虑公正，而公正的原则是高于法律条文的。他明确指出："成文法和其他法律文件的语言永远不可能是绝对明确的，因此解释它们的时候就有两条可

---

① 王晨光：《制度构建与技术创新——我国案例指导制度面临的挑战》，载《国家检察官学院学报》2012 年第 12 期。

② 陈兴良：《我国案例指导制度功能之考察》，载《法商研究》2012 年第 2 期。

供选择的道路，我总是倾向于实现公正的解释。"他说，他作为法官的基本信念是，法官的作用就是在他面前的当事人之间实现公正。① 法官职业的性质、责任、使命，促使法官都在极力追求公正地审理每一起案件，实现实体正义，让当事人满意。然而，案情的复杂性、法律的抽象性、认识能力的局限性、其他因素的干扰等，都可能使案件的审理结果事与愿违。指导性案例，给法官一个审理案件的统一标准，既能保证案件的公正审判，又能提高审判的效率。

第二，对律师而言，律师代理案件，首先希望能够找到同类案件已有的判决结果，这样可以产生一种预判。律师最担心的是，同案不同判。"同案不同判"的案件如果胜诉了，当事人往往会对律师的能力给予认可，并对律师的代理工作表示满意。相反，"同案不同判"的案件如果败诉了，当事人就会对律师表示出强烈的不满，称"谁谁谁的案子和我的一样，人家怎么赢了，而我怎么就败了？"将一切责任推到律师身上，认为律师无能。有了指导性案例，对律师来说，就等于有了办理案件的指导方法，可以对所代理的案件，提前有一个预期的判断，也可以在一定程度上满足当事人对律师提出的要求。

我们无法统计，在已经发布的指导性案例中，有多少是律师发挥作用的结果，但一定会有。辩论主义的一个重要作用是，使真理越辩越明。丹宁勋爵不仅要求法官做到公正，而且对一些律师也提出了首先实现公正的要求。他把一些"只关心法律事实上是怎样，而不是它应该是怎样"的律师比作"只知砌砖而不对自己所建筑的房子负责的泥瓦匠"。他认为，那些对社会有责任感的律师，"应该尽自己的力量去探索，使法律的原则和公正保持一致。如果他做不到这一点，他将失去人民的信任"。② 案例指导也会促使律师提高执业水平，产生律师精英。

法官与律师，虽然在法律职业中的定位不同，但丹宁勋爵在谈到法官和律师主持公正时，有一点是非常值得注意的，即"不仅要主持公正，而且要人们明确无误地、毫不怀疑地看到是在主持公正，这一点不仅是重要的，而且是极为重要的"。③

第三，对法学院学生而言，指导性案例为学生们进行案例分析提供了极好

---

① 丹宁勋爵：《法律的正当程序》，李克强、杨百揆、刘庸安译，法律出版社2004年版，第9页。

② 丹宁勋爵：《法律的正当程序》，李克强、杨百揆、刘庸安译，法律出版社2004年版，第9～10页。

③ 丹宁勋爵：《法律的正当程序》，李克强、杨百揆、刘庸安译，法律出版社2004年版，第10页。

的素材。案例分析是实务训练，是运用法学知识分析问题、解决问题最快捷的方法。从应用法学、培养学生综合素质的角度出发，法学院都越来越重视对学生的实务教学和训练。因为毕业后的绝大多数学生，都到了实务部门工作。为此，现在很多高校都开设了法律诊所课、民事案例研习课、刑事案例研习课、行政案例研习课等。在这些课的课堂上，都需要大量的案例来进行分析和研习。过去老师给学生寻找具有典型性、争议性的案例，是件很困难的事情。现在指导性案例无疑成为了老师们的首选案例。指导性案例，不仅对于司法实践有指导作用，而且对于促进教学以及学术研究也具有重要的意义。

以上三点意义，也是本书撰写的重要意义之所在。为此，该书的写作特点，不是简单的案例分析，而是注重理论与实践的结合，知识性与法律具体规定的衔接；与其他书所不同的是，书中具体的法律规定不是单列，而是融入到具体的知识以及案例评析中，这样上下结合，运用起来直接明了和便利。因为在一些律师同人中，经常会发现有的律师，或者面对案情不知道应当适用什么法律，具体的法律规定是什么，在哪里能找到；或者找到了法律规定，但不知道能不能用于自己代理的案件，它真正的含义是什么。学生在学习时，总是抱着厚厚的法律法规汇编不断地寻找所要适用的相关法条，但最终找到了也常常用得不是很准确，也就是说，没有完全理解。本书的另外一个特点是，围绕指导性案例的关键词展开对相关知识的释义。因为指导性案例中出现的只是某一个知识点，为了让大家全面理解和把握指导性案例，我们把相关知识点变成了知识面，融会贯通，并与所适用到的相关法律规定衔接起来，变成一个完整的知识体系，有血有肉，有理有据。

本书的编排及体例，内容上是由 12 个指导性案例组成；每个案例在结构上分为三个方面：（1）本案例的基本内容，该部分是指导性案例的原貌；（2）案例评析，找出指导性案例中双方当事人争议的焦点，围绕焦点展开评析，阐明不易看清的事理；（3）本案例涉及的相关知识释义及法律规定链接，以指导性案例的关键词为基础，对本指导性案例中涉及的相关知识进行释义，包括概念解析、学术观点、实践应用、具体法规链接，构成一个庞大的极为丰富的知识体系。这些知识与书本上的知识所不同的是（当然，有一些也是我们书本上所没有的），它源于司法实践，也即司法实践中经常会运用到的知识。正所谓："实践出真知。"

本书可在法官审理案件、律师代理案件和法学院学生研习案例时所用。

本书是在作者对最高人民法院发布的指导性案例，作出精细化研究、分析、论证后，奉献给读者的一部可以提高理论水平、司法实践能力的书籍。

最后，感谢所有参与本书编写人员的辛勤工作！

目　　录

案例 1

居间合同"跳单"案

一、居间合同"跳单"案基本内容

上海中原物业顾问有限
公司诉陶德华居间合同纠纷案

（最高人民法院审判委员会讨论通过　2011 年 12 月 20 日发布）

关键词：民事　居间合同　二手房买卖　违约

裁判要点：房屋买卖居间合同中关于禁止买方利用中介公司提供的房源信息却绕开该中介公司与卖方签订房屋买卖合同的约定合法有效。但是，当卖方将同一房屋通过多个中介公司挂牌出售时，买方通过其他公众可以获知的正当途径获得相同房源信息的，买方有权选择报价低、服务好的中介公司促成房屋买卖合同成立，其行为并没有利用先前与之签约中介公司的房源信息，故不构成违约。

相关法条：《中华人民共和国合同法》第 424 条

基本案情：原告上海中原物业顾问有限公司（以下简称"中原公司"）诉称，被告陶德华利用中原公司提供的上海市虹口区株洲路某号房屋销售信息，故意跳过中介，私自与卖方直接签订购房合同，违反了《房地产求购确认书》的约定，属于恶意"跳单"行为，请求法院判令陶德华按约支付中原公司违约金 1.65 万元。

被告陶德华辩称：涉案房屋原产权人李某某委托多家中介公司出售房屋，中原公司并非独家掌握该房源信息，也非独家代理销售。陶德华并没有利用中原公司提供的信息，不存在"跳单"违约行为。

法院经审理查明：2008 年下半年，原产权人李某某到多家房屋中介公司挂牌销售涉案房屋。2008 年 10 月 22 日，上海某房地产经纪有限公司带陶德华看了该房屋；11 月 23 日，上海某房地产顾问有限公司（以下简称"某房地产顾问公司")带陶德华之妻曹某某看了该房屋；11 月 27 日，中原公司带陶德华看了该房屋，并于同日与陶德华签订了《房地产求购确认书》。该《确认书》第 2.4 条约定，陶德华在验看过该房地产后 6 个月内，陶德华或其委托人、代理人、代表人、承办人等与陶德华有关联的人，利用中原公司提供的信息、机会等条件但未通过中原公司而与第三方达成买卖交易的，陶德华应按照与出卖方就该房地产买卖达成的实际成交价的 1%，向中原公司支付违约金。当时中原公司对该房屋报价 165 万元，而某房地产顾问公司报价 145 万元，并积极与卖方协商价格。11 月 30 日，在某房地产顾问公司居间下，陶德华与卖方签订了房屋买卖合同，成交价 138 万元。后买卖双方办理了过户手续，陶德华向某房地产顾问公司支付佣金 1.38 万元。

裁判结果：上海市虹口区人民法院于 2009 年 6 月 23 日作出〔2009〕虹民三（民）初字第 912 号民事判决：被告陶德华应于判决生效之日起 10 日内向原告中原公司支付违约金 1.38 万元。宣判后，陶德华提出上诉。上海市第二中级人民法院于 2009 年 9 月 4 日作出〔2009〕沪二中民二（民）终字第 1508 号民事判决：

一、撤销上海市虹口区人民法院〔2009〕虹民三（民）初字第 912 号民事判决；

二、中原公司要求陶德华支付违约金 1.65 万元的诉讼请求，不予支持。

裁判理由：法院生效裁判认为，中原公司与陶德华签订的《房地产求购确认书》属于居间合同性质，其中第 2.4 条的约定，属于房屋买卖居间合同中常有的禁止"跳单"格式条款，其本意是为防止买方利用中介公司提供的房源信息却"跳"过中介公司购买房屋，从而使中介公司无法得到应得的佣金，该约定并不存在免除一方责任、加重对方责任、排除对方主要权利的情形，应认定有效。根据该条约定，衡量买方是否"跳单"违约的关键，要看买方是否利用了该中介公司提供的房源信息、机会等条件。如果买方并未利用该中介公司提供的信息、机会等条件，而是通过其他公众可以获知的正当途径获得同一房源信息，则买方有权选择报价低、服务好的中介公司促成房屋买卖合同成立，而不构成"跳单"违约。本案中，原产权人通过多家中介公司挂牌出售同一房屋，陶德华及其家人分别通过不同的中介公司了解到同一房源信息，并通过其他中介公司促成了房屋买卖合同成立。因此，陶德华并没有利用中原公司的信息、机会，故不构成违约，对中原公司的诉讼请求不予支持。

二、案例评析

近年来，随着二手房买卖交易的日益频繁，买卖双方通过中介公司进行房地产交易成为一种普遍趋势。出于种种原因，买方跳过中介公司或跳过签订禁止"跳单"的中介公司，通过其他中介公司签订房屋买卖合同的情形也日益增多。由此引发了关于在此情形下买方是否构成违约的讨论。针对这一问题，最高人民法院公布了案例指导 1 号——上海中原物业顾问有限公司诉陶德华居间合同纠纷案。该案中，上海市第二中级人民法院于 2009 年 9 月 4 日作出〔2009〕沪二中民二（民）终字第 1508 号民事判决认为原告陶德华并没有利用中原公司的信息、机会，故不构成违约，对中原公司的诉讼请求不予支持。

本案争议的焦点主要集中在以下几方面：

（一）房地产求购确认书的性质

本案中，中介公司带领买方看房时，让买方签署了《房地产求购确认书》，其中明确了由买方委托中介公司求购房屋，并约定了报酬和违约条款。该确认书目的在于中介公司为买方提供订立买卖房屋合同的机会，因此，该确认书构成居间合同。其法律根据为《合同法》第 424 条之规定。

《合同法》第 424 条规定："居间合同是居间人向委托人报告订立合同的机会或者提供订立合同的媒介服务，委托人支付报酬的合同。"

那么，《房地产求购确认书》第 2.4 条，即统称的禁止"跳单"条款的法律效力为什么性质？在双方签订的《房地产求购确认书》中，第 2.4 条约定："陶德华在验看过该房地产后六个月内，陶德华或其委托人、代理人、代表人、承办人等与陶德华有关联的人，利用中原公司提供的信息、机会等条件但未通过中原公司而与第三方达成买卖交易的，陶德华应按照与出卖方就该房地产买卖达成的实际成交价的 1%，向中原公司支付违约金。"

在本案之前，学界对此大致有以下几种观点：

1. "无效说"。该观点主张"跳单"行为无效。理由如下：

（1）"禁止'跳单'条款为格式条款，因违反《合同法》第 40 条的规定，[①] 加重了委托人的责任，限制了委托人的权利而无效。"[②] 若双方当事人

[①] 《合同法》第 40 条："格式条款具有本法第五十二条和第五十三条规定情形的，或者提供格式条款一方免除其责任、加重对方责任、排除对方主要权利的，该条款无效。"《合同法》第 52 条："有下列情形之一的，合同无效：（一）一方以欺诈、胁迫的手段订立合同，损害国家利益；（二）恶意串通，损害国家、集体或者第三人利益；（三）以合法形式掩盖非法目的；（四）损害社会公共利益；（五）违反法律、行政法规的强制性规定。"《合同法》第 53 条："合同中的下列免责条款无效：（一）造成对方人身伤害的；（二）因故意或者重大过失造成对方财产损失的。"

[②] 张宁：《房屋买卖居间合同中规避"跳单"条款的效力和"跳单"行为的认定》，载《法律适用》2010 年第 8 期。

在合同中约定了禁止"跳单"的格式条款，则委托人别无选择，只能委托该居间人，这无异于限制了委托人的权利。依照我国现行《合同法》第 39 条之规定，格式条款是当事人为了重复使用而预先拟定，并在订立合同时未与对方协商的条款。而且，当事人采用格式条款订立合同的，提供格式条款的一方应当遵循公平原则确定当事人之间的权利和义务，并采取合理的方式提请对方注意免除或者限制其责任的条款，按照对方的要求，对该条款予以说明。而根据《合同法》第 40 条之规定该条款无效。

无疑，作为合同条款中的特殊形式，格式条款当然地适用合同条款效力的一般原则，同时，因为其制定时的单方规定性以及其意思构成欠缺合同双方意思交流的特征，法律对其效力状态有更高的要求。

一是受合同法法定无效和可变更可撤销规定的制约，格式条款应该首先不违反《合同法》第 52 条所列举之内容："（一）一方以欺诈、胁迫的手段订立合同，损害国家利益；（二）恶意串通，损害国家、集体或者第三人利益；（三）以合法形式掩盖非法目的；（四）损害社会公共利益；（五）违反法律、行政法规的强制性规定。"二是格式条款不得具有《合同法》第 54 条之情形："（一）因重大误解订立的；（二）在订立合同时显失公平的。当一方以欺诈、胁迫的手段或者乘人之危，使对方在违背真实意思的情况下订立的合同，受损害方有权请求人民法院或者仲裁机构变更或者撤销。"

首先，格式合同的内容多涉及免责，故应符合合同法关于免责条款的一般规定。即当格式条款符合《合同法》第 53 条所规定之内容："（一）造成对方人身伤害的；（二）因故意或者重大过失造成对方财产损失时，该免责条款无效。"其次，关于格式条款中的意思表示因素。意思表示是指行为人把进行某一民事行为的内心效果意思，以一定的方式表达于外部的行为。意思表示由目的意思、效果意思两个主观要素和表示行为这一客观要素构成。一个合法有效的意思表示除需满足上述要素外，还需表意人的意思与表示相一致，意思表示的作出不是由于他人的不当干涉，即表意人不是由于欺诈、胁迫、乘人之危等原因而作出的意思表示。格式条款虽然是一方事先拟定的且未与另一方协商的条款，但倘若是双方当事人真实意思的表示，且无法律禁止的情形，则其效力应该受到法律的保护。

（2）居间合同属于特殊委托合同，委托人享有任意解除权。委托合同的委托人可以随时解除合同，且无须任何理由。这是因为委托合同是以双方互相信任为前提的，任何一方不信任对方时都可解除合同。委托人欲行使单方解除权时，只要将其解除合同的意思通知对方即可。《合同法》第 410 条规定："委托人或受托人可以随时解除委托合同，因解除合同给对方造成损失的，除不可归责于该当事人的事由外，应当赔偿损失。"因此，当委托人跳开中介而与另一方当事人订约时，其行为并不具有违法性，不得以格式条款加以排除。

2."有效说"。该观点主要针对"无效说"而产生，根据该观点，居间人所拟定的相关条款，其实是合同当事人借助意思自治维护自身利益的法律行为，旨在保护居间人依法应享有的权益，防止当事人利用已获得的信息进行私下交易，但其并未违反《合同法》第 52 条及第 53 条的规定，不存在《合同法》第 40 条的适用问题。① 即该格式条款是当事人真实的意思表示，旨在维护自身利益，且不存在格式条款提供方免除自己责任、加重对方责任、排除对方主要权利的情形，因此是合法有效的。

此外，有学者认为，居间合同"跳单"是法律所允许的行为，但应当分为可归责的"跳单"与不可归责的"跳单"两种。可归责的"跳单"，一般是利用了居间人的独家信息（垄断信息），此时就应当参照《合同法》第 410 条的规定，认定"跳单"人对居间人的赔偿责任。此赔偿责任包括可得利益。不可归责的"跳单"是指居间人所掌握的并不是独家信息，委托人在可能从第三方获得该相同信息的情况下，跳过居间人与另一方签订合同。根据该学者观点，不可归责"跳单"虽然不承担支付报酬的义务，不承担赔偿责任，但是并不免除支付费用的责任。本案中，陶德华另找他人居间，没有利用中原公司的独家信息，属于不可归责的"跳单"。②

持该观点的学者认为，"跳单"条款是关于客户跳开中介公司的违约责任条款，是指中介公司履行带看房的报告义务后，委托人如有恶意逃避佣金支付行为的，应当支付相当于佣金的违约金；并不是指中介公司只要参与交易，无论成交与否，均可获取佣金，否则中介公司只要静待其他中介公司促成交易，即可坐收相当于佣金的违约金；而委托人在未委托独家代理的情况下，对参与交易过程但未促成交易的中介公司均需支付成交价 1% 的佣金，可能导致其支付双倍甚至多倍佣金的结果，显失公平。③

委托人避开居间人直接与对方当事人磋商并缔约，不正当地阻止了居间人

①　周江洪：《"上海中原物业顾问有限公司诉陶德华居间合同纠纷案"评释》，载《浙江社会科学》2013 年第 3 期。

②　隋彭生：《居间合同委托人的任意解除权及"跳单"——以最高人民法院〈指导案例 1 号〉为例》，载《江淮论坛》2012 年第 4 期。

③　张宁：《房屋买卖居间合同中规避"跳单"条款的效力和"跳单"行为的认定》，载《法律适用》2010 年第 8 期。

报酬请求权条件的成就，应准用《合同法》第 45 条第 2 款，视为居间人收取报酬的条件成就。① 但有学者认为，居间合同不是附停止条件（生效条件）的合同，委托人给付的义务，也不是附停止（生效）条件的义务。现行《合同法》第 45 条第 2 款规定：“当事人为自己的利益不正当地阻止条件成就的，视为条件已成就；不正当地促成条件成就的，视为条件不成就。”该规定中的条件为意定条件，可归责的“跳单”并不属于第 45 条所规定的情况。具体地说，当可归责的“跳单”行为出现后，不属于意定条件的拟制成就，只是构成赔偿责任。②

（二）禁止“跳单”格式条款

在本案中，上海市第二中级人民法院认为，禁止“跳单”格式条款，其本意是为防止买方利用中介公司提供的房源信息却“跳”过中介公司购买房屋，从而使中介公司无法得到应得的佣金，该约定并不存在免除一方责任、加重对方责任、排除对方主要权利的情形，应认定有效。该认定援引了《合同法》第 40 条的规定，认为该案中禁止“跳单”的格式条款不具有该条规定的情形，进而肯定了其效力。但有学者认为，在该案例中，法院既没有采纳完全有效说也没有采纳无效说，而是更倾向于根据约定的具体内容来认定其效力，且肯定在某些情形可以依显失公平变更或撤销相关的禁止“跳单”格式条款。③ 同时，该裁判也没有对该禁止“跳单”格式条款作出明确判断。指导案例只是就本案格式条款的效力及依据其文义解释是否存在违约作出了判断，并未言及不存在此等条款时，是否允许“跳单”的问题。④

（三）被告是否存在违约行为

违约行为是指债务人不履行合同义务的行为。在我国法律中的用语是“不履行合同义务或者履行合同义务不符合约定”。

在居间合同中，委托人是否违约，通常情况下，有以下几个条件：一是中

---

① 周晓晨：《论房地产居间的法律规制》，载《中州学刊》2010 年第 3 期。

② 隋彭生：《居间合同委托人的任意解除权及“跳单”——以最高人民法院〈指导案例 1 号〉为例》，载《江淮论坛》2012 年第 4 期。

③ 最高人民法院案例指导工作办公室：《指导案例 1 号〈上海中原物业顾问有限公司诉陶德华居间合同纠纷案〉的理解与参照》，载《人民司法·应用》2012 年第 7 期。

④ 隋彭生：《居间合同委托人的任意解除权及“跳单”——以最高人民法院〈指导案例 1 号〉为例》，载《江淮论坛》2012 年第 4 期。

介公司是否积极地提供了房源信息、成交机会；二是买方是否利用了该中介公司提供的房源信息、机会等；三是该信息是否属于通过其他正当途径可以获知的信息。若不能满足以上三个条件中的任意一个条件，则委托方不构成违约。

在该案中，上海市第二中级人民法院认为，原产权人通过多家中介公司挂牌出售同一房屋，陶德华及其家人分别通过不同的中介公司了解到同一房源信息，并通过其他中介公司促成了房屋买卖合同成立。因此，陶德华并没有利用中原公司的信息、机会，故不构成违约。该判决对事实的认定是正确的。

三、本案例相关知识点剖析

（一）居间合同

居间合同，是指居间人向委托人报告订立合同的机会或者提供订立合同的媒介服务，委托人支付报酬的合同。居间人也称中介人，居间人是经纪人的一种。居间人的报酬也称为居间费、中介费、佣金。

居间制度是一种古老的法律制度，早在古希腊、古罗马时期，为适应简单商品经济的发展需要，居间即已成为一种普遍的社会现象。近现代以来，随着商品经济的发展，居间活动在经济交往中的特殊作用更加突出，出现了大量专门从事居间活动的人及组织。随着房地产行业的发展，居间活动发展日益频繁，受到越来越多人的关注。

1. 居间合同的法律特征。居间合同有以下法律特征：

（1）居间合同是双务合同，有偿合同，诺成性合同，不要式合同。在居间合同中，居间人负有为委托人报告订约机会或充当订约媒介的义务，而委托方为此应向居间人支付约定的报酬。双方互负权利义务，因此，居间合同是双务合同，有偿合同。居间合同只要当事人双方意见一致，居间人就负有依委托人的指示进行居间的义务，合同便告生效成立，并不以当事人交付的实现为合同成立的条件。同时，法律未规定居间合同须采取特定形式，当事人采取口头形式或者书面形式都可。

（2）居间人仅仅提供订立合同的机会或信息，并不是合同的当事人。居间合同中的居间人是为委托人提供服务的，但这种服务内容是为委托人提供报告订约的机会或者为订约的媒介。所谓报告订约的机会，是指受委托人的委托，寻觅及指示可与委托人订立合同的相对人，从而为委托人提供订约的机会；所谓为订约的媒介，是指介绍双方当事人订立合同，居间人不仅要为委托人提供相关的信息，而且斡旋于交易双方之间，从而促成双方订立合同。① 合同的当事人并不是居间人，而是委托人与相对人。居间人在居间活动中，仅仅把委托人或相对人的意思表示的内容传达给对方，不作订立合同的意思表示。只有当委托人与相对人的意思表示一致时，合同才成立。因此，居间人不享有合同的权利，也不承担因此而产生的义务。

（3）居间合同中委托人的给付义务具有不确定性。居间合同中的委托人虽负有给付报酬的义务，但是居间人只有促成成立后才可以要求委托人支付报酬。因居间人的居间是否成功具有不确定性，从而委托人的给付报酬义务是否需履行也具有不确定性。

（4）居间合同的客体是居间人依合同约定实施的中介服务。居间人所实施的中介服务行为主要表现为为委托人提供订立合同的机会或者提供订立合同的媒介服务。

2. 居间合同的类型。依委托的内容不同，居间合同可分为报告居间（也称为指示居间）与媒介居间。

报告居间是指居间人仅为委托人报告订约机会的居间。媒介居间是指居间人仅为委托人提供订约媒介服务的居间。报告居间是一个法律关系，而媒介居间可以包含两个合同法律关系。在委托人与居间人就媒介居间达成合意时，成立了一个合同法律关系。在第三人同意居间人斡旋时，就产生了居间人为连接点的居间合同法律关系，即构成了媒介居间的双重法律关系。第三人接受斡旋并没有什么风险，因为居间成功才支付报酬。第三人可以以默示方式与居间人成立合同。②

3. 当事人的权利与义务。

（1）居间人的义务。依据法律和合同的约定，居间人应履行的义务有：

①如实报告的义务。就委托人来说，其订立居间合同的目的就是借助于居间人的作用创造与其他人订立合同的条件。因此，居间人的基本义务即是积极寻找、联络可与委托人订立合同的第三者。《合同法》第 425 条第 1 款规定："居间人应当就有关订立合同的事项向委托人如实报告。"

在指示居间中，居间人对于订约的有关事项，应如实向委托人报告。居间人对于订约有影响的事项并不负有积极调查的义务，但负有就其所知的事项向委托人报告的义务。居间人对于订约的相对人不负有报告委托人有关情况的义

---

① 魏振瀛主编：《民法》，北京大学出版社、高等教育出版社 2011 年版，第 547 页。

② 隋彭生：《居间合同委托人的任意解除权及"跳单"——以最高人民法院〈指导案例 1 号〉为例》，载《江淮论坛》2012 年第 4 期。

务。但在媒介居间中，居间人应将有关订约的事项据实报告给各方当事人。即居间人不仅应将相对人的有关情况如实报告给委托人，而且也应将委托人的有关情况如实报告给相对人。居间人违反这一义务时，依我国《合同法》第425条第2款规定："居间人故意隐瞒与订立合同有关的重要事实或者提供虚假情况，损害委托人利益的，不得要求支付报酬并应当承担损害赔偿责任。"

②忠实于委托人的利益。居间行为虽不直接使委托人与相对人间产生权利义务，但由于居间人是委托人与相对人建立合同关系的中介，仍是可能影响委托人利益的因素。因此，居间人必须从积极维护委托人合法利益出发，以忠实于委托人利益的态度从事居间。居间人应当认真负责地为委托人选择最适合订约的相对人；为委托人保守商业秘密；对有利于委托人的合同尽力促其成约，对委托人不利者则应放弃；尽可能保障委托人在交易中的安全；不得与相对人串通，损害委托人的利益。①

③隐名和保密义务。在媒介居间中，委托人或者其交易的相对人指定居间人不得将其姓名或者名称告知对方的，居间人则负有隐名的义务。在隐名居间中，为保证隐名当事人交易秘密目的的实现，居间人有介入的义务，即对于隐名当事人依据合同所承担的义务，于一定情形下居间人应作为履行负责人负责履行，并由居间人向对方当事人所为给付。另外，在居间活动中，居间人应当对获悉的委托人的商业秘密或其他不宜公开的信息保密。

④尽力的义务。居间人接受委托后，应当从维护委托人的利益出发，尽力促成委托人与第三人的交易。

（2）委托人的义务。

①报酬支付的义务。委托人的主要义务是报酬支付的义务。当居间人促成合同成立后，委托人应按合同约定向居间人支付一定的报酬。我国《合同法》第426条规定："居间人促成合同成立的，委托人应当按照合同约定支付报酬。对居间人的报酬没有约定或者约定不明确，依照本法第六十一条的规定仍不能确定的，根据居间人的劳务合理确定。"

因居间人提供订立合同的媒介服务而促成合同成立的，由该合同的当事人平均负担居间人的报酬。居间人促成合同成立的，居间活动的费用，由居间人负担。根据《合同法》第61条规定："合同生效后，当事人就质量、价款或者报酬、履行地点等内容没有约定或者约定不明确的，可以协议补充；不能达成补充协议的，按照合同有关条款或者交易习惯确定。"因此，在居间合同中，居间人促成合同成立的，委托人应当按照约定支付报酬；没有约定的，双

---

① 参见王建明、吴振：《居间合同浅析》，载《当代法学》1988年第4期。

方应当进行协商，协商不成时，可以按照交易习惯，委托人给予居间人合理的报酬。

关于居间人的报酬请求权，理论界争议颇多。有学者认为报酬请求权的发生，必须具备两个要件：一是所介绍的合同，必须成立；二是合同的成立，与居间人的介绍有因果关系。[1] 有学者认为，居间合同中委托人给付义务具有附条件性，在居间合同债务关系结构中，居间人给付义务的内容是给付效果（促成缔约），委托人给付义务的内容主要是居间报酬，该义务的生效以居间人促成缔约为前提，是附条件的法律行为。该学者认为，我国《合同法》虽没有直接规定委托人给付义务所附条件的法律性质，但根据文义解释原则，《合同法》第427条将委托人给付义务所附条件限定为停止条件。换言之，居间人报酬请求权效力的发生，须以特定条件的成就为前提。[2] 有学者认为，居间人的报酬请求权因居间合同的类型不同而有所不同。从报告居间合同的本意看，完全报酬请求权仅系于委托人是否缔结本约，而无涉于委托人是否借助其他媒介居间人帮助而缔约的。另外，媒介居间合同的本意亦非将完全报酬请求权系于委托人对交易意向人及其意愿的知情是否来源于自己的努力或其他某个报告居间人的告知。报告居间人因撮合了本约当事人而应得报酬，媒介居间人则因使本约内容达到了委托人所要的条件而应得报酬，二者并行不悖，在共同原因性上都很完全，应各自取得其完全报酬请求权。[3]

②费用返还义务。《合同法》第426条第2款规定："居间人促成合同成立的，居间活动的费用，由居间人负担。"第427条规定："居间人未促成合同成立的，不得要求支付报酬，但可以要求委托人支付从事居间活动支出的必要费用。"因此，当居间人未促成合同成立时，委托人虽不必支付报酬，但应返还居间人为促成合同成立支出的必要费用。此处的必要费用主要是指依据居间人从事居间活动的当时情况必不可少的支出。

4. 居间合同与委托合同、行纪合同的关系。居间合同、委托合同、行纪合同是三种不同的合同类型，具体说来：委托合同，是委托人和受托人约定，由受托人处理委托人事务的合同。委托合同具有如下法律特征：（1）委托合同是诺成性合同、不要式合同、双务合同。委托合同自双方当事人意思表示一

---

[1] 彭万林主编：《民法学》，中国政法大学出版社1997年版，第759页。

[2] 税兵：《居间合同中的双边道德风险——以"跳单"现象为例》，载《法学》2011年第11期。

[3] 汤文平：《从"跳单"违约到居间报酬——"指导案例1号"评释》，载《法学家》2012年第6期。

致时即可成立，不以标的物交付或当事人的实际履行为合同成立的要件。委托合同，法律并未规定其书面形式或其他特定的形式。委托合同成立后，双方当事人互负权利义务。（2）委托合同以当事人之间的相互信任为前提。委托合同的成立，是委托人基于对受托人能力和信誉的信任，以及受托人对于委托人的委托事项的意愿。没有当事人之间的相互信任，不能建立委托关系。因此，当合同一方动摇或失去对另一方的信任时，可以随时解除合同。（3）委托合同可以是有偿的，也可以是无偿的。双方当事人约定，委托人应向受托人支付报酬的，则委托合同为有偿合同；当双方没有约定时，委托合同为无偿合同。（4）委托合同的标的可以是事实行为，也可以是民事行为。但不能是违背社会公德、违法的行为，也不能是须由委托人亲自处理的事务。（5）委托合同的目的，是由受托人处理委托人的事务。委托合同是典型的提供劳务的合同，合同的标的是受托人处理委托人事务的行为，即受托人提供劳务。

行纪合同，是指行纪人以自己的名义为委托人从事交易，委托人支付报酬的合同。行纪合同具有以下法律特征：（1）行纪合同是双务合同、有偿合同、诺成性合同、不要式合同。行纪合同当事人双方各承担一定的权利义务，行纪人负有为委托人从事贸易活动的义务，委托人负有给付报酬的义务。行纪人从事行纪，有偿地为委托人办理事务。行纪合同不要求特定的形式，也不以标的物的交付或实际履行为成立要件。（2）行纪合同中行纪人以自己的名义为委托人从事交易活动。（3）行纪人为委托人办理的事项只能是法律行为。多限于代购、代销物品等交易活动，而不能是事实行为。

由此可见，三者在合同的标的、法律后果、合同有偿性、受托人法律地位等方面都存在着重大差别。但同时，居间合同与委托合同又有联系，主要体现在，居间合同是一种特殊的委托合同。在我国，居间合同虽是一种独立的有名合同，但在性质上，是一种特殊的委托合同。二者共通的一点就是委托人都享有单方解除权。《合同法》第 410 条规定："委托人或者受托人可以随时解除委托合同。因解除合同给对方造成损失的，除不可归责于该当事人的事由外，应当赔偿损失。"这是因为委托合同是以双方相互信任为前提的，任何一方不信任对方时即可解除合同。

（二）合同效力

何为合同的效力？我国立法并未对这一问题作出明确规定。学者们也多有不同表述。有学者认为："合同的效力等同于合同的法律效力，是指法律赋予依法成立的合同具有拘束当事人各方乃至第三人的强制力。"① 有学者认为："所谓合同的效力，是指已经成立的合同在当事人之间产生了一定的法律拘束力，也就是通常所说的合同的法律效力。从权利方面来说，合同的权利依法得到法律的保护。……从义务方面来说，合同义务具有法律强制性，违反它应承担违约责任。"② 有学者认为："合同的效力与合同的法律效力，二者之间不存在差异，应是含义完全相同的概念。合同的效力，无论是广义上的法律约束力，还是狭义上的权利义务的发生与消灭，都是指在法律上所具有的强制力和效果，此与法律效力的含义并无区别。广义的合同效力，指合同的约束力，它存在于自合同成立到终止的全过程，合同的有效无效系指此意。狭义的合同效力，指合同约定的权利义务之发生或者消灭，它存在于合同自生效至失效的全过程。"③

1. 合同的成立与生效。合同的成立与生效是两个不同的概念。合同的成立是指缔约当事人就合同的内容意思表示一致的结果。合同成立着重于合同订立的过程，强调合同在事实上是否客观存在。因此，它是从事实层面上判断合同存在与否。

《合同法》除在第 25 条规定承诺到达生效外，第 26 条规定："承诺通知到达要约人时生效。承诺不需要通知的，根据交易习惯或者要约的要求作出承诺的行为时生效。采用数据电文形式订立合同的，承诺到达的时间适用本法第十六条第二款的规定。"第 32 条规定："当事人采用合同书形式订立合同的，自双方当事人签字或者盖章时合同成立。"第 33 条规定："当事人采用信件、数据电文等形式订立合同的，可以在合同成立之前要求签订确认书的，签订确认书时合同成立。"合同成立通常需要具备以下要件：（1）当事人；（2）意思表示；（3）标的。在特殊状况下，合同成立还须具备特别成立要件，主要是指实践性合同须以现实的交付或义务的履行为合同成立要件；要式合同须采用书面形式或当事人约定的形式为合同成立要件等。

合同的生效是指合同成立后，只有符合法律规定的条件，才能够受到法律保护，产生当事人的预期效力。合同的生效与否主要在于合同能否取得法律的承认和保护，是法律对事实的价值评价。合同生效与否主要取决于以下要件：（1）当事人具有民事行为能力；（2）意思表示真实；（3）合同内容合法。在

---

① 崔建远：《合同法》，法律出版社 2012 年版，第 76 页。

② 王利明、房绍坤、王轶：《合同法》，中国人民大学出版社 2009 年版，第 111 页。

③ 赵旭东：《论合同的法律约束力与效力及合同的成立与生效》，载《中国法学》2000 年第 1 期。

绝大多数情况下，合同只要具备了以上要件即告生效，但在某些特殊情况下，合同还须具备特别生效要件。如附期限、附条件的合同，只有在期限来到，条件成就时合同才生效；法律、法规规定应办理批准、登记手续的，手续完成时才生效。

可见，合同成立与合同生效既有联系又有区别。其联系在于，合同的生效须以成立为前提。合同只有成立后，才能进一步确认其效力问题。在大多数情况下，合同成立即告生效，即合同成立时就对双方当事人产生了法律约束力。但上述的附条件、附期限合同或须办理批准、登记手续的合同，成立的时间与生效的时间并不一致，即合同已经成立但却并未生效。二者的区别在于：（1）构成要件不同。合同的成立以意思表示的成立或者意思表示一致为要件；合同的生效以当事人具有行为能力，意思表示一致，合同内容合法为要件。（2）体现意志不同。合同成立是当事人依照合同自由原则，体现的是当事人各方协商后达成一致的共同意志；合同生效要求合同当事人的意志必须符合国家意志，合同才生效，体现的是国家的意志和社会公共利益。（3）发生的时间不同。合同自具备法定构成要素成立，自具备法定有效要件生效。（4）判断标准不同。合同成立采用事实判断的标准，强调事实上合同的客观存在；合同生效采用价值判断标准，是对客观事实的评价。

2. 无效合同。无效合同是指当事人缔结的合同因严重欠缺生效要件而不被赋予法律效力。无效合同是自始、当然、确定不发生效力的合同。

无效合同可以分为：（1）全部无效合同和一部无效合同。全部无效合同是指合同全部不发生效力的合同；一部无效合同是指合同部分内容无效，其他部分未受影响的，仍然有效。（2）绝对无效合同和相对无效合同。绝对无效合同是指对任何人都无效，并且任何人都可以主张无效的合同；相对无效合同是指不得对抗善意第三人的合同。

根据上述合同生效条件可知，无效合同主要是指：（1）无民事行为能力人订立的合同；（2）当事人意思表示不自由而签订的且损害国家利益的合同，主要是指当事人因受到欺诈、胁迫而签订的损害国家利益的合同；（3）内容违法的合同；主要是指恶意串通，损害国家、集体或者第三人利益的合同、以合法形式掩盖非法目的的合同、损害社会公共利益的合同、违反法律禁止性规定或者强制性规定的合同。合同被确定无效的，当事人因合同取得的财产，应当返还给对方。如果一方取得，取得方应返还给对方；如果双方取得，则双方返还。合同被确认无效的，有过错的当事人应当赔偿对方的损失；双方有过错的，则应各自承担相应的责任。若双方都没有过错，不能请求赔偿。双方恶意串通，签订的合同损害国家、集体或者第三人利益的，应当追缴双方取得的财产，收归国家、集体或者返还第三人。

3. 效力待定合同。效力待定的合同是指已经成立但是效力处于不确定状态的合同。该类合同的效力处于悬而未决的状态，其效力确定取决于享有形成权的第三人是否追认：追认权人追认的，合同有效，效力溯及合同成立时；追认权人未追认的，合同视为自始无效。效力待定的合同主要是指：（1）限制民事行为能力人签订的合同；（2）无处分权人订立的合同；（3）无权代理人订立的合同。

关于追认，是指追认权人向相对人作出的使效力未定的合同发生效力的单方民事行为，依单方的意思表示即可完成。追认应采用明示的方式，沉默和推定均不构成追认。追认权属于形成权，受到除斥期间的限制，根据我国合同法的相关规定：限制行为能力人订立的合同，经法定代理人追认后，该合同有效，但纯获利益的合同或者与其年龄、智力、精神健康状况相适应而订立的合同，不必经法定代理人追认。相对人可以催告法定代理人在 1 个月内予以追认。法定代理人未作表示的，视为拒绝追认。合同被追认之前，善意相对人有撤销的权利。撤销应当以通知的方式作出。行为人没有代理权、超越代理权或者代理权终止后以被代理人名义订立的合同，未经被代理人追认，对被代理人不发生效力，由行为人承担责任。相对人可以催告被代理人在 1 个月内予以追认。被代理人未作表示的，视为拒绝追认。无处分权的人处分他人财产，经权利人追认或者无处分权的人订立合同后取得处分权的，该合同有效。

4. 可变更与可撤销合同。可变更与可撤销合同是指合同已经成立生效，但因意思表示不真实或其他原因，行为人享有撤销权变更权的合同。在我国合同法上，可变更与可撤销合同主要是指：（1）因重大误解订立的合同。是指表意人因误解而为意思表示订立的合同。因表意人对合同的性质、相对人或标的物存在重大误解而使行为的后果与自己的意思相悖，因此表意人享有撤销该合同的权利。（2）订立时显失公平的合同。显失公平是指双方当事人的权利义务明显不对等，使一方遭受重大不利。在我国立法中，只有在订立合同时显失公平的，撤销权人才能行使撤销权。且只要客观上双方当事人权利义务处于不对等状态即可，至于主观心态为何则在所不问。（3）因欺诈订立的合同。欺诈是指一方当事人故意陈述虚假事实或者隐瞒真实事实而使另一方当事人陷入错误并为意思表示的行为。欺诈的构成以欺诈人欺诈的故意为必要，相对人因欺诈行为而陷于错误，且因该错误而作出了意思表示。（4）因胁迫订立的合同。胁迫是指一方当事人不法地向相对人表示施加压力，使相对人因恐惧而为意思表示的行为。胁迫行为包括给公民及其亲友的身体健康、荣誉、名誉、财产等造成损害或者以给法人的荣誉、名誉、财产等造成损害相要挟，相对人因胁迫行为而作出违背真实意思的表示。（5）乘人之危订立的合同。乘人之危是指一方当事人故意利用相对人的急迫需要或为难处境，迫使相对人违背真实意思订立于其极为不利的合同。或者一方当事人乘对方处于为难之机，为谋取不正当利益，迫使对方作出不真实的意思表示，严重损害对方利益的，可以认定为乘人之危。

撤销权是指撤销权人依其单方的意思表示而使合同归于无效的权利。撤销权性质上属于形成权。撤销权的行使无须相对人表示同意，只须撤销权人向对方为撤销的意思表示即可。但是我国合同法规定，撤销权人行使撤销权得请求人民法院或仲裁机构变更或撤销，且当事人请求变更的，人民法院或仲裁机构不得撤销。撤销权的除斥期间为 1 年，具有撤销权的当事人自知道或者应当知道撤销事由之日起 1 年内没有行使撤销权，或者具有撤销权的当事人知道撤销事由后明确表示或者以自己的行为放弃撤销权的，撤销权消灭。

（三）二手房买卖

随着房地产市场的发展，二手房买卖日益受到人们的青睐。二手房买卖不同于一手房买卖，二手房买卖的出卖人是不特定的，既可以是法人也可以是公民个人，而一手房买卖的出卖人是特定的，只能是房地产开发企业；二手房买卖的标的物不是由出卖人建设的，而是向房地产开发企业或者房地产原所有人购买的，一手房买卖的标的物是出卖人开发建成的现房或者在建房；二手房买卖合同中，按揭贷款由购房人自行向商业银行提出申请，出卖人到商业银行表示同意出售房屋给购买人，在办理房屋过户手续后，购房人所购的房屋则作为担保贷款的抵押，出卖人仅协助购房人到商业银行办理按揭贷款手续，并不保证购房人的贷款。在一手房买卖合同中，按揭贷款是由开发商向商业银行提出贷款申请，购房人所购的商品房作担保贷款的抵押，同时，开发商也以自己的信誉向贷款商业银行保证买方顾客按期清偿贷款，并为贷款承担无限连带责任。[①]

二手房买卖情况复杂，涉及诸多法律问题：

首先，相较于新房来说，二手房权属情况复杂，不仅包括商品房，还包括允许上市交易的二手公房（房改房）、解困房、拆迁房、自建房、经济适用房、限价房等。实践中，经常发生二手房出卖人在未取得房产权证时即出售房

---

① 冯国鸿：《二手房买卖合同常见纠纷处理意见及法律风险防范》，载《仲裁研究》第 23 辑。

屋的情形，此时双方所签订的合同是否有效则成为争议的焦点。

一种意见认为，《城市房地产管理法》第 38 条明确规定，未依法登记领取权属证书的房地产不得转让。该规定为法律的强制性规定，因此，若双方签订合同时出卖人未取得房地产权属证书，该合同则违反了法律的强制性规定，根据合同法的相关规定，该合同当然无效。

另一种意见则认为，不论是《城市房地产管理法》还是《城市房地产转让规定》都规定得较早，而房地产市场包括二手房买卖市场近些年来发展迅速，对于一些房屋产权肯定能办下来，仅是囿于房产管理部门或其他非因售房人的原因暂时未能办理下来的个人售者出售房屋的行为，应予准许，不宜严格适用上述法律规定。①

其次，不同于一手房买卖，二手房买卖多通过中介公司即居间行为完成交易。然而，由于规范居间行为立法的缺失以及中介公司的违规失职行为，二手房买卖合同纠纷日益增加。目前，我国法律对房屋中介公司的约束只有《合同法》中有关居间合同的规定以及《房地产经纪管理法》等行政规章，且都未规定中介公司的审慎义务。因此，若中介公司疏于提供交易的重要信息而导致买房人购入有权利瑕疵的房屋，中介公司并不承担相应责任，从而致买卖合同双方的权利无法保障。

最后，买卖双方为了减少税费而签订阴阳合同。所谓阴阳合同，即合同当事人采用订立两份以上合同的方式，一份用于房产交易中心备案，一份用于双方当事人履行，其中用于房产交易中心备案的合同则称为"阳合同"（又称"白合同"），其价格或其他条件并不是双方的真实意思，而是用于少缴税费或其他目的；对用于双方当事人的合同则称为"阴合同"（也称"黑合同"），是当事人私下签订并实际履行的合同，价格一般符合市场行情，充分反映了双方当事人的真实购买价格，反映了双方的真实意思。关于阴阳合同的效力，目前我国法律并无明确规定。有观点认为，无论是"阴合同"还是"阳合同"皆无效。根据《合同法》第 52 条的规定，恶意串通，损害国家、集体或者第三人利益的，以合法形式掩盖非法目的的，合同无效。也有观点认为，"阴合同"是平等主体间基于自由的意思表示，满足合同成立要件的合同，应视为有效。而"阳合同"是出于逃避税费而签订，不具有意思一致的要件，因而无效。

二手房交易中涉及的税费，主要有：第一，营业税，税率 5.65%，由卖

---

① 吴岩：《未依法登记领取权属证书的房地产不得转让》，载《审判前沿新类型案件审判实务》（第 1 辑），法律出版社 2006 年版。

方缴纳。根据（财税〔2011〕12 号）规定，自 2011 年 1 月 28 日起，个人将购买不足 5 年的住房对外销售，全额征收营业税。也就是说，不再区分普通住宅和非普通住宅，个人将购买不足 5 年的住房对外销售均应全额征收营业税。个人将购买超过 5 年（含 5 年）的非普通住房对外销售，按照其销售收入减去购买房屋的价款后的差额征收营业税。个人将购买超过 5 年（含 5 年）的普通住房对外销售的，免征营业税。

　　第二，个人所得税，税率交易总额 1% 或两次交易差的 20%，由卖方缴纳。征收条件以家庭为单位出售非唯一住房需缴纳个人住房转让所得税。在这里有两个条件：一是家庭唯一住宅；二是购买时间超过 5 年。如果两个条件同时满足可以免交个人所得税；任何一个条件不满足都必须缴纳个人所得税。如果是家庭唯一住宅但是购买时间不足 5 年则需要以纳税保证金形式先缴纳，若在 1 年以内能够重新购买房产并取得产权则可以全部或部分退还纳税保证金，具体退还额度按照两套房产交易价格较低的 1% 退还。

　　地税局会审核卖方夫妻双方名下是否有其他房产作为家庭唯一住宅的依据，其中包括虽然产权证没有下放但是房管部门已经备案登记的住房（不包含非住宅类房产）。如果所售房产是非住宅类房产则不管什么情况都要缴纳个人所得税。而且地税局在征税过程中对于营业税缴纳差额的情况，个人所得税也必须征收差额的 20%。

　　第三，印花税，税率 1‰，由买卖双方各承担一半。但从 2009 年至今国家暂免征收此税。

　　第四，契税，基准税率为 3%，优惠税率为 1.5% 和 1%，由买方缴纳。征收方法是按照基准税率征收交易总额的 3%，若买方是首次购买面积不足 90 平方米的普通住宅缴纳交易总额的 1%，若买方首次购买面积超过 90 平方米（包含 90 平方米）的普通住宅则缴纳交易总额的 1.5%。首次购买和普通住宅同时具备才可以享受优惠，契税的优惠是以个人计算的，只要是首次缴契税都可以享受优惠。若买方购买的房产是非普通住宅或者是非住宅则缴纳交易总额的 3%。

　　第五，测绘费。每平方米 1.36 元，测绘费的总额 ＝ 1.36 元/平方米 × 实际测绘面积。2008 年 4 月后新政策房改房测绘费标准：面积 75 平方米以下收 200 元，75 平方米以上 144 平方米以下收 300 元，144 平方米以上收 400 元。一般来说，房改房均需要测绘，对于商品房而言如果原产权证上没有市房地产管理局的测绘章，则也应当进行测绘。

　　在二手房的买卖过程中，一定要严格依照国家的法律、法规、政策进行，千万切记，不要图一时的小便宜，结果却吃了大亏。买卖双方应本着诚实信用原则进行交易活动。为促进我国房地产事业的良性发展，作出我们应有的贡献。此外，尽可能购买有房产证，并且能保证过户的二手房。根据物权法的规定，房屋只有过户到自己的名下，才完成房屋所有权的转移。这样可以避免一房二卖带来的风险及其纠纷。

（四）违约责任

违约责任是合同当事人不履行合同义务时，依法产生的法律责任。在现代合同法上，违约责任仅指违约方向守约方承担的财产责任，是一种民事责任。违约责任通常是补偿性的，在特定情况下，违约责任也具有惩罚性。

判断合同当事人的行为是否构成违约，应满足以下构成要件：

第一，合同当事人存在违约行为。违约责任以违约行为为成立要件，没有违约行为便不会产生违约责任。我国《合同法》第 107 条规定："当事人一方不履行合同或者履行合同义务不符合约定的，应当承担继续履行、采取补救措施或者赔偿损失等违约责任。"可见，在我国，违约行为是指当事人一方不履行合同或者履行合同义务不符合约定的行为。

第二，不存在法定的和约定的免责事由。我国合同法采纳了严格责任原则，只要一方当事人能够举证证明另一方构成违约，另一方即应负违约责任，除非另一方能够举证证明其违反合同具有法定的或约定的免责事由。①

违约形态，一般包括以下几种情形：

1. 不能履行。不能履行又叫给付不能，是指债务人在客观上已经没有履行能力，或者法律禁止债务的履行。

不能履行有以下几种类型：（1）自始不能与嗣后不能。自始不能是指在给付义务成立之时给付即为不可能；嗣后不能是指给付在债务成立之后方不能的情形。（2）客观不能与主观不能。客观不能是指非出于债务人的原因，给付对任何人而言皆为不能；主观不能是指债务人的原因而不能给付。（3）全部不能与一部不能。全部不能是指给付的标的全部不能；一部不能是指给付的标的部分不能履行。（4）永远不能与一时不能。永远不能是指履行存在之障碍在履行期间内不能消除，债务永久不能履行；一时不能是指履行之障碍在履行期间内可能消除，债务暂时不能履行。（5）事实上的不能与法律上的不能。事实上的不能也称自然不能，是指基于自然法则的不能；法律上的不能是指基于法律的规定而履行不能。

履行不能的后果。履行不能的法律后果因是否可归责于债务人的事由而有

---

① 　郭明瑞主编：《民法》，高等教育出版社 2007 年版，第 422 页。

所不同。因可归责于债务人的事由而履行不能时，债权人享有解除权，债务人免除履行原合同债务，但须对债权人承担违约责任或损坏赔偿责任。

2. 迟延履行。迟延履行又称债务人迟延或者逾期履行，是指债务人能够履行，但在履行期限届满时却未履行债务的现象。

判断合同当事人是否构成迟延履行，有以下几个条件：（1）债务是有效存在的；（2）该债务在客观上是能够履行的；（3）债务履行期间已届满而债务人未为履行；（4）债务人不履行债务不具有正当理由。

在迟延履行的认定中，履行期限具有重要意义。首先，合同明确规定了履行期限的，合同期限届满，债务人未履行的便陷于迟延履行。如果合同约定的是一段时间，则期间的末尾为合同履行期限确定的时间。其次，合同履行期限不明确的，合同未约定履行期限或者约定不明的，而且又无法从法律的规定、行业惯例、债务的性质或者其他的情事中确定履行期限的，债务人可以随时履行，债权人也可以随时要求债务人履行，但应当给对方必要的准备时间，即催告期。该催告期一过，债务人仍不履行的，则形成迟延履行。

迟延履行的后果。根据我国合同法规定，当事人一方迟延履行主要债务，经催告后在合理期限内仍未履行，或者当事人一方迟延履行债务致使不能实现合同目的的，当事人可以解除合同。

3. 不完全履行。不完全履行是指债务人虽然履行了债务，但其履行不符合债务的本旨行为。德国称其为"积极侵害债权"，是指债务人不是不履行给付，而是通过积极的行为损害债权人的利益。该理论是由 Staub 在其《论积极侵害契约及其法律后果》一文中通过列举实务中的 14 个案例发展起来的，这 14 个案例既无法归入给付不能又不能列入迟延履行，因此将其称为"积极侵害契约"，后逐渐被"积极侵害债权"所取代。我国台湾地区称其为"不完全给付"，我国台湾地区学者史尚宽认为不完全给付为债务人虽已为完全给付之意思为给付，而未符合债务本旨之给付，为债务不履行之一种。我国学者多称其为"加害给付"，但对加害给付所涵盖的范围却观点不一，主要有固有利益损害说与完全损害说两种学说，前者是指加害给付仅为造成债权人固有利益的损害，后者不仅包括债权人固有利益的损害，还包括债权人履行利益的损害。①

不完全给付的构成要件。构成不完全给付，需满足以下条件：首先，须债务人已为给付。债务人已向债权人履行了给付义务。其次，债务人的给付不完

---

① 王新：《对债的履行中不完全给付的浅析》，载《黑龙江教育学院学报》2008 年第 4 期。

全或有瑕疵。再次，给付的不完全或有瑕疵是可归责于债务人的原因造成的。最后，债务人的不完全给付损害了债权人的利益。

不完全给付的后果。我国立法中没有明确的不完全履行的概念，但在《合同法》相关条文中规定了债务人履行不符合约定时的补救措施，如继续履行、补正、损害赔偿等救济措施。

4. 拒绝履行。拒绝履行是指债务人明确表示或者以自己的行为向债权人表示不履行合同。我国《合同法》第108条规定，当事人一方明确表示或者以自己的行为表明不履行合同义务的，对方可以在履行期限届满之前要求其承担违约责任。

预期违约是英美合同法中的重要制度，是通过一系列判例确立起来的。具体来说，预期违约，亦称前期违约，包括明示预期违约和默示预期违约两种。明示预期违约是指一方当事人无正当理由而明确地向另一方当事人表示他将不履行合同；默示预期违约是指在履行期限到来前，一方当事人的自身行为或者客观事实预示其将不履行或不能履行合同。预期违约不同于实际违约，预期违约发生在合同成立以后，履行期到来之前，侵害的是期待的债权而不是现实的债权。预期违约具有特殊的补救方法，且预期违约可转化为实际违约。

5. 债权人迟延。债权人迟延又称受领迟延，是指债权人对于已提供的给付，未为受领或者未为其他给付完成所必要的协助。在不作为债务中，无须债权人的协助配合，债务人单方即可以完成，但在更多的情形下则需要债权人的积极配合，债务人才能够完成债的履行。若债权人不予协助或配合，债务人则无法完成履行，此时若让债务人承担履行迟延所发生的负担或不利益，则有违公平。由此创立了债权人迟延制度。构成债权人迟延，应具备以下条件：第一，债务内容的实现以债权的受领或者其他协助为必要；第二，债务人在履行期限届满前依债务本旨提供了债权；第三，债权人受领拒绝或者受领不能。所谓受领拒绝，是指对于已提供的给付，债权人无理由地拒绝受领。所谓受领不能，是指债权人不能为给付完成所必需的协助的事实，包括受领行为不能及受领行为以外的协助行为不能，系属债权人不为受领或者协助的消极状态，是否基于债权人的意思，在所不问。

合同当事人因上述行为构成违约的，应承担违约责任。违约责任的承担形式有：第一，继续履行。继续履行又称强制实际履行，是指一方违反合同义务时，另一方可要求违约方继续依据合同规定作出履行。我国《合同法》区分了金钱债务和非金钱债务两种情形：针对金钱债务，如果当事人一方未支付价款或者报酬的，对方可以要求其支付价款或者报酬；针对非金钱债务，当事人一方不履行非金钱债务或者履行非金钱债务不符合约定的，对方可以要求其履行，但是法律做了一定的限制，在法律上或者事实上不能履行、债务的标的不适于强制履行或者履行费用过高、债权人在合理期限内未要求履行的，非违约方不得主张违约方承担继续履行的违约责任，只能要求违约方承担其他形式的违约责任。

第二，支付违约金。违约金是当事人通过协商预先确定的，一方违约时根据违约情况向另一方支付一定数额金钱。当事人可以约定违约方向另一方支付违约金的数额，也可以约定因违约产生的损失赔偿额的计算方法。双方当事人若约定的违约金低于造成的损失，当事人可以请求人民法院或者仲裁机构予以增加；约定的违约金过分高于造成的损失的，当事人可以请求人民法院或者仲裁机构予以适当减少。违约金的支付并没有使非违约方获得其基于订立合同所预期的利益，因此，违约方支付违约金后，还应当继续履行债务。当事人若既约定了违约金又约定了定金的，一方违约时，非违约方只能在违约金与定金中择一主张权利，不能二者并用。

第三，损害赔偿。损害赔偿是指一方违约给对方造成损失的，非违约方可以要求违约方承担赔偿损失的责任。损害赔偿是因债务人不履行合同或者履行合同不符合约定而产生的责任，损害赔偿原则上仅具有补偿性而不具有惩罚性，损失补偿额相当于因违约所造成的损失，包括合同履行后可以获得的利益。

损害赔偿的限制，一是可预见性规则。该规则是指损害赔偿的范围不得超过违反合同一方订立合同时预见到或者应当预见到的因违反合同可能造成的损失，即只有当违约所造成的损害是违约方在订约时可以预见的情况下，违约方才应当对这些损害负赔偿责任。二是减轻损失规则。当事人一方违约后，对方应当采取措施防止损失的扩大，没有采取适当措施致使损失扩大的，不得就扩大的损失要求赔偿。当事人因防止损失扩大而支出的合理费用，由违约方承担。三是损益相抵规则。该规则是指受害人若因违约行为而获得了一定利益时，在其应得的损害赔偿额中须扣除其获得的利益。四是与有过失原则。也称过失相抵原则，是指就损害的扩大守约方有过失时，应减轻违约方的赔偿金额或者免除其赔偿责任。

当事人双方都违反合同的，均应当承担相应的责任。当事人一方因第三人的原因造成违约的，应当向对方承担违约责任，当事人一方和第三方之间的纠纷，依照法律规定或者按照约定解决。

（五）"跳单"

本案基本案情的《看房确认书》都集中关注了"跳单"现象。

顾名思义，"跳单"就是"跳过"了居间人的"账单"，其通常含义是指委托人与房产中介机构订立居间合同后，就居间人报告的标的房屋私下与交易对方达成买卖协议或另行委托他人提供居间服务的行为。[①] 这种行为危及居间人的利益，为采取相应的对策，实践中居间人带客户看房时，常常要求签署"看房确认书"，一来证明缔结了居间合同，二来借格式条款带入禁止"跳单"条款。有关这类实务条款的解读，归纳起来，学界有四种不同的观点。

第一种观点认为，居间合同若有禁止"跳单"条款，则委托人别无选择，只能委托该居间人。这种格式合同加重了委托人责任，排除了其主要权利，应依《合同法》第 40 条作无效处理。[②]

第二种观点认为，委托人避开居间人直接与对方当事人磋商并缔约，不正当地阻止了居间人报酬请求权条件的成就，应准用《合同法》第 45 条第 2 款，视为居间人收取报酬的条件成就。[③]

第三种观点是在批判前述观点的基础上提出来的。其主张者首先认为禁止"跳单"条款并非无效，条件拟制成就的规定在居间合同无适用余地。然后提出应就"跳单"行为的法律后果作类型化处理：（1）委托人与第三人私下缔约，该缔约机会系由居间人促成；（2）委托人与第三人私下缔约，该缔约机会不是居间人所促成；（3）委托人另行委托其他居间人并经其促成缔约；（4）委托人另行委托其他居间人，但未促成缔约。其中，情形（1）中的居间人依《合同法》第 426 条享有报酬请求权；情形（2）、（3）、（4）中的居间人依《合同法》第 427 条享有必要费用返还请求权，如必要费用不能填补实际损失，可按实际损失主张违约金支付请求权。[④]

第四种观点认为，禁止"跳单"条款是关于委托人跳开居间人的违约责任条款，据此居间人履行带看房的义务之后，若委托人有恶意逃避报酬支付义务行为，即应支付相当于报酬的违约金。该观点重视委托人召入其他居间人的

---

① 税兵：《居间合同中的双边道德风险——以"跳单"现象为例》，载《法学》2011 年第 11 期。

② 张宁：《房屋买卖居间合同中规避"跳单"条款的效力和"跳单"行为的认定》，载《法律适用》2010 年第 8 期。

③ 何向阳：《客户"跳单"后，原先约定的中介费或违约金还能执行吗?》，载《楼市》2005 年第 23 期。

④ 周晓晨：《论房地产居间的法律规制》，载《中州学刊》2010 年第 3 期。

自由，拒绝要求委托人支付多次报酬，倾向于认为只要委托人向其中一名居间人支付了报酬，也就没有了“恶意逃避报酬支付义务行为”。①

最高人民法院在本案“基本案情”部分摘录《看房确认书》第2.4条的约定：“陶德华在验看过该房地产后六个月内，陶德华或其委托人、代理人、代表人、承办人等与陶德华有关联的人，利用中原公司提供的信息、机会等条件但未通过中原公司而与第三方达成买卖交易的，陶德华应按照与出卖方就该房地产买卖达成的实际成交价的1%，向中原公司支付违约金。”最高人民法院据此认为，“跳单”行为就是“买方利用中介公司提供的房源信息却绕开该中介公司与卖方签订房屋买卖合同”的行为。

当然上述内容在不同居间人提供的格式条款中也会互有出入，甚至就本案同一案件所涉《看房确认书》文本，上述最高人民法院摘录内容与原判决摘录内容就有不同，后者见上海市黄浦区人民法院张先生2010年针对本案的撰文（以下简称“张文”）——“陶德华在验看过该房地产后六个月内，陶德华或其委托人、代理人、代表人、承办人等与陶德华有关联的人与出卖方达成买卖交易或者利用中原公司提供的信息、机会等条件但未通过中原公司而与第三方达成买卖交易的，陶德华应按照与出卖方就该房地产买卖达成的实际成交价的1%，向中原公司支付违约金”。

两相对比，二者至少有如下区别：一是仅张文摘录的以“第三方”与“出卖方”相并列，似有禁止召入其他居间人的解释余地，而“指导案例1号”却删除了“出卖方”，仅提“第三方”，又明文支持委托人召入其他居间人的自由，似乎将“第三方”限缩解释为“出卖方”了；二是“利用中原公司提供的信息、机会等条件”在张文的摘录中仅是后段选项的要件，而在后者之中，因为同条前段已删，所以“利用中原公司提供的信息、机会等条件”成了所有“跳单”行为共同的最重要的要件。这两大区别昭示出，张文摘录的比后者更为周延，更加符合实践中居间人设计格式合同时利益驱动的方向，也应更符合一般禁止“跳单”条款的真实面貌。

---

① 高完泉、李鸿光：《买卖房屋跳开“中介”为何被判违约》，载《人民法院报》
2005年4月11日。

案例 2

吴梅买卖合同纠纷案

一、吴梅买卖合同纠纷案基本内容

吴梅诉四川省眉山西城
纸业有限公司买卖合同纠纷案

（最高人民法院审判委员会讨论通过　2011 年 12 月 20 日发布）

关键词：民事诉讼　执行　和解　撤回上诉　不履行和解协议　申请执行一审判决

裁判要点：民事案件二审期间，双方当事人达成和解协议，人民法院准许撤回上诉的，该和解协议未经人民法院依法制作调解书，属于诉讼外达成的协议。一方当事人不履行和解协议，另一方当事人申请执行一审判决的，人民法院应予支持。

相关法条：《中华人民共和国民事诉讼法》第 207 条第 2 款

基本案情：原告吴梅系四川省眉山市东坡区吴梅收旧站业主，从事废品收购业务。约自 2004 年开始，吴梅出售废书给被告四川省眉山西城纸业有限公司（以下简称"西城纸业公司"）。2009 年 4 月 14 日双方通过结算，西城纸业公司向吴梅出具欠条载明，今欠到吴梅废书款壹佰玖拾柒万元整（￥1970000.00）。同年 6 月 11 日，双方又对后期货款进行了结算，西城纸业公司向吴梅出具欠条载明，今欠到吴梅废书款伍拾肆万捌仟元整（￥548000.00）。因经多次催收上述货款无果，吴梅向眉山市东坡区人民法院起诉，请求法院判令西城纸业公司支付货款 251.8 万元及利息。被告西城纸业公司对欠吴梅货款 251.8 万元没有异议。

一审法院经审理后判决，被告西城纸业公司在判决生效之日起 10 日内给付原告吴梅货款 251.8 万元及违约利息。宣判后，西城纸业公司向眉山市中级人民法院提起上诉。二审审理期间，西城纸业公司于 2009 年 10 月 15 日与吴梅签订了一份还款协议，商定西城纸业公司的还款计划，吴梅则放弃了支付利息的请求。同年 10 月 20 日，西城纸业公司以自愿与对方达成和解协议为由申请撤回上诉。眉山市中级人民法院裁定准予撤诉后，因西城纸业公司未完全履行和解协议，吴梅向一审法院申请执行一审判决。眉山市东坡区人民法院对吴梅申请执行一审判决予以支持。西城纸业公司向眉山市中级人民法院申请执行监督，主张不予执行原一审判决。

裁判结果： 眉山市中级人民法院于 2010 年 7 月 7 日作出〔2010〕眉执督字第 4 号复函认为：根据吴梅的申请，一审法院受理执行已生效法律文书并无不当，应当继续执行。

裁判理由： 法院认为，西城纸业公司对于撤诉的法律后果应当明知，即一旦法院裁定准予其撤回上诉，眉山市东坡区人民法院的一审判决即为生效判决，具有强制执行的效力。虽然二审期间双方在自愿基础上达成的和解协议对相关权利义务做出约定，西城纸业公司因该协议的签订而放弃行使上诉权，吴梅则放弃了利息，但是该和解协议属于双方当事人诉讼外达成的协议，未经人民法院依法确认制作调解书，不具有强制执行力。西城纸业公司未按和解协议履行还款义务，违背了双方约定和诚实信用原则，故对其以双方达成和解协议为由，主张不予执行原生效判决的请求不予支持。

二、案例评析

这是一起在二审审理期间，因双方当事人达成和解协议撤诉，二审程序终结后，义务人未能完全履行和解协议，权利人向法院申请执行一审判决，义务人主张不予执行原一审判决，向眉山市中级人民法院申请执行监督的案件。眉山市中级人民法院于 2010 年 7 月 7 日作出〔2010〕眉执督字第 4 号复函认为：根据吴梅的申请，一审法院受理执行已生效法律文书并无不当，应当继续执行。

（一）眉执督字第 4 号复函的法律依据

眉山市中级人民法院作出的眉执督字第 4 号复函的法律根据为《民事诉讼法》第 207 条第 2 款，内容是："一方当事人不履行和解协议的，人民法院可以根据对方当事人的申请，恢复对原生效法律文书的执行。"另外，《民事诉讼法》第 224 条规定："发生法律效力的民事判决、裁定，以及刑事判决、裁定中的财产部分，由第一审人民法院或者与第一审人民法院同级的被执行的财产所在地人民法院执行。"第 234 条规定："人民法院制作的调解书的执行，适用本编的规定。"据此，作为人民法院的执行根据，只能是发生法律效力的民事判决书、裁定书和调解书。双方当事人在诉讼中达成的和解协议，虽然重新设定了一种权利义务关系，但未经法院以调解书的方式加以确认，属于双方的自愿行为，属于自动履行的范畴。一旦义务人不自动履行应当履行的义务，那么，先前一审法院作出的生效判决便成为了执行根据。权利人可据此向法院申请强制执行，强制义务人履行生效判决书中确定的义务。这是法律的权威性和强制性的体现。

裁判理由中的"法院认为，西城纸业公司对于撤诉的法律后果应当明知，即一旦法院裁定准予其撤回上诉，眉山市东坡区人民法院的一审判决即为生效判决，具有强制执行的效力"。也说明了只有法院的生效判决才是法院执行的根据。西城纸业公司不自动履行和解协议的义务，无论是基于主观或客观原因，都将使其失去和解协议中的利益，而应当履行生效判决书中确定的义务。诚然，如果西城纸业公司真的有诚意的话，在执行中双方可再次达成执行和解，以中止或终结执行程序。

（二）生效判决与执行和解及诉讼外和解的关系

生效判决与执行和解及诉讼外和解之间的关系，是我国民事诉讼法上的一个老大难问题。尽管1991年和2007年的《民事诉讼法》第207条第2款均规定："一方当事人不履行和解协议的，人民法院可以根据对方当事人的申请，恢复对原生效法律文书的执行。"但对于该条的法律基础和适用标准，学说和实务界多年来都是众说纷纭。作为回应，最高人民法院"法〔2011〕354号"发布了指导案例2号。[①]

在吴梅案之前，民事诉讼法学界和实务界的共识是，和解协议在履行完毕时有效，生效判决不再执行。其分歧在于和解协议在未履行完毕时的效力以及其与生效判决的关系。主要有以下三类观点：[②] 第一，因为和解协议在履行完毕之前不生效力，[③] 或者虽然生效但只能引起违约责任，[④] 不能阻止债权人反

---

① 贺剑：《诉讼外和解的实体法基础——评最高人民法院指导案例2号》，载《法学》2013年第3期。

② 贺剑：《诉讼外和解的实体法基础——评最高人民法院指导案例2号》，载《法学》2013年第3期。

③ 汤维建、许尚豪：《论民事执行程序的契约化——以执行和解为分析中心》，载《政治与法律》2006年第1期。

④ 何国强：《论民事诉讼二审中和解协议的性质——最高人民法院2号指导性案例评析》，载《北方法学》2012年第4期。

悔从而执行或恢复执行生效判决，所以生效判决一律优先于和解协议；第二，尽管生效判决优先于和解协议，但应引入诚信原则，适度限制生效判决的执行或恢复执行；① 第三，基于处分原则和既判力理论，和解协议始终有效并优先于生效判决，这种优先地位应通过债务人异议之诉、依和解协议另行起诉等方式予以确认。②

（三）　诚实信用原则的适用

吴梅案及其评论大体延续了上述争论。该案二审法院的裁判理由以及最高人民法院提炼的裁判要旨都力图为诉讼外和解与生效判决的关系确立一般规则，即类推适用《民事诉讼法》第 207 条第 2 款。此外，二审法院还在裁判理由中提示了诚信原则的适用可能。部分研究对吴梅案给予赞赏，认为生效判决的效力原则上优先于和解协议，并致力于以诚信原则解释和解协议的效力及其与生效判决的关系；③ 但批评者却认为，和解协议始终有效，不因违约或违反诚信原则而受影响，并建议通过债务人异议之诉确认和解协议对生效判决的优先地位。④

现有研究对诉讼外和解与生效判决的关系的分歧，有两个方面的原因：一是程序法本身的理论纷争或误会，包括对于既判力理论、"一事不再理"原则等的不同理解。这在吴梅案中的集中体现是，二审期间达成的诉讼外和解协议（"私法方案"）是否受到因撤回上诉而生效的一审判决的既判力（"公法方案"）的拘束。⑤ 二是现有研究大都止步于程序法，对诉讼外和解与生效判决的关系所包含的实体法问题缺乏关注。最有代表性的是，绝大多数研究都忽略了一个基本的实体法制度：在当事人不履行和解协议时，原本有效的和解协议很可能因违约解除等合同解除规则而失去效力。因此，即便在程序法上正确地认为，诉讼外和解不受一审生效判决既判力的拘束，生效判决在实体法上仍可

---

① 刘海红：《履行执行和解协议中申请执行人反悔的处理》，载《人民法院报》2008年 8 月 8 日第 6 版。

② 张永泉：《执行前和解协议法律效力研究》，载《法学家》2011 年第 1 期。

③ 王亚新：《一审判决效力与二审中的诉讼外和解协议——最高人民法院公布的 2 号指导案例评析》，载《法学研究》2012 年第 4 期。

④ 吴俊：《最高人民法院指导案例 2 号的程序法理》，载《法学》2013 年第 1 期。

⑤ 王亚新：《一审判决效力与二审中的诉讼外和解协议——最高人民法院公布的 2 号指导案例评析》，载《法学研究》2012 年第 4 期。

能优先于（因解除而失效的）和解协议。① 此外，现有研究对于吴梅案中的诉讼外和解协议的法律性质及其所适用的法律规则这一讨论前提，对于引入诚信原则作为诉讼外和解与生效判决的关系的判断标准这一替代方案，也都缺乏实体法上的探讨。②

吴梅案对《民事诉讼法》第 207 条第 2 款确立的法律基础和适用标准是，和解协议中确立的权利义务关系的内容的效力，不能对抗生效判决中确认的权利义务关系的内容。当两个内容不一致时，以生效判决确认的权利义务关系的内容为准。符合生效判决具有普遍约束力、既判力、执行力之法律效力的规定。

三、本案例相关知识点剖析

（一）民事诉讼

民事诉讼，俗称"打民事官司"。《民事诉讼法》第 3 条规定："人民法院受理公民之间、法人之间、其他组织之间以及他们相互之间因财产关系和人身关系提起的民事诉讼，适用本法的规定。"公民、法人和其他组织都可以成为民事诉讼的当事人，具有民事诉讼权利能力。公民的民事诉讼权利能力始于出生，终止于死亡。法人和其他组织的民事诉讼权利能力始于依法成立，终止于依法终止，如自动解散、依法被撤销、破产等。具有诉讼权利能力的公民并不一定都能够独立、亲自参与诉讼，无诉讼行为能力人，需由其法定代理人代理参与诉讼。

公民有民事诉讼行为能力必须同时满足两个条件：第一，已成年（18 周岁以上，或 16 周岁以上不满 18 周岁而以自己的劳动收入为主要生活来源的人）。第二，精神健康，没有任何精神疾病。法人和其他组织的诉讼行为能力完全与其诉讼权利能力一致，有诉讼权利能力就有诉讼行为能力。他们的诉讼行为能力，由法定代表人或主要负责人具体实现。③

1. 财产关系，法律上被确认的所有制关系，是指人们在产品的生产、分配、交换和消费过程中形成的具有经济内容的关系，包括基于物权所形成的财产关系和基于债权所形成的财产关系。吴梅案就是基于债权所形成的财产

---

① 隋彭生：《诉讼外和解协议的生效与解除——对最高人民法院〈指导案例 2 号〉的实体法解释》，载《中国政法大学学报》2012 年第 4 期。

② 贺剑：《诉讼外和解的实体法基础——评最高人民法院指导案例 2 号》，载《法学》2013 年第 3 期。

③ 刘家兴、潘剑锋主编：《民事诉讼法学教程》，北京大学出版社 2010 年版，第 99 页。

关系。

2. 人身关系，是人们在社会生活中形成的具有人身属性，与主体的人身不可分离的、不是以经济利益而是以特定精神利益为内容的社会关系。人身关系是基于人格和身份而产生的一系列的关系总和，即自然人基于相互间的人格和身份而产生的相互关系。比较典型的是离婚案件。

3. 财产关系和人身关系的内容是权利义务关系。民事纠纷的发生或是因公民之间、法人之间、其他组织之间以及他们相互之间某义务人不履行义务，或是因某种民事权利受到侵犯而诉至法院。

民事诉讼与调解、仲裁相比，是由人民法院代表国家行使审判权解决民事争议，具有终局性、强制性特征。为此，人们越来越倾向于以诉讼的方式解决民事纠纷，结果造成人民法院民事案件的数量逐年增加，也积累了一些社会矛盾。相比较而言，诉讼和解效率高，成本低，不伤和气，是一种更好的解决纠纷的方式。

（二）诉讼和解

《民事诉讼法》第 50 条规定："双方当事人可以自行和解。"该条法律规定确立了我国民事诉讼和解制度，被称为是最能体现处分原则的一项民事诉讼制度，也是现代市场经济条件下一项体现当事人意思自治的重要制度。其意义在于，可以避免讼累、及时解决争议，符合诉讼经济原则。因此，世界上很多国家对诉讼和解制度也都作出了相应规定。如日本《民事诉讼法》第 136 条规定："法院不问诉讼进行的人和阶段，都可以试行和解或受命审判官或受托审判官试行。"和解不受诉讼阶段的限制，在诉讼的任何阶段，即只要在判决尚未作出前，双方当事人都可以自行和解，以解决纷争。

在诉讼法理论上，诉讼和解的法律性质有三种说法：一是"私法行为说"，认为诉讼和解是当事人达成民法上的和解，属于私法上的行为。二是"诉讼行为说"，认为诉讼和解是完全不同于民法上和解的诉讼行为，是法律承认的替代判决的诉讼法上的协议。三是"两种性质说"，认为诉讼和解兼有民法上的和解和诉讼行为两种性质和要素。在不同的国家，诉讼和解具有不同的法律性质，由此也使得不同国家的诉讼和解具有不同的法律效力。美国的诉讼法理论采用"私法行为说"，认为无论当事人在诉讼外或诉讼中达成的和解都是一种契约，因此不能直接终结私法诉讼程序；而日本和德国则采用"诉讼行为说"，认为和解协议虽非判决，却具有强制执行的效力；我国台湾地区是"两种性质说"的支持者，和解是私法上的法律行为和终结诉讼程序的合意并存，而后者的发生效力以前者生效为前提。从我国的立法和司法实践来看，采用的是"私法行为说"，一方面并未赋予和解协议与确定的生效判决具有同等的法律效力，另一方面和解协议的达成并不能产生终止诉讼程序的效果，要想终结诉讼，必须由原告向法院申请撤诉。另据我国《民事诉讼法》的相关规定，当事人撤诉后可以重新起诉，也就是说原告基于和解协议撤诉后可以重新起诉，这说明我国的和解协议不具有阻止当事人对原纠纷再行起诉的效力。为此，和解有利、有弊。利是能及时解决争议，弊是义务人不诚信，不信守承诺，不履行义务，权利人还要重新起诉，拖延了纠纷解决的期限。也会被一些当事人所利用。诚实信用作为民事诉讼法的一项基本原则，引入民事诉讼法中，在一定程度上可以杜绝不诚信的当事人钻空子，获取不法利益。

双方当事人在庭审过程中达成和解协议，法院根据和解协议制作调解书，该和解协议称为诉讼内和解；双方当事人在庭审过程中达成和解协议，该和解协议没有以法院调解书的形式加以确认，或者双方当事人在庭审之外达成和解协议，称为诉讼外和解。

法院在诉讼过程中依据和解协议制作的调解书具有与判决书同等的法律效力，义务人不履行调解书确认的义务，权利人有权向法院申请强制执行。诉讼外和解协议不具有执行的法律效力，但对双方当事人之间具有实体法上的合同效力，义务人应当按照协议的内容履行自己应当履行的义务。如果义务人不履行义务，双方当事人就还要回到诉讼中来。

（三）民事执行

民事执行，又称民事强制执行，是指国家执行机关依照债权人的申请，根据执行文书，遵循执行程序，运用国家强制力强制债务人履行义务，以实现债权人民事权利的活动。民事执行具有以下特点：第一，民事执行是实现已确定私权的程序。进入民事执行程序的私权一定是已由生效法律文书所确定的私权，如果民事权利还存在争议，则不能申请强制执行。第二，民事执行是运用公权利的行为。在民事执行中，国家要运用查封、扣押、冻结、强制拍卖等手段强制义务人履行义务，在必要时还要用罚款、拘留等强制措施对抗拒执行的债务人实施制裁。第三，民事执行需有执行依据。执行依据又称"执行名义"，是指判决书、裁定书等生效法律文书上载明的权利人的权利。第四，民事执行原则上需经债权人的申请。民事执行的目的在于实现私法上的请求权，而私法上请求权的实现应尊重权利人的意思。故民事执行程序原则上须由债权人提出申请。①

---

① 谭兵、李浩主编：《民事诉讼法学》，法律出版社 2010 年版，第 439～440 页。

根据《民事诉讼法》第 236 条的规定，发生法律效力的民事判决、裁定，当事人必须履行。一方拒绝履行的，对方当事人可以向人民法院申请执行，也可以由审判员移送执行员执行。"也可以由审判员移送执行员执行"是例外。最高人民法院《关于人民法院执行工作若干问题的规定（试行）》第 19 条规定："生效法律文书的执行，一般应当由当事人依法提出申请。发生法律效力的具有给付赡养费、扶养费、抚育费内容的法律文书、民事制裁决定书，以及刑事附带民事判决、裁定、调解书，由审判庭移送执行机构执行。"第 18 条规定："人民法院受理执行案件应当符合下列条件：（1）申请或移送执行的法律文书已经生效；（2）申请执行人是生效法律文书确定的权利人或其继承人、权利承受人；（3）申请执行人在法定期限内提出申请；（4）申请执行的法律文书有给付内容，且执行标的和被执行人明确；（5）义务人在生效法律文书确定的期限内未履行义务；（6）属于受申请执行的人民法院管辖。人民法院对符合上述条件的申请，应当在七日内予以立案；不符合上述条件之一的，应当在七日内裁定不予受理。"第 20 条规定："申请执行，应向人民法院提交下列文件和证件：（1）申请执行书。申请执行书中应当写明申请执行的理由、事项、执行标的，以及申请执行人所了解的被执行人的财产状况。申请执行人书写申请执行书确有困难的，可以口头提出申请。人民法院接待人员对口头申请应当制作笔录，由申请执行人签字或盖章。外国一方当事人申请执行的，应当提交中文申请执行书。当事人所在国与我国缔结或共同参加的司法协助条约有特别规定的，按照条约规定办理。（2）生效法律文书副本。（3）申请执行人的身份证明。公民个人申请的，应当出示居民身份证；法人申请的，应当提交法人营业执照副本和法定代表人身份证明；其他组织申请的，应当提交营业执照副本和主要负责人身份证明。（4）继承人或权利承受人申请执行的，应当提交继承或承受权利的证明文件。（5）其他应当提交的文件或证件。"第 22 条规定："申请执行人可以委托代理人代为申请执行。委托代理的，应当向人民法院提交经委托人签字或盖章的授权委托书，写明委托事项和代理人的权限。委托代理人代为放弃、变更民事权利，或代为进行执行和解，或代为收取执行款项的，应当有委托人的特别授权。"第 23 条规定："申请人民法院强制执行，应当按照人民法院诉讼收费办法的规定缴纳申请执行的费用。"

（四）执行和解

《民事诉讼法》第 230 条规定："在执行中，双方当事人自行和解达成协议的，执行员应当将协议内容记入笔录，由双方当事人签名或者盖章。申请执行人因受欺诈、胁迫与被执行人达成和解协议，或者当事人不履行和解协议的，人民法院可以根据当事人的申请，恢复对原生效法律文书的执行。"

执行和解，是指在执行过程中，双方当事人就执行标的的一部或全部，自愿协商达成如何执行的协议。执行和解在本质上是当事人处分自己民事权利和诉讼权利的行为。双方当事人通过自己的处分行为达成一致意见，从而阻却原执行根据的执行力。执行和解的本质决定了其具有下列特征：

第一，执行和解协议须由双方当事人自行达成，是完全的自由处分行为。因此，达成和解协议的双发当事人必须具有诉讼行为能力，委托代理人为执行和解的，必须有授权委托书的明确授权。执行和解可以是对执行标的的全部内容达成一致，也可以是对诉讼标的的部分内容达成协议，当事人对部分标的达成和解协议的，其和解的效力仅及于该部分内容，剩余部分仍应按照执行根据予以执行。在吴梅案中，双方当事人是对执行标的的全部内容达成的协议。

第二，执行和解协议的内容不得违反法律的强制性规定。与一切处分权的行使一样，执行和解协议的内容必须合法，即不得违反法律的强制性规定，不得损害国家利益、社会公共利益和他人的合法权益。

第三，执行组织对和解协议实施监督。监督的内容主要是和解协议的内容是否合法，和解协议的达成是否属于双方的自愿行为，有无一方受欺诈、胁迫等。与审判程序中调解原则贯彻始终不同，执行组织和执行人员不能在执行中进行调解。这是因为执行组织和执行人员不再具有解决民事纠纷的职能，其任务是强制实现生效法律文书。因此，在执行过程中，执行组织不得以执行和解为由，动员、强制一方当事人让步，拖延执行。

关于执行和解的程序，根据法律规定，主要是指和解协议达成后，执行员应当将协议内容记入笔录，由双方当事人签名或者盖章。随后，执行程序中止，待双方当事人根据执行协议履行完毕后，执行人员终结整个执行程序。如果和解协议未能履行，或未能得到完全履行，则执行程序根据当事人的申请恢复执行。恢复执行原生效法律文书，适用申请执行期限2年的规定。申请执行期限因达成和解协议而中止，其期限自和解协议所定的履行期限的最后一日起连续计算。

一般而言，执行和解协议的内容主要涉及履行主体的变更；履行期限的延长；履行的债权内容是否变更；履行的方式是否变更。

执行和解的效力，因其本质上是双方当事人的处分行为，故只产生对双方当事人的约束力，而无对抗法院裁判文书及其他相关执行根据的效力。所以，当事人自动履行部分有效，人民法院不再执行。如果和解协议已经履行完毕，当事人一方又反悔而申请恢复执行原生效法律文书的，人民法院不予受理。

（五）执行根据

眉山市东坡区人民法院根据吴梅的申请，受理并执行已生效法律文书中"已生效的法律文书"是眉山市东坡区人民法院的执行根据。执行根据，也称"执行名义"。是指人民法院和其他机关依法制作的，具有给付内容的，发生法律效力的法律文书。

执行程序是实现具有执行力的法律文书的程序。因此，执行必须以生效的法律文书为根据。没有据以执行的法律文书，不能开始执行程序，当然也不可能进行执行活动。①

《民事诉讼法》第 224 条规定："发生法律效力的民事判决、裁定，以及刑事判决、裁定中的财产部分，由第一审人民法院或者与第一审人民法院同级的被执行的财产所在地人民法院执行。法律规定由人民法院执行的其他法律文书，由被执行人住所地或者被执行的财产所在地人民法院执行。"最高人民法院《关于人民法院执行工作若干问题的规定（试行）》第 2 条规定："执行机构负责执行下列生效法律文书：（1）人民法院民事、行政判决、裁定、调解书，民事制裁决定、支付令，以及刑事附带民事判决、裁定、调解书；（2）依法应由人民法院执行的行政处罚决定、行政处理决定；（3）我国仲裁机构作出的仲裁裁决和调解书；人民法院依据《中华人民共和国仲裁法》有关规定作出的财产保全和证据保全裁定；（4）公证机关依法赋予强制执行效力的关于追偿债款、物品的债权文书；（5）经人民法院裁定承认其效力的外国法院作出的判决、裁定，以及国外仲裁机构作出的仲裁裁决；（6）法律规定由人民法院执行的其他法律文书。"据此，执行根据可分为以下几类：

1. 人民法院依法制作的法律文书，有判决书、裁定书、调解书和支付令。判决书是人民法院针对诉讼中的实体问题作出的结论性判定。包括民事判决书、行政判决书、刑事附带民事判决书。裁定书是人民法院就诉讼中的程序事项或特殊实体事项作出的结论性判定。程序事项不具有给付内容，所以，不会成为执行根据。特殊实体事项具有给付内容，是执行根据。如财产保全、先于执行、执行回转、执行担保人财产、承认并执行外国法院裁判或外国仲裁机构裁决的裁定书等。调解书和支付令，与生效的判决具有同等法律效力，当债务人不履行债务，债权人有权依据生效的调解书和支付令请求法院强制执行债务人的财产或履行某种行为。支付令是督促程序中法院对债务人发出的支付命

---

① 刘家兴、潘剑锋主编：《民事诉讼法学教程》，北京大学出版社 2010 年版，第 308 页。

令，其本身具有强制执行的效力。督促程序被称为"略式诉讼"，是债权人实现债权的一种便捷、快速的程序。2012 年《民事诉讼法》修正案，修改和完善了督促程序，并强化和引导债权人更好地利用该程序，以快速实现债权，保护交易，促进市场经济的发展。

2. 我国仲裁机构依法作出的仲裁裁决和调解书。仲裁也是纠纷解决的一种方式，在商事纠纷中，大多数人还是愿意选择以仲裁的方式解决纠纷。但仲裁的一个重要前提条件是双方当事人之间要有有效的仲裁协议，并且仲裁是排除诉讼的。仲裁实行一裁终局，只要仲裁裁决依照法定程序作出，具有给付内容，就具有执行力，仲裁裁决的义务人不履行义务，权利人可以申请法院强制执行。仲裁调解书与裁决书具有同等效力，可以成为执行的根据。

此外，在仲裁中，当事人有权申请财产保全和证据保全，仲裁机构将当事人的申请提交人民法院，人民法院依据《仲裁法》有关规定作出财产保全和证据保全裁定，并予以执行。

3. 公证债权文书。对经公证机关公证的以给付为内容并载明债务人愿意接受强制执行承诺的债权文书，债务人不履行的，债权人可以申请强制执行。在实务中，这类文书一般为追偿债款、物品的债权文书。[1]

4. 对外国法院依法作出的生效判决、裁定和外国仲裁机构作出的生效的仲裁裁决，需要在我国法院执行的。按照司法协助协定或互惠原则，我国法院对外国法院依法作出的生效判决、裁定和外国仲裁机构作出的生效的仲裁裁决，可给予承认与执行。

对外国法院依法作出的生效判决、裁定的承认与执行有两种渠道、两个条件和一个前提。[2]

1. 两种渠道：一是直接由当事人向我国有管辖权的中级人民法院提出申请。即向对方当事人住所地、被执行财产所在地的中级人民法院提出申请。二是由外国法院根据我国与该国间的条约关系或互惠关系向我国法院提出申请。

2. 两个条件：一是外国法院的判决、裁定必须是发生法律效力的确定的裁判；二是裁判需要在我国领域内执行。即需要在我国领域内生效，或者既需要在我国领域内生效，又需要在我国领域内执行。

3. 一个前提：外国法院所在国必须与我国有条约关系或按互惠原则提出。

---

[1] 谭兵、李浩主编：《民事诉讼法学》，法律出版社 2010 年版，第 452 页。

[2] 刘家兴、潘剑锋主编：《民事诉讼法学教程》，北京大学出版社 2013 年版，第 355 页。

（六）执行监督

执行监督有广义和狭义之分。广义的执行监督是指对执行程序或执行工作的监督，包括国家权力机关的监督，当事人及利害关系人的监督，媒体的监督，法院内部的监督和法律监督机关的监督等。而狭义的执行监督，仅指人民法院的内部监督。

我国现行法律规定，上、下级人民法院之间存在审判监督关系，因此，最高人民法院依法监督地方各级人民法院和专门人民法院的执行工作，上级人民法院有权依法监督下级人民法院的执行工作，各级人民法院都必须在规定的执行时限内完成执行。① 最高人民法院《关于人民法院执行工作若干问题的规定（试行）》（以下简称《执行工作规定》）第 129 条规定："上级人民法院依法监督下级人民法院的执行工作。最高人民法院依法监督地方各级人民法院和专门法院的执行工作。"人民法院内部的执行监督，主要体现在以下几个方面：

第一，通知暂缓执行和裁定或决定直接予以执行。《执行工作规定》第 130 条规定："上级法院发现下级法院在执行中作出的裁定、决定、通知或具体执行行为不当或有错误的，应当及时指令下级法院纠正，并可以通知有关法院暂缓执行。下级法院收到上级法院指令后必须立即纠正。如果认为上级法院的指令有错误，可以在收到该指令后五日内请求上级法院复议。上级法院认为请求复议的理由不成立，而下级法院仍不纠正的，上级法院可直接作出裁定或决定予以纠正，送达有关法院及当事人，并可直接向有关单位发出协助执行通知书。"第 133 条规定："上级法院在监督、指导、协调下级法院执行案件中，发现据以执行的生效法律文书确有错误的，应当书面通知下级法院暂缓执行，并按照审判监督程序处理。"第 134 条规定："上级法院在申诉案件复查期间，决定对生效法律文书暂缓执行的，有关审判庭应当将暂缓执行的通知抄送执行机构。"第 135 条规定："上级法院通知暂缓执行的，应同时指定暂缓执行的期限。暂缓执行的期限一般不得超过三个月。有特殊情况需要延长的，应报经院长批准，并及时通知下级法院。暂缓执行的原因消除后，应当及时通知执行法院恢复执行。期满后上级法院未通知继续暂缓执行的，执行法院可以恢复执行。"

第二，责令或直接裁定不予执行。《执行工作规定》第 131 条规定："上级法院发现下级法院执行的非诉讼生效法律文书有不予执行事由，应当依法作出不予执行裁定而不制作的，可以责令下级法院在指定时限内作出裁定，必要

---

① 田平安主编：《民事诉讼法》，中国人民大学出版社 2010 年版。

时可直接裁定不予执行。"

第三，督促执行和指定执行。《执行工作规定》第 132 条规定："上级法院发现下级法院的执行案件（包括受委托执行的案件）在规定的期限内未能执行结案的，应当作出裁定、决定、通知而不制作的，或应当依法实施具体执行行为而不实施的，应当督促下级法院限期执行，及时作出有关裁定等法律文书，或采取相应措施。对下级法院长期未能执结的案件，确有必要的，上级法院可以决定由本院执行或与下级法院共同执行，也可以指定本辖区其他法院执行。"

2012 年 8 月 31 日《民事诉讼法》第二次修正，增加规定了人民检察院对人民法院民事执行活动的监督。《民事诉讼法》第 235 条规定："人民检察院有权对民事执行活动实行法律监督。"扩大了人民检察院监督的范围。在第二次修正案出台前，《民事诉讼法》只规定了人民检察院对人民法院的审判活动实施监督，并不包括执行活动。执行也是我国人民法院的一项重要工作，执行难、执行乱，一直困扰着法院的执行工作，执行腐败现象也时有发生，造成了不良的社会影响。对法院的执行工作实施有力的外部监督，是必要的。这也是此次立法的目的所在。

但因《民事诉讼法》第 235 条只是一项原则性的规定，如何操作，有待法律进一步作出具体明确的规定。

关于民事执行检察监督的范围，目前主要有两种观点：一是广义说。即主张民事执行活动中的检察监督不仅针对法院执行部门，而且还包括执行活动中的当事人。二是狭义说。认为检察院作为公权力机关，其监督范围应限定于法院的执行活动，后者更具普遍性。① 笔者也赞同狭义说，人民检察院作为公权力机关，其监督范围限定在人民法院的执行活动具有合理性，实现权力对权力的制约，也可以及时发现执行人员的违法犯罪行为。执行活动中当事人的行为，由执行法院予以监督，法院可以通过采取妨害民事执行的强制措施制止当事人的不当行为，制裁当事人的违法犯罪行为等。

关于民事执行检察监督的方式。（1）抗诉。据修改后《民事诉讼法》第 208 条、第 209 条等的规定，对因错误的民事执行裁定文书而错误执行的，应当依法提出抗诉，在程序上要以当事人或案外人的申请为前提，没有当事人或案外人提出申请检察机关不应主动介入，除非出现国家利益受到损害的情况，检察机关不能依职权主动干预。（2）纠正违法通知书。适用于执行裁定文书内容本身正确，但执行人员不遵照执行，或没有执行依据而违法强制执行的，

---

① 谢利军：《民事执行监督范围与方式》，载《检察日报》2012 年 10 月 17 日。

如对符合执行条件的不予执行或超出法律文书确认的履行范围，严重超标的执行，截留、扣押已执行的财物不交付申请执行人，低价拍卖、变卖被执行人财产，对已裁定停止执行的案件仍然强制执行等违法现象。对以上违法现象不宜采取抗诉形式，应向法院发出纠正违法通知书，要求其限期纠正，对于法院不予采纳的应争取政法委、人大支持确保监督效果。（3）检察建议。对于执行裁定及执行行为不具有违法性，但执行行为在民事诉讼过程中引起不良后果的，既不能以裁定错误提出抗诉，也不应以行为违法发出纠正违法通知书，而应发出检察建议与法院沟通、协商、督促法院尽快予以解决，如对诉前财产保全裁定依法执行扣押后，一直不予以开庭审理，致使财产处于无人管理，存在灭失的潜在危险，采取发检察建议书的方式提醒法院尽快解决以维护当事人的合法权益。（4）查处职务犯罪。对于民事执行中执行人员徇私枉法、受贿索贿、截留侵占执行款物，严重损害当事人合法权益的违法犯罪行为，应整合检察资源与渎检、反贪部门联合办案。①

（七）诚实信用原则

"西城纸业公司未按和解协议履行还款义务，违背了双方约定和诚实信用原则，故对其以双方达成和解协议为由，主张不予执行原生效判决的请求不予支持。"西城纸业公司主张不予执行原生效判决的请求不予支持的理由，法院认为西城纸业公司未按和解协议履行还款义务，违背了双方约定和诚实信用原则。违背约定的行为，就是不诚实守信的一种表现。

诚实信用原则是 2012 年《民事诉讼法》修正案新增加的一项民事诉讼法的基本原则。《民事诉讼法》第 13 条规定："民事诉讼应当遵循诚实信用原则。"其基本含义是，法院和诉讼参与人在审理民事案件和参与民事诉讼活动中，应当本着诚实和善意进行。②

诚实信用原则，是市场经济活动中形成的道德规则，它要求人们在市场活动中讲究信用，恪守诺言，诚实不欺，在不损害他人利益和社会利益的前提下追求自己的利益。在私法领域，尤其是在民法的债权理论中，诚实信用原则占据着很重要的位置。权利的行使和义务的履行，必须基于诚实信用原则为之。这是民法对权利义务实现所作的要求。我国民法学者将该原则视为现代民法的最高指导原则，即"帝王原则"。

---

① 谢利军：《民事执行监督范围与方式》，载《检察日报》2012 年 10 月 17 日。

② 单丽雪主编：《中华人民共和国民事诉讼法注释本》，法律出版社 2012 年版，第 9 页。

在民事诉讼法领域，适用诚实信用原则是随着社会的发展才逐步完成的。在近代民事诉讼法学理论中，学者们始终认为私法关系与诉讼关系存在着本质上的差异，因此在私法领域适用的诚实信用原则，并不适合于民事诉讼法这一公法领域。然而在19世纪，以个人主义为中心的诉讼观念逐渐为人们所摒弃，在法律社会化的演变过程中，诚实信用原则作为民事诉讼法的基本原理得以接受并最终确立下来。现在，在实行市场经济的国家，诚实信用原则已经渗透到民事诉讼的各个程序之中，法官都在积极地、频繁地适用诚实信用原则，以解决新产生的复杂纠纷及法律适用问题。

在立法方面，许多国家对与诚实信用原则相关的真实义务作了具体规定。如1895年的奥地利《民事诉讼法》第178条规定："当事人据以声明所必要之一切事情，须完全真实且正确陈述之。"还规定当事人所作的不真实的陈述属违法行为，如果是出于故意或过失，当事人应负损害赔偿的义务。根据其第377条的规定，当事人宣誓后故意作的虚伪陈述可构成犯罪。1911年的奥地利《民事诉讼法》更明确地规定："当事人或代理人以恶意陈述显然虚伪之事实，或对他造陈述之事实为显然无理由之争执或提出显然不必要证据者，法院应科认定额以下之罚款。"

德国1993年《民事诉讼法》修正法第138条规定："当事人基于事实上之状况，应完全陈述之。"1950年颁布的新《民事诉讼法》也继承了诚实信用原则，规定法官对违背诚信原则弄虚作假的当事人，可以采取"不利益的评论"。如果当事人违反真实义务，致使诉讼迟延，依据德国《诉讼费用法》第39条的规定，应承担因延滞诉讼而产生的诉讼费用。

意大利1942年新《民事诉讼法》第88条规定："当事人关于事实上之情况，应完全且真实陈述之"，要求当事人及其律师对代表国家的法院应负诚实及信义的义务。

日本《民事诉讼法》第127条、第131条、第331条、第339条都涉及真实义务和诚信原则。例如第339条规定："曾经宣誓之当事人为虚伪时，法院将以裁定科五千元以下罚款。"根据第91条的规定，如果当事人故意违背真实义务和诚信原则作虚假陈述而致发生无益之诉费用，法院可命该当事人负担此项诉讼费用。

在我国，诚实信用原则不仅是对当事人的要求，也是对诉讼参与人的要求，同时也是对人民法院的要求。主要体现在《民事诉讼法》第112条和第113条，恶意诉讼和恶意拖延不履行义务。并且强化了妨碍诉讼的强制措施，提高了罚款数额。对自然人的罚款数额提高到10万元以下，对单位的罚款数额提高到5万元以上，100万元以下。人民法院应根据行为的性质、情节和影响程度准确、适当、合理地确定罚款数额。

《民事诉讼法》第 112 条规定："当事人之间恶意串通，企图通过诉讼、调解等方式侵害他人合法权益的，人民法院应当驳回其请求，并根据情节轻重予以罚款、拘留；构成犯罪的，依法追究刑事责任。"第 113 条规定："被执行人与他人恶意串通，通过诉讼、仲裁、调解等方式逃避履行法律文书确定的义务的，人民法院应当根据情节轻重予以罚款、拘留；构成犯罪的，依法追究刑事责任。"第 115 条规定："对个人的罚款金额，为人民币十万元以下。对单位的罚款金额，为人民币五万元以上一百万元以下。"

此外，诚实信用原则还表现为诉讼中权利失效和诉讼中的禁反言。《民事诉讼法》第 65 条规定："当事人逾期提供证据的，人民法院应当责令其说明理由；拒不说明理由或者理由不成立的，人民法院根据不同情形可以不予采纳该证据，或者采纳该证据但予以训诫、罚款。"最高人民法院《关于民事诉讼证据若干规定》第 8 条第 4 款规定："当事人在法庭辩论终结前撤回承认并经对方当事人同意，或者有充分证据证明其承认行为是在受胁迫或者重大误解情况下作出且与事实不符的，不能免除对方当事人的举证责任。"

诚实信用，在拉丁文表述为"Bona Fide"，法文是"Bonne Foi"，英文是"Good Faith"，直译为"善意"，实际是指"忠诚和相信"、"信义诚实"的意思。① 按照梁慧星教授的解释，诚实信用，意即要求人们在行使权利和履行义务时讲究信用、终守诺言、诚实不欺。② 作为一项民事诉讼的基本原则贯穿整个民事诉讼，所以既包括审判阶段，也包括执行阶段。审判的核心任务是查明案件事实，发现客观事实真相。由于案件争议的事实与一方或双方当事人的经历休戚相关，如果案件的当事人能够坦诚地、善意地、实事求是地面对，对双方争议的利益有一个清醒的认识，积极配合法院对案件的审理，纠纷的解决就会变得不再那么困难。诚然，司法实践以及国外的立法经验告诉我们，单凭人的善良和自觉是做不到的，人都是自私的，人很难愿意承认自己的错误，往往会抱着侥幸的心理去对抗对方的能力和智慧，去对抗法律。在执行阶段，执行的任务和核心是法官能否查到可供执行的财产，被执行人是否积极配合执行，恶意逃债是一种不诚信的表现，是造成执行难的一个重要原因。有了诚实信用原则的指导和与此相适应的法律的具体规定，在一定程度上可以遏制当事人的

---

① 徐国栋：《民法基本原则解释——成文法局限性之克服》，中国政法大学出版社 1992 年版，第 74 ~ 75 页。

② 聂明根：《民事诉讼法上诚实信用原则研究》，载《诉讼法论丛》（第 4 卷），法律出版社 2000 年版，第 327 页。

不诚信行为，使其付出巨大的代价，以此惩处和制裁其违法行为。

（八）撤诉、撤回上诉

撤诉是指法院受理案件后、宣告判决前，原告撤回其起诉，不要求法院审理的诉讼行为。撤诉作为一种诉讼制度，它与起诉制度相适应，同样，撤诉权与起诉权相适应。原告享有起诉权的同时，也享有撤诉权，这是诉讼法律机制构成的合理性所在。[1]

《民事诉讼法》第 145 条规定："宣判前，原告申请撤诉的，是否准许，由人民法院裁定。人民法院裁定不准许撤诉的，原告经传票传唤，无正当理由拒不到庭的，可以缺席判决。"最高人民法院《关于适用〈中华人民共和国民事诉讼法〉若干问题的意见》第 161 条规定："当事人申请撤诉或者依法可以按撤诉处理的案件，如果当事人有违反法律的行为需要依法处理的，人民法院可以不准撤诉或者不按撤诉处理。"

原告申请撤诉需要具备下列条件：

第一，申请撤诉的时间，法院立案后，宣告判决前。

第二，申请撤诉必须是自愿的。申请撤诉是原告行使处分权的行为，撤诉被法院许可后，会产生一系列的法律后果，因此，原告必须向法院作出明确的意思表示。不得受胁迫、欺诈，法院更不得强迫、动员原告撤诉。

第三，申请撤诉不能有违反法律的行为。"如果当事人有违反法律的行为需要依法处理的，人民法院可以不准撤诉或者不按撤诉处理。"这里"违反法律的行为"是指实体上合法，即申请撤诉不得有规避法律的行为，不得有损国家利益、社会公共利益或者他人的利益。如果存在上述行为，人民法院可以不准许撤诉或者不按撤诉处理。

那么，何种情况下，人民法院会按撤诉处理？

《民事诉讼法》第 143 条规定："原告经传票传唤，无正当理由拒不到庭的，或者未经法庭许可中途退庭的，可以按撤诉处理；被告反诉的，可以缺席判决。"因此，按撤诉处理有两种情形：

第一，原告经传票传唤，无正当理由拒不到庭的。

第二，原告未经法庭许可中途退庭的。

此外，根据诉讼费用交纳办法的规定，原告未按规定交纳诉讼费用的，也按撤诉处理。

---

[1]　刘家兴、潘剑锋主编：《民事诉讼法学教程》，北京大学出版社 2010 年版，第 217页。

　　无论是当事人主动申请撤诉，还是人民法院按撤诉处理，都会产生一定的法律后果。

　　第一，产生终结诉讼的后果，诉讼不再继续进行。

　　第二，诉讼费用由原告减半负担。

　　第三，法院裁定准许撤诉或按撤诉处理后，原告仍享有起诉权，只要在诉讼时效期间内，原告还可以向人民法院起诉。

　　在司法实践中，长期存在起诉难的客观现象。尤其在离婚，民间借贷等需由被告住所地法院管辖的案件，当被告是外地人时，原告明明知道被告在该地有经常居住地，但因无法证明而立不了案。居委会只能开此人在某某小区居住，但不能证明居住已经 1 年以上，但根据我国法律规定，经常居住地是指居住 1 年以上的地方，当法院无居住 1 年以上的证明时，则无法立案受理。一个要，一个不给，困扰着原告立不上案。如原告是北京人，被告是广东汕头人，或新疆乌鲁木齐人，让原告怎么下得了决心去那么远的法院立案打官司？

　　如果原告一旦立案成功，轻易不要撤诉。下一次再立案，可能会面临上述情形而无法立上案。诚然，双方选择了和解，被告履行了自己的义务，官司打下去也没有任何意义的情况下，撤诉，也是一个圆满的结局。

　　撤回上诉是指上诉人依法提起上诉后，在二审法院作出裁判前，要求撤回自己上诉的一种诉讼制度。[①] 与撤诉、起诉相对应一样，撤回上诉是与提起上诉是相对应的。当事人有提起上诉的权利，自然也享有撤回上诉的权利。

　　在我国，实行两审终审的审级制度，当事人对一审法院作出的允许上诉的判决或裁定不服，在法定期间内（判决的上诉期间是自接到判决书的第二日起算 15 日内，裁定的上诉期间是自接到裁定书的第二日起算 10 日内）有权向作出一审判决或裁定的上一级人民法院提出上诉，以进一步保证当事人诉讼权利的实现。但由于目前我国法院系统监督体制和监督方式存在的缺陷，导致了司法实践中存在着实质上的一审终审，让原本就受诟病的我国审级设立过低，更加雪上加霜。

　　《民事诉讼法》第 173 条规定："第二审人民法院判决宣告前，上诉人申请撤回上诉的，是否准许，由第二审人民法院裁定。"

　　与原告申请撤诉相同之处是，申请撤回上诉也必须是自愿的；申请撤回上诉也不能有违反法律的行为。最高人民法院《关于适用〈中华人民共和国民事诉讼法〉若干问题的意见》第 190 条规定："在第二审程序中，当事人申请撤回上诉，人民法院经审查认为一审判决确有错误，或者双方当事人

---

　　① 　刘家兴、潘剑锋主编：《民事诉讼法学教程》，北京大学出版社 2010 年版，第 254 页。

串通损害国家和集体利益、社会公共利益及他人合法权益的，不应准许。"

与原告申请撤诉不同之处是，上诉人申请撤回上诉的时间是在第二审人民法院判决宣告前；撤回上诉，是否准许，由第二审人民法院裁定。撤回起诉和撤回上诉的法律后果也不相同。撤回起诉还可以再起诉，撤回上诉，就不能再上诉了，一审判决或裁定生效，应慎重对待，慎重行使撤回上诉的权利。

上诉权是当事人申请上级法院对案件继续进行审判的请求权，也是当事人不服一审法院裁判的上告权。当事人上诉的目的一是要求上诉审法院继续解决与对方当事人之间的民事权益之争，以维护自己的合法权益，二是希望上诉审法院通过对案件的审理，撤销或者变更一审法院的裁判。① 当事人应正确行使上诉权和撤回上诉的权利。当事人行使上诉权也是上级法院对下级依法行使审判监督权的重要契机。

---

① 刘家兴、潘剑锋主编：《民事诉讼法学教程》，北京大学出版社 2010 年版，第 250 页。

案例 3

华隆公司撤回再审案

一、华隆公司撤回再审案基本内容

牡丹江市宏阁建筑安装有限责任公司
诉牡丹江市华隆房地产开发有限责任
公司、张继增建设工程施工合同纠纷案

（最高人民法院审判委员会讨论通过 2012 年 4 月 9 日发布）

关键词：民事诉讼 抗诉 申请撤诉 终结审查

裁判要点：人民法院接到民事抗诉书后，经审查发现案件纠纷已经解决，当事人申请撤诉，且不损害国家利益、社会公共利益或第三人利益的，应当依法作出对抗诉案终结审查的裁定；如果已裁定再审，应当依法作出终结再审诉讼的裁定。

相关法条：《中华人民共和国民事诉讼法》第 140 条第 1 款第 11 项

基本案情：2009 年 6 月 15 日，黑龙江省牡丹江市华隆房地产开发有限责任公司（以下简称"华隆公司"）因与牡丹江市宏阁建筑安装有限责任公司（以下简称"宏阁公司"）、张继增建设工程施工合同纠纷一案，不服黑龙江省高级人民法院同年 2 月 11 日作出的〔2008〕黑民一终字第 173 号民事判决，向最高人民法院申请再审。最高人民法院于同年 12 月 8 日作出〔2009〕民申字第 1164 号民事裁定，按照审判监督程序提审本案。在最高人民法院民事审判第一庭提审期间，华隆公司鉴于当事人之间已达成和解且已履行完毕，提交了撤回再审申请书。最高人民法院经审查，于 2010 年 12 月 15 日以〔2010〕民提字第 63 号民事裁定准许其撤回再审申请。

申诉人华隆公司在向法院申请再审的同时，也向检察院申请抗诉。2010 年 11 月 12 日，最高人民检察院受理后决定对本案按照审判监督程序提出抗

诉。2011 年 3 月 9 日，最高人民法院立案一庭收到最高人民检察院高检民抗〔2010〕58 号民事抗诉书后进行立案登记，同月 11 日移送审判监督庭审理。最高人民法院审判监督庭经审查发现，华隆公司曾向本院申请再审，其纠纷已解决，且申请检察院抗诉的理由与申请再审的理由基本相同，遂与最高人民检察院沟通并建议其撤回抗诉，最高人民检察院不同意撤回抗诉。再与华隆公司联系，华隆公司称当事人之间已就抗诉案达成和解且已履行完毕，纠纷已经解决，并于同年 4 月 13 日再次向最高人民法院提交了撤诉申请书。

裁判结果：最高人民法院于 2011 年 7 月 6 日以〔2010〕民抗字第 29 号民事裁定书，裁定本案终结审查。

裁判理由：最高人民法院认为，对于人民检察院抗诉再审的案件，或者人民法院依据当事人申请或依据职权裁定再审的案件，如果再审期间当事人达成和解并履行完毕，或者撤回申诉，且不损害国家利益、社会公共利益的，为了尊重和保障当事人在法定范围内对本人合法权利的自由处分权，实现诉讼法律效果与社会效果的统一，促进社会和谐，人民法院应当根据最高人民法院《关于适用〈中华人民共和国民事诉讼法〉审判监督程序若干问题的解释》第 34 条的规定，裁定终结再审诉讼。

本案中，申诉人华隆公司不服原审法院民事判决，在向最高人民法院申请再审的同时，也向检察机关申请抗诉。在本院提审期间，当事人达成和解，华隆公司向本院申请撤诉。由于当事人有权在法律规定的范围内自由处分自己的民事权益和诉讼权利，其撤诉申请意思表示真实，已裁定准许其撤回再审申请，本案当事人之间的纠纷已得到解决，且本案并不涉及国家利益、社会公共利益或第三人利益，故检察机关抗诉的基础已不存在，本案已无按抗诉程序裁定进入再审的必要，应当依法裁定本案终结审查。

二、案例评析

（一）检察院不同意撤回抗诉法院能否裁定终结审查

这是一起当事人申请再审，人民检察院抗诉引起的民事再审和审判监督程序的案件。也是一起涉及民事诉讼程序适用的指导案例。本案中涉及的再审问题，多年来一直是学术界和实务界争议的热点、难点问题。也引起了立法界的高度重视。为解决"申诉难"，全国人大常委会于 2007 年 10 月 28 日对《民事诉讼法》进行了第一次修正，应当说对再审程序进行了一次较全面的修改和完善。2012 年 8 月 31 日第十一届全国人民代表大会常务委员会第二十八次会议《关于修改〈中华人民共和国民事诉讼法〉的决定》第二次修正案，对再审程序再次作出了修改和完善。尽管如此，仍然有许多问题，有待进一步研究，有许多关系仍然需要进一步厘清。如本案最高人民检察院不同意撤回抗诉，最高人民法院裁定本案终结审查，是否符合《民事诉讼法》"人民检察院提出抗诉的案件，接受抗诉的人民法院应当自收到抗诉书之日起三十日内作出再审的裁定"之规定？是否应当接受抗诉后，发现有本案情形，裁定驳回抗诉？最高人民法院以此作为指导案例，有一定的重要意义。

本案一方当事人的华隆公司因不服法院作出的生效判决，在向最高人民法院申请再审的同时，也向最高人民检察机关申请抗诉。在最高人民法院提审期间，双方当事人达成和解协议并执行完毕，申诉人撤回了再审申请。最高人民检察院受理当事人的申请抗诉后向最高人民法院提起了抗诉，最高人民法院受理后经审查得知，双方当事人已通过和解方式解决了纠纷，遂与最高人民检察院沟通并建议其撤回抗诉，最高人民检察院不同意撤回抗诉。最高人民法院于 2011 年 7 月 6 日以〔2011〕民抗字第 29 号民事裁定书，裁定本案终结审查。

最高人民法院〔2011〕民抗字第 29 号民事裁定书符合民事诉讼法基本原则——处分原则。根据《民事诉讼法》第 211 条的规定，人民检察院提出抗诉的案件，接受抗诉的人民法院应当自收到抗诉书之日起 30 日内作出再审的裁定；有本法第 179 条第 1 款第 1 项至第 5 项规定情形之一的，可以交下一级人民法院再审。《民事诉讼法》第 154 条规定了裁定的适用范围。根据最高人民法院《关于适用〈中华人民共和国民事诉讼法〉审判监督程序若干问题的解释》第 34 条的规定，申请再审人在再审期间撤回再审申请的，是否准许由人民法院裁定。裁定准许的，应终结再审程序。申请再审人经传票传唤，无正当理由拒不到庭的，或者未经法庭许可中途退庭的，可以裁定按自动撤回再审申请处理。人民检察院抗诉再审的案件，申请抗诉的当事人有前款规定的情形，且不损害国家利益、社会公共利益或第三人利益的，人民法院应当裁定终结再审程序；人民检察院撤回抗诉的，应当准予。终结再审程序的，恢复原判决的执行。由此可知，该裁定作出之时的立法未明确规定出现该案例中的情形，即当事人达成和解后，检察院拒不撤回抗诉时，法院应如何处理。

法律原则与法律规则是两个不同的概念。法律原则是为法律规则提供某种基础或者本源的综合性的、指导性的价值准则或规范。法律规则是指采取一定的结构形式具体规定人们的法律权利、法律义务以及相应的法律后果的行为规范。在一个具体的案件审理中，法官只有在穷尽法律规则后，才能适用法律原则。即有法律规则，就要适用法律规则；只有没有法律规则时，才能适用法律原则。法律原则起到弥补规则漏洞的作用。在本案中，由于立法未对如何解决此类问题作出明确规定，法院只有转向可以规制该问题的法律原则——处分原则予以解决。因此，最高人民法院的裁定是符合民事诉讼基本法理的。

（二）　当事人处分权与检察院审判监督权的关系

本案一方当事人的华隆公司因不服法院作出的生效判决，在向最高人民法院申请再审的同时，也向最高人民检察院申请抗诉。再审和抗诉程序同时启动。但在再审程序中双方当事人达成和解协议，再审程序终结。那么，检察院的抗诉没有了争议的基础，为此，法院建议检察院撤回抗诉，检察院不同意。检察院的坚持，是否违反民事诉讼法的处分原则？

处分原则是民事诉讼法的一项重要原则，处分权是当事人的重要权利。根据《民事诉讼法》第 13 条的规定，当事人有权在法律规定的范围内处分自己的实体权利和诉讼权利。因此，处分原则的内容可以概括为：（1）当事人在诉讼中享有处分权，可以处分自己的实体权利和诉讼权利。即当事人可以决定是否行使或如何行使自己的实体权利和诉讼权利。具体说来，当事人可以在诉讼中提出主张、变更、放弃或承认对方的实体权利，也可以决定是否起诉、诉讼标的、上诉、撤诉、自认、和解等；（2）我国的处分权是受法律限制的，当事人处分自己的实体权利和诉讼权利，应当在法律允许的范围内进行，不得损害国家、社会公共利益及第三人的利益。

因此，撤回诉讼是当事人处分权的体现，当当事人向法院表明撤回诉讼时，若撤诉是其真实的意思表示，且不损害国家利益、社会公共利益或第三人利益时，法院应当准许。

在本案中，检察机关抗诉的目的是启动再审程序，而申请抗诉的当事人已明确表示放弃通过再审程序主张权利，且该放弃再审不损害国家利益、社会公共利益或第三人的利益，因此已无进行再审的必要。该案例主要争议的焦点，在于当事人申请撤诉的权利与人民检察院基于审判监督权进行抗诉之间的关系。当事人申请撤诉是处分权的重要体现之一，在上文已论述，在此不赘。

根据我国《民事诉讼法》第 14 条的规定，人民检察院有权对民事诉讼实行法律监督。检察机关对审判权的监督主要体现在对生效裁判的抗诉上，根据《民事诉讼法》第 208 条的规定，最高人民检察院对各级人民法院已经发生法律效力的判决、裁定，上级人民检察院对下级人民法院已经发生法律效力的判决、裁定，发现有本法第 200 条规定之一的，应当提出抗诉。地方各级人民检察院对同级人民法院已经发生法律效力的判决、裁定，发现有本法第 200 条规定情形之一的，提请上级人民检察院向同级人民法院提出抗诉。但当事人的处分权与人民检察院的审判监督权二者的关系如何，当时的立法没有明确规定。2003 年最高人民检察院民事行政检察厅发布的《关于人民检察院办理民事行政案件撤回抗诉的若干意见》中根据不同的节点对当事人申请撤回申诉或者确认涉案当事人已达成和解协议做了两种规定，具体为第 2 项规定："人民检察院向人民法院提出抗诉后，人民法院裁定再审之前，申诉人书面申请撤回申诉或者确认涉案当事人已达成和解协议并提交该协议，经人民检察院审查，认为涉案当事人达成的和解协议不损害国家、集体和第三人利益的，人民检察院应当撤回抗诉。"第 3 项规定："人民检察院向人民法院提出抗诉，人民法院裁定再审之后，申诉人书面申请撤回申诉或者确认涉案当事人已达成和解协议并提交该协议的，人民检察院不撤回抗诉，由人民法院依法处理。"由该规定可知，在该指导案例中，最高人民检察院不撤回抗诉是有根据的。

在学术界，有学者总结二者的关系为：一是间接性与直接性。根据该学者的观点，当事人的处分权与检察机关的监督权在大多数情况下都是间接地发生关系，但是在审判监督程序中，二者发生了直接的关系。二是居中性。检察机关负有客观义务，代表国家履行国家职责，决定了其应具有超然性、居中性。①

在第一种关系中，该学者虽根据生效裁判是一审作出的还是二审作出的，以及不同的诉讼阶段对二者的关系进行了阐释，但遗憾的是，该学者并未涉及本指导案例中的问题。有学者认为，处分原则是整个民事诉讼制度的大宪章，贯穿于民事诉讼的始终，在再审程序中也不例外。而检察机关的诉讼监督权是作为民事诉讼整个制度的一部分而组成的。另因民事诉讼制度的本质属性是解决私权纠纷，因此，当当事人的处分权与检察机关的诉讼监督权发生冲突时，检察院应优先满足处分权。该学者进一步论述在审判监督程序中，即使检察机关已经向法院提出抗诉，只要法院还未立案再审，当事人撤回申诉的申请仍然会导致抗诉的撤回。②

---

① 严生：《民事检察监督权与处分权的协调与运用》，载《法制与经济》2012 年第 9 期。

② 李浩：《处分原则与审判监督——对第 7 号指导性案例的解读》，载《法学评论》2012 年第 6 期。

（三）最高人民法院的观点

我国立法规定审判监督程序是一个纠错程序，通过对已生效的裁判的重新审理，纠正原审理过程中的错误。在该程序中，若当事人通过行使处分权而撤回申诉，则法院必须在程序的终局性价值与程序的纠错价值之间作出权衡和选择。① 在本指导性案例中，最高人民法院认为，当事人撤回申诉是其真实意思表示，且不涉及国家利益、社会公共利益以及第三人的合法利益，因此裁定终结诉讼。由此可知，最高人民法院在上述两种价值的权衡中，选择了程序的终局性价值，优先保障当事人的处分权。

2012 年《民事诉讼法》对该问题进行了新的规定，即再审优先原则。第209 条规定："有下列情形之一的，当事人可以向人民检察院申请检察建议或者抗诉：（一）人民法院驳回再审申请的；（二）人民法院逾期未对再审申请作出裁定的；（三）再审判决、裁定有明显错误的。"人民检察院对当事人的申请应当在 3 个月内进行审查，作出提出或者不予提出检察建议或者抗诉的决定。当事人不得再次向人民检察院申请检察建议或者抗诉。该规定改变了我国多年来当事人向法院申请再审与向检察院申诉可以同时进行的做法。有利于节约司法资源，保障司法机关的公信力与生效裁判的稳定性。

三、本案例相关知识点剖析

（一）两审终审制度

两审终审制度是指一个民事案件经过两级人民法院审理即告终结的制度。两审终审制度是一个审级制度，其目的在于保障当事人的诉讼权利，为当事人维护自己的权利提供充分的救济途径。由于各国的司法制度不同，对审级制度的规定也不同，比如美国和法国是三级三审制，英国、日本、德国则实行四级三审制。②

1. 我国实行两审终审的原因：我国人口众多，地域广阔，相当一部分地区交通不便，若增加审级，会增加当事人的讼累，不利于当事人行使诉讼权；与大多数国家的三审终审制不同，我国的第二审程序不仅审查案件的法律适

---

① 李浩：《处分原则与审判监督——对第 7 号指导性案例的解读》，载《法学评论》2012 年第 6 期。

② 刘家兴、潘剑锋主编：《民事诉讼法学教程》，北京大学出版社 2010 年版，第 70 页。

用，还审查案件的事实。

2. 两审终审的内容是指两审终审制的构成，包括三个方面的内容，即两个审级的不同程序、两个审级的不同裁判及两个审级的相互联系。一个案件的审理须经过两个审级的程序，作出两个不同的裁判。一审裁判是未生效的裁判，除一审终审的案外；二审裁判一经作出，立即生效。

3. 两审终审适用范围。两审终审适用于地方各级人民法院作出的一审判决和法律规定的三种可以上诉的裁定：不予受理、驳回起诉与管辖权异议。

4. 以下案件不适用两审终审：（1）最高人民法院作为一审法院审理的案件；（2）人民法院按照特别程序以及督促程序、公示催告程序、破产还债程序审理的案件；（3）小额诉讼案件。2012 年《民事诉讼法》对小额诉讼进行了首次规定，第 162 条规定："基层人民法院和它派出的法庭符合本法第一百五十七条第一款（即事实清楚、权利义务关系明确、争议不大的简单的民事案件）规定的简单民事案件，标的额为各省、自治区、直辖市上年度就业人员年平均工资百分之三十以下的，实行一审终审。"因此，小额诉讼适用简易程序审理，且一审终审，一审法院所作的判决是终局的生效判决，当事人不能上诉。由此不无疑问，当事人对小额诉讼一审裁判不满如何进行救济？

在世界范围内，就小额诉讼实行一审终审的国家较少，允许对小额诉讼进行上诉才是民事诉讼的题中之义。有学者主张在小额诉讼的立法解释中，应增加规定当事人异议权，使小额案件当事人在再审救济之前能有一个简便的救济和纠错机会，维护当事人的法益。[1] 有学者认为：应采撷一审终审制与两审终审制的精华，对小额诉讼程序实行有限的二审终审制。对于小额诉讼的一审判决事实认定错误明显、程序严重违反法律或者适用法律存在重大错误的，当事人有权向上一级法院提起上诉。[2] 有学者建议应借鉴域外立法，采用类似于日本的裁判异议方式与制度。[3]

近几年，不断有学者指出两审终审制存在诸多弊端，我国应效仿其他国家，实行三审终审制。持该观点的学者主要有以下理由：两审终审制的终审法院级别过低，审判人员素质不高，难以保证案件质量；两审终审制容易受到地方保护主义和人情关系的影响，难以保证案件公正；终审难终，再审案件日益

---

① 陈爱武：《论小额诉讼的性质——兼评我国民诉法第 162 条》，载《山东警官学院学报》2013 年第 3 期。

② 肖建华、唐玉富：《小额诉讼建构的理性思考》，载《河北法学》2012 年第 8 期。

③ 廖中洪：《小额诉讼救济机制比较研究——兼评新修改的〈民事诉讼法〉有关小额诉讼一审终审制的规定》，载《现代法学》2012 年第 5 期。

增多，影响司法权威；三审终审符合国际发展潮流；三审终审可以对一、二审的审判人员发挥有力的约束作用等。持相反观点的学者认为：两审终审与我国的具体国情相适应；两审终审符合诉讼效益原则；两审终审有助于维护司法的终局性。① 应真正找到两审终审的内在缺陷，完善二审终审制度，使之更好地发挥作用。

人大及其常委会为了实现对政府有关部门、审判机关、检察机关办理的具体案件的监督，确立了错案责任追究制度，即发现办案人员出于故意或者重大过失导致案件处理错误，依法追究办案人责任的制度。错案责任追究，是一种监督方式。其监督对象限于有权办理各种行政、民事、经济、刑事等案件的执法单位和工作人员。其追究内容是各类案件。其处理结果，一是要把办错的案件纠正过来，二是对办错案的单位和人员做出严肃处理。实行错案责任追究制程序：（1）人大常委会做出实行错案责任追究制规定，明确追究范围、程序、责任、方法等事项。（2）公安司法机关组织对错案责任追究规定的宣传和学习，制定落实措施，明确办案责任。（3）认定错案，可向执法机关提出错案追究的意见和建议。（4）责任追究。追究办案人员责任；其他人员按干部管理权限处理。（5）实施监督。执法单位对错案责任不追究或处理不适当时，人大常委会主任会议可采取听取有关情况的汇报，也可以询问和质询，或向发生错案的有关部门发出执法监督书，责成其依法纠正和处理。错案责任追究制度在我国人民法院系统内部的落实，基本体现在二审的改判上，二审一经改判，一审的裁判就可能成为错案。

错案责任追究制的设置初衷是强化司法人员的办案责任和办案质量，动机是好的，而且在司法实践中发挥了一定的积极作用。但是，实际操作中确实存在一些问题，例如，错案责任追究制过分强调错案的后果，而不去区分造成错案的原因。一旦被追究责任，不仅法官的形象受损，法院的业绩也会受到影响。这样，一方面会加重法官办案的心理负担，另一方面也会使法官和法院产生尽量规避错案的心理，即使有了错案也不愿意纠正。从而致使当事人的权利得不到维护，应当得到赔偿的得不到赔偿，最终损害的还是当事人的合法权益。② 这样，在司法实践中，原本审级就不高的二审终审制度，形成了事实上的一审终审。

上诉权是法律赋予当事人的一项重要的诉讼权利。当事人行使上诉权启动

---

① 姚绍芬：《我国两审终审制度的考量——以国外审级制度比较为视角》，载《西安石油大学学报（社会科学版）》第 20 卷第 1 期。

② 参见宋英辉教授在正义网上的发言。

二审程序，就是要通过二审案件的审理，进一步实现对自己合法权益的保护。一审法院的法官基于对案件事实的认识水平、认识能力的局限，价值取向，可能存在对事实认识的偏差和错误，通过二审程序审理中法官的再认识，发现事实真相，这是一条原本很正常，具有合理性的路径，因错案责任追究制度的落实，走向了歧途，应当予以纠正，真正落实我国民事诉讼法规定的两审终审制度。

（二）再审程序

再审程序是指人民法院对判决、裁定已经发生法律效力但确有错误的案件，进行再次审理的程序。① 再审是一个纠错程序，其意义在于对已经生效的判决、裁定中存在的错误予以纠正，从而保证法院判决和裁定的公正性和合法性，保护当事人的合法权益。

再审程序与一审、二审程序不同，有其自身的特点。第一，再审程序启动的主体可以是当事人也可以是人民法院、人民检察院，而一审、二审程序的启动只能是与案件有利害关系的当事人。第二，我国实行的是两审终审制，再审不是一个独立的审级；一审、二审是各自不同的独立的审级。第三，再审案件的审理法院可能是原审法院，也可能是原审法院的上一级法院；一审、二审的案件，在一审或二审法院审理。第四，再审所作的裁判效力因不同的程序而有所不同。按照一审程序审理的，所作的裁判是非立即生效的裁判；按照二审程序作出的裁判是一经作出就立即生效的裁判。适用一审程序审理的一审案件的裁判，允许当事人提起上诉的，在当事人上诉期内不生效；适用二审程序审理的二审案件，二审法院一经作出裁判，立即生效。

再审程序的启动，我国《民事诉讼法》规定了如下几种方式：

1. 人民法院依职权提起再审。根据《民事诉讼法》第 198 条规定："各级人民法院院长对本院已经发生法律效力判决、裁定、调解书，发现确有错误，认为需要再审的，应当提交审判委员会讨论决定。最高人民法院对地方各级人民法院已经发生法律效力的判决、裁定、调解书，上级人民法院对下级人民法院已经发生效力的判决、裁定、调解书，发现确有错误的，有权提审或者指定下级人民法院再审。"由此可知，人民法院启动再审的方式包括三种：（1）各级人民法院院长和本院审判委员会。各级人民法院主要是指作出生效裁判、调解书的法院。人民法院院长不是作出决定的主体，发现本院已经生效的裁判、

---

① 刘家兴、潘剑锋主编：《民事诉讼法学教程》，北京大学出版社 2013 年版，第 256 页。

调解书确有错误的，必须提交审判委员会讨论，二者共同构成了启动再审的主体。决定再审的同时，应当作出裁定，中止原裁判的执行。（2）上级人民法院。此处并不要求必须是作出生效裁判法院的上一级法院，只要是其上级法院，发现裁判、调解书确有错误的，都可以提审或指定再审。（3）最高人民法院。最高人民法院作为我国的最高审判机关，担负着对地方各级人民法院的审判工作进行监督的任务，因此，有权对地方各级人民法院已生效的裁判、调解书提出再审。

基于审判权由人民法院统一行使原则以及审判监督权的行使，立法规定了上级人民法院及最高人民法院的提审与指令再审。提审是指最高人民法院对地方各级人民法院已经发生效力的裁判、调解书，上级人民法院对下级人民法院已经发生法律效力的裁判、调解书，发现确有错误时，依法将案件提至本院进行审理的制度。指令再审是最高人民法院对地方各级人民法院已经发生法律效力的裁判、调解书，上级人民法院对下级人民法院已经发生效力的裁判、调解书，发现确有错误时，依法指令地方人民法院或下级人民法院对案件进行再审的制度。

2. 人民检察院抗诉引起的再审。本部分内容，将在人民检察院对民事诉讼活动实施监督中详细论述。

3. 当事人申请再审。《民事诉讼法》第 199 条规定："当事人对已经发生法律效力的判决、裁定，认为有错误的，可以向上一级人民法院申请再审；当事人一方人数众多或者当事人双方为公民的案件，也可以向原审法院申请再审。当事人申请再审的，不停止判决、裁定的执行。"

当事人申请再审需要满足以下条件：

（1）再审对象。根据《民事诉讼法》第 201 条、第 202 条的规定可知，当事人可以对已经发生法律效力的判决、裁定、调解书提起再审，而对已经发生法律效力的解除婚姻关系的判决、调解书，不得申请再审。对于调解书，只有当事人提出证据证明调解违反自愿原则或者调解协议的内容违反法律的，才可以申请再审。根据特别程序的规定，按照督促程序、公示催告程序审理的案件以及依照审判监督程序审理后维持原判的案件，当事人不得申请再审。

（2）提起再审的主体。提起再审的主体是原诉讼的当事人，包括原告、被告、有独立请求权的第三人、判令其承担义务的无独立请求权第三人。当事人是无民事行为能力、限制民事行为能力人的，其法定代理人可以代为提出再审申请。

（3）法定事由。当事人申请再审必须具有一定的法定事由。《民事诉讼法》第 200 条规定："当事人的申请符合下列情形之一的，人民法院应当再审：

（一）有新的证据，足以推翻原判决、裁定的；（二）原判决、裁定认定的基本事实缺乏证据证明的；（三）原判决、裁定认定事实的主要证据是伪造的；（四）原判决、裁定认定事实的主要证据未经质证的；（五）对审理案件需要的主要证据，当事人因客观原因不能自行收集，书面申请人民法院调查收集，人民法院未调查收集的；（六）原判决、裁定适用法律确有错误的；（七）审判组织的组成不合法或者依法应当回避的审判人员没有回避的；（八）无诉讼行为能力人未经法定代理人代为诉讼或者应当参加诉讼的当事人，因不能归责于本人或者其诉讼代理人的事由，未参加诉讼的；（九）违反法律规定，剥夺当事人辩论权利的；（十）未经传票传唤，缺席判决的；（十一）原判决、裁定遗漏或者超出诉讼请求的；（十二）据以作出原判决、裁定的法律文书被撤销或者变更的；（十三）审判人员审理该案件时有贪污受贿，徇私舞弊，枉法裁判行为的。"当事人只有在具备上述法定事由之一时方可申请再审。因为再审程序不是具有审级意义的正常的救济程序，是补救程序，用以纠正生效裁判、调解错误所适用的审判程序。为维护判决的严肃性和权威性，必须在具备法律规定的条件时才能启动再审，必须在确有错误的情况下，方能改判。

（4）当事人申请再审的途径。当事人申请再审原则上只能向上一级人民法院提出，但当事人一方人数众多或者当事人双方为公民的案件，当事人也可以向原审法院申请。

（5）申请再审的法定期间。根据《民事诉讼法》第 205 条的规定，当事人申请再审的，应当在判决、裁定发生法律效力后 6 个月内提出。但以下情形，当事人可以自知道或者应当知道之日起 6 个月内提出。当事人提出新的证据、足以推翻原判决、裁定的；原判决认定事实的主要证据是伪造的；据以作出原判决、裁定的法律文书被撤销或者变更的；审判人员审理该案件时有贪污受贿、徇私舞弊，枉法裁判行为的。

（6）当事人申请再审的处理结果。法院收到当事人的再审申请后，应当进行审查。根据《民事诉讼法》第 203 条、第 204 条的规定，当事人申请再审的，应当提交再审申请书等材料。对方当事人应当自收到再审申请书副本之日起 15 日内提交书面意见；不提交书面意见的，不影响人民法院审查。人民法院可以要求申请人和对方当事人补充有关材料，询问有关事项。人民法院应当自收到再审申请书之日起 5 日内将再审申请书副本发送对方当事人。人民法院应当自收到再审申请之日起 3 个月内审查，符合本法规定的，裁定再审；不符合本法规定的，裁定驳回申请。有特殊情况需要延长的，由本院院长批准。

因此，当事人申请再审并不必然引起再审程序的开启。此处法院进行的审查应为形式审查，主要审查当事人的申请是否符合法律规定的条件，申请再审的事由是否存在。如果当事人申请的事由不存在，则驳回当事人的申请；若当事人的申请符合法律规定且有法定事由，法院受理后进入实质审理阶段。

当事人除直接向法院提出再审申请外，还可以向人民检察院申请检察建议或者抗诉。人民检察院对当事人的申请应当在 3 个月内进行审查，作出提出或者不予提出的检察建议或者抗诉的决定。当事人不得再次向人民检察院申请检察建议或者抗诉。

4. 关于案外人再审。最高人民法院《关于适用〈中华人民共和国民事诉讼法〉审判监督程序若干问题的解释》首次规定了案外人再审制度。根据该解释的规定，案外人对原判决、裁定、调解书确定的执行标的物主张权利，且无法提起新的诉讼解决争议的，可以在判决、裁定、调解书发生法律效力后 2 年内，或者自知道或应当知道利益被损害之日起 3 个月内，向作出原判决、裁定、调解书的人民法院的上一级人民法院申请再审。因案外人申请人民法院裁定再审的，区分该案外人是否为必要共同诉讼当事人而有不同的处理方式。

（1）案外人为必要共同诉讼当事人的，在按第一审程序再审时，应追加其为当事人，作出新的判决；在按第二审程序再审时，经调解不能达成协议的，应撤销原判，发回重审，重审时应追加案外人为当事人。

（2）案外人不是必要的共同诉讼当事人的，仅审理其对原判决提出异议部分的合法性，并应根据审理情况作出撤销原判决相关判项或者驳回再审请求的判决；撤销原判决相关判项的，应当告知案外人以及原审当事人可以提起新的诉讼解决相关争议。

2012 年《民事诉讼法》第 56 条第 3 款规定了第三人撤销之诉制度，其目的在很大程度上与案外人申请再审是相一致的，那么如何处理二者的关系呢？当事人可以在二者之间进行自由选择还是只能选择一种救济途径而排斥另一种呢？在立法对这一问题进行回应之前，学者们主要有以下几种观点：一是仍然保留案外人异议之诉，但是应当对案外人或第三人的选择或其程度、方法、顺序等进行限制。原则上只能或者作为案外人申请再审，或者作为第三人提起撤销原生效法律文书的诉讼，不应允许"一条路不行再走另一条"那样的选择。① 二是两制度并存，但第三人只能择一行使，不得并用。即法律应赋予当事人自主选择权，一旦选定，则不容许反悔。至于先选择哪种程序，最终解决

---

① 王亚新：《第三人撤销之诉的解释适用》，载《人民法院报（民商审判）》2012 年 9 月 26 日第 7 版。

还需要有关司法解释予以明确。① 三是当两项制度竞合时，优先适用第三人撤销之诉制度。②

再审案件的审理。根据《民事诉讼法》第 207 条的规定，人民法院按照审判监督程序再审的案件，发生法律效力的判决、裁定是由第一审法院作出的，按照第一审程序审理，所作的判决、裁定，当事人可以上诉；发生法律效力的判决、裁定是由第二审法院作出的，按照第二审程序审理，所作的判决、裁定，是发生法律效力的判决、裁定；上级人民法院按照审判监督程序提审的，按照第二审程序审理，所作的判决、裁定是发生法律效力的判决、裁定。人民法院审理再审案件，应当另行组成合议庭。据此可知，人民法院按照再审程序审理案件，不论是按照一审程序审理还是按照二审程序审理，都须组成合议庭，不得采用独任制，且原审判人员不宜参加新组合的合议庭，防止审判人员因对案件有成见而先入为主，影响案件的公正审判。

人民法院按照审判监督程序决定再审的案件，应裁定中止原判决、裁定、调解书的执行。但追索赡养费、抚养费、抚育费、抚恤金、医疗费用、劳动报酬等案件，可以不中止执行。

再审案件中的几个特殊问题：

1. 人民法院发现原一、二审判决遗漏了应当参加的当事人的，可以根据当事人自愿原则予以调解，调解不成的，裁定撤销一、二审判决，发回原审人民法院重审。

2. 人民法院提审或者按照第二审程序再审的案件，在审理中发现原一、二审判决违反法定程序的，可分别情况处理：第一，不符合民事诉讼法规定的受理条件的，裁定撤销一、二审判决，驳回起诉；第二，具有最高人民法院《关于适用〈中华人民共和国民事诉讼法〉若干问题的意见》第 181 条规定的可能影响案件正确判决、裁定的，裁定撤销一、二审判决，发回原审人民法院

---

① 参见袁巍、孙付：《第三人撤销之诉的法律适用与程序构建》，载《山东审判》2013 年第 1 期。吴兆祥、沈莉：《民事诉讼法修改后的第三人撤销之诉与诉讼代理制度》，载《人民司法》2012 年第 23 期，在该文中，作者（作者单位系最高人民法院）写到对撤销之诉与案外人申请再审协调问题，修法过程中曾达成一致意见，同意两种程序并不并用。如果规定独立的第三人撤销之诉，则删除案外人申请再审的规定。将第三人撤销之诉规定在审判监督程序部分，作为审判监督程序的一种类型，那么案外人依照民事诉讼法原第二百零四条的规定，对执行异议规定不服，按照审判监督程序办理，即可直接指向第三人撤销之诉，而不是案外人申请再审。

② 陈杰：《中国第三人撤销之诉制度探析——对新〈民事诉讼法〉第 56 条第 3 款之解读》，载《中国石油大学学报（社会科学版）》2013 年第 3 期。

重审。该条规定的情形主要包括审理本案的审判人员、书记员应当回避未回避的；未经开庭审理而作判决的；适用普通程序审理的案件当事人未经传票传唤而缺席判决的；其他严重违反法定程序的。

3. 当事人就离婚案件中的财产分割问题申请再审的，如涉及判决中已分割的财产，人民法院应依法进行审查，符合再审条件的，应立案审理；如涉及判决中未作处理的夫妻共同财产，应告知当事人另行起诉。

2012 年《民事诉讼法》对再审程序进行了再次修改，其主要内容如下：（1）调解书的再审。此次修法明确了对调解书的再审程序。明确了人民法院发现调解书确有错误时，可以依法提起再审；检察院发现调解书损害国家利益、社会公共利益时可以依照法定程序抗诉；同时规定当事人对已经发生法律效力的解除婚姻关系的调解书不得申请再审。（2）当事人申请再审的法院。根据 2007 年《民事诉讼法》的规定，当事人只能向作出发生法律效力裁判的上一级人民法院申请再审，根据新法，当事人一方人数众多或者当事人双方为公民的案件，也可以向原审人民法院申请再审。（3）当事人再审的期限。根据新法规定：当事人在特定情形下，可以自知道或者应当知道之日起 6 个月内提出。（4）不中止执行案件。通常情况下，按照审判监督程序决定再审的案件，应当裁定中止原裁判的执行。新法增加了追索赡养费、抚养费、抚育费、抚恤金、医疗费用、劳动报酬等案件，可以不中止执行。（5）再审优先。即只有在人民法院驳回了当事人的再审申请的、人民法院逾期未对再审申请作出裁定的、再审判决、裁定有明显错误的，当事人才可以向人民检察院抗诉。且人民检察院在进行审查后，作出不予抗诉决定的，当事人不得再次向人民检察院提出抗诉申请。（6）检察建议权。为了加强人民检察院的审判监督权，新法规定了人民检察院的检察建议权。各级人民检察院对审判监督程序以外的其他审判程序中审判人员的违法行为，有权向同级人民法院提出检察建议。检察建议的监督方式有助于把矛盾化解在基层，节约司法资源，加强检察机关的监督能力。

（三）人民检察院对民事诉讼活动的监督

我国人民检察院对民事诉讼活动监督的立法经历了一个发展的过程：我国《宪法》第 129 条规定"中华人民共和国人民检察院是国家的法律监督机关"，从而以根本大法的形式确立了人民检察院的法律监督者地位。1982 年的《民事诉讼法（试行）》规定了人民检察院有权对民事审判活动实行法律监督，但没有规定具体的监督方式。1991 年的《民事诉讼法》在保留上述原则性规定的前提下，在"审判监督程序"一章中用四个条文专门规定了检察院对民事审判活动进行法律监督的条件、程序和具体方式。2007 年的《民事诉讼法》进一步完善人民检察院的抗诉制度的运作，细化和增加了监督事由，旨在解决实践中的"申诉难"和"再审难"问题。2012 年的《民事诉讼法》对人民检察院的民事监督权作出了一些新的规定，主要体现在将监督范围扩大到执行程序，增加检察建议的监督方式。这些法律规定构成了我国人民检察院对民事诉讼活动监督的根据和依据。我国人民检察院对民事诉讼活动的监督主要体现在：

1. 对民事审判活动的监督。人民检察院对民事审判活动的监督主要体现在：对审判人员在民事审判过程中，是否有贪赃枉法、徇私舞弊、枉法裁判等违法行为可以提出检察建议，以及针对生效的判决、裁定、调解书提出抗诉。

2. 对民事执行活动的监督。2012 年《民事诉讼法》将第 14 条"人民检察院有权对民事审判活动实行法律监督"修改为"人民检察院有权对民事诉讼活动实行法律监督"。同时在"执行程序"编"一般规定"中增加第 135 条"人民检察院有权对民事执行活动实行法律监督"的规定。由此，我国人民检察院对民事执行活动的监督有了明确的法律依据。检察院对民事执行活动进行监督，应当遵循监督违法执行行为原则、依当事人申诉原则以及讲求效率原则。①

3. 检察院的抗诉制度。《民事诉讼法》第 208 条规定了检察院的抗诉。根据该条可知：（1）抗诉主体。最高人民检察院对包括最高人民法院在内的各级人民法院的生效判决、裁判、调解书可以提起抗诉；上级人民检察院对下级人民法院已经发生效力的裁判、调解书可以提起抗诉。同级人民检察院不得向同级人民法院的裁决提起抗诉，而是应当提请上级人民检察院按照审判监督程序提出抗诉。（2）抗诉方式。根据《民事诉讼法》第 212 条可知，人民检察院决定对人民法院的判决、裁定、调解书提出抗诉的，应当制作抗诉书。（3）抗诉范围。人民检察院抗诉的范围包括已经发生法律效力的裁定、判决，以及损害国家利益、社会公共利益的调解书。（4）抗诉事由。根据《民事诉讼法》第 208 条、第 200 条规定，人民检察院提出抗诉需有法定理由，与当事人提起再审的事由完全一致，既有程序性的，也有实体性的。（5）抗诉的法律后果。根据《民事诉讼法》第 211 条可知，人民检察院提出抗诉的案件，接受抗诉的人民法院应当自收到抗诉书之日起 30 日内作出再审的裁定。即检察院抗诉的，人民法院应当再审。

4. 关于人民检察院是否是公益诉讼的主体。2012 年《民事诉讼法》第 55

---

① 王莉：《民事诉讼与检察监督》，中国检察出版社 2012 年版，第 213 页。

条规定了公益诉讼，即"对污染环境、侵害众多消费者合法权益等损害社会公共利益的行为，法律规定的机关和有关组织可以向人民法院提起诉讼"，通过列举的形式明确了公益诉讼的范围，但这一条文在诉讼提起主体上规定含糊，法律规定的机关是否包含检察院则存在疑问。若这一回答是肯定的，那么是否意味着我国立法赋予了检察院提起、参与民事诉讼的职权。在此之前，我国人民检察院对民事诉讼活动的监督主要体现为事后监督，即检察机关对法院的民事诉讼活动的监督是在判决、裁定和调解书生效以后，经过审查有关材料进行的。若检察院是公益诉讼的主体，那么在公益诉讼中，检察院一方面是诉讼的当事人，另一方面又是整个诉讼活动的法律监督者，如何协调检察院的这两种身份将成为我国立法有待解决的下一课题。

5. 人民检察院的调查权。《民事诉讼法》第 210 条规定："人民检察院因履行法律监督职责提出检察建议或者抗诉的需要，可以向当事人或者案外人调查核实有关情况。"这是我国立法关于人民检察院调查权第一次作出较为明确的规定。由于在民事诉讼中，当事人享有处分权，因此检察机关不能随意去调查取证并以自己发现的事实为据进行抗诉，具体说来，检察院可以调查取证的情况主要有两种：一是法院作为认定案件事实依据的主要证据可能存在着重大瑕疵，即检察院怀疑原裁判所依据的主要证据为虚假或伪造；二是法院未依法调查收集证据，致使一方当事人主张的事实因证据不足而未被认定其存在的情况。①

6. 检察建议权。该部分内容在上文已有论述，在此不赘，但为保证体系的完整性，故在此处予以指出。

立法虽对检察院的民事监督进行了较为明确的规定，但是人民检察院究竟在哪些情形下享有监督权则有不同意见：第一种意见认为，检察监督应是有限监督，主要表现在三个方面，一是监督的程序阶段有限，检察院仅能进行事后的抗诉监督，除此以外的监督均不得进行；二是仅能就重要类型的案件实施监督，而不能将监督的触角覆盖所有的案件类型；三是监督的手段有限，应当仅限于抗诉方式。第二种意见认为，应当对从立案到执行整个诉讼过程进行全面监督，包括对诉权保全、立案的诉前监督，对审判活动的诉中监督，对生效裁判、调解书的诉后监督，以及对法院执行活动的执行监督。监督的手段应当全面、灵活多样，不能仅限于抗诉这一种形式。第三种意见认为，诉讼检察监督的范围应集中于对法官的违法违纪及其他不当行为的监督，错误裁判的纠正应

---

① 李浩：《检察机关依据新证据提出抗诉问题探析》，载《现代法学》2004 年第 2 期。

通过上诉、申请再审等救济程序来实现和完成。①

（四）　国家利益

关于国家的起源，有矛盾说、契约说、武力说、偶然说等几种学说。矛盾说，即马克思国家理论，认为国家是阶级斗争的产物，是阶级矛盾不可调和的结果，是经济上占统治地位的阶级进行统治的工具。契约说以卢梭为代表，指公民为了维护生存利益而让渡自己的权利，建立契约而形成国家。武力说认为，国家起源于古代农牧民族对农业民族的征服。偶然说认为国家的产生既非矛盾调和的产物，也非社会契约的产物，而是人类"碰巧"建立起来的。②

1. 何为国家利益？不同的学者有不同的界定，大致有以下几种观点：一是国家利益为一切满足民族国家全体人民物质与精神需要的东西；③ 二是国家利益为民族国家追求的主要好处、权利或受益点；④ 三是国家利益是指民族国家生存和发展的总体利益，包括一切能满足民族国家全体人民物质与精神需要的东西；⑤ 四是国家利益是民族国家时代国家生存和发展的必要条件，是任何主权国家外交活动的最高原则和最终归宿；⑥ 五是国家利益包含国际政治范畴的国家利益和国内政治范畴的国家利益这样两层意思。国际政治范畴的利益是指一个民族国家的利益，与之对立的概念是集团利益、国际利益或世界利益。国内政治意义上的国家利益是在国际社会中建构的政治文化、规范、共有观念，不仅可以改变一个国家的政策行为，而且还可以更深程度地建构一个国家的身份和权益；⑦ 六是国家利益的内涵可以界定为一个民族国家相对于其他民族国家而言所规定的客观因素的综合。⑧

---

① 全国人大常委会法制工作委员会民法室编：《民事诉讼立法背景与观点全集》，法律出版社 2012 年版，第 531～536 页。

② 肖顺武：《公共利益研究——一种分析范式及其在土地征收中的运用》，西南政法大学 2008 年博士学位论文。

③ 阎学通：《中国国家利益分析》，天津人民出版社 1997 年版，第 10 页。

④ 王逸舟：《国家利益再思考》，载《中国社会科学》2002 年第 2 期。

⑤ 肖佳灵：《国家主权论》，时事出版社 2003 年版，第 479 页。

⑥ 郭树永：《国家制度的融入与国家利益：中国外交的一种历史分析》，载《世界经济与政治》1999 年第 4 期。

⑦ 肖顺武：《公共利益研究——一种分析范式及其在土地征收中的运用》，西南政法大学 2008 年博士学位论文。

⑧ 高伟凯：《国家利益：概念的界定及其解读》，载《世界经济与政治论坛》2009 年第 1 期。

2. 学者们虽然从不同的角度对国家利益进行了不同的界定，但概括言之，国家利益具有以下特性：首先，国家利益的主体是独立的民族国家，而不是政府，集团以及国际组织、跨国公司等主体。其次，国家利益的内容是可以满足国民物质与精神需要的某种好处、权利或受益点，是国家生存与发展的必要条件。再次，国家利益具有多样性。国家利益的表现形式复杂多样，如有物质利益与精神利益，政治利益与经济利益、文化利益、安全利益等。最后，国家利益具有变动性。国家利益并非一成不变的，总是随着社会时代的发展、国际环境的变化而变化。

3. 国家利益的分类。按照不同的标准，可以对国家利益做不同的分类。其一，根据利益的内容不同，国家利益可以分为政治利益、安全利益、经济利益、文化利益。其二，根据利益主体的范围不同，国家利益可以分为普遍利益、少数利益和个别利益。普遍利益是所有主权国家都追求的利益，少数利益则是一部分国家追求的利益，个别利益则是一个国家所追求的与他国不同的利益。① 其三，按照内容的体现形式不同，可以将国家利益分为物质利益与精神利益。物质利益是满足国家物质方面的利益，精神利益则是满足国家精神方面的利益。其四，根据时间不同，可以将国家利益分为长远利益与短期利益。其五，根据利益的重要程度不同，可以将国家利益分为重大国家利益、重要国家利益与一般国家利益。重大国家利益是关系国家安危存亡的利益，重要国家利益是对国家的生存发展具有重要影响的国家利益，一般国家利益是指对国家社会生活有一定影响但没有构成重要影响的利益。②

4. 国家利益与统治阶级的利益。国家利益不同于统治阶级的利益，把国家利益和统治阶级的利益等同起来的说法混淆了国家（Nation）与政权（State）的区别，因为统治阶级利益不是国家利益而只是政权利益。如果统治阶级利益与国家利益是一体的，历史上也就不会有"卖国政府"的概念。因为统治阶级控制的政府有权出卖只属于统治阶级自己的利益。将国家利益等同于统治阶级利益就否认了国家利益的客观存在。因为如果国家利益由统治阶级来决定，什么是国家利益就完全成了依赖于统治阶级主观意识才存在的东西。③ 然而国家利益与统治阶级利益具有很大的关系，主要表现在国家利益在

---

　　① 王辑思主编：《中国学者看世界——国家利益卷》，新世界出版社 2007 年版，第19 页。

　　② 刘跃进主编：《国家安全学》，中国政法大学出版社 2004 年版，第 41 页。

　　③ 王辑思主编：《中国学者看世界——国家利益卷》，新世界出版社 2007 年版，第5～6 页。

很大程度上体现或代表统治阶级的利益。

5. 国家利益与法律利益。根据周旺生教授的观点，法律利益是利益的一种形式，是从利益体系中剥离出来的、以法定形式存在的利益，也即通常所说的合法利益或权益。它是经国家特定机关选择和确认的，体现国家意志的，以法律权利为内容的，具有特殊强制力的一种利益。① 国家利益与法律利益都是利益的下位概念，当国家利益与其他利益产生冲突时，则需要由法律加以调解，此时国家利益与法律利益产生了交叉关系，国家利益成为法律利益的一部分。

6. 国家利益与公共利益。国家利益与公共利益既有联系又有区别。其联系主要体现在国家利益与公共利益在外延上具有交叉性，二者互为表现形式。其区别主要在于国家利益并非等同于公共利益，只有正当化的国家利益才是公共利益，而公共利益不一定是国家利益。对非正当化的国家利益而言，并非都是公共利益。②

（五）公共利益

公共利益的概念最早可以追溯至古希腊时代，当时，公共利益被看作是社会存在所必需的一元的、抽象的价值，是全体社会成员的共同目标。③ 后来逐渐在各国的立法中出现公共利益或与之相近的词汇。在世界各国的法律中，有关公共利益的概念有不同的称谓：在大陆法系，公共利益被称为公共秩序，也被称为"公序良俗"，它所追求的是公众共同的需求。④ 在英美法系，公共利益被称作公共政策，主要是指立法机关或法院视为与整个国家和社会根本有关的原则和目标，该原则要求将一般公共利益与社会福祉纳入考虑的范围，从而可以使法院有理由拒绝承认当事人某些交易或其他行为的法律效力。⑤

然而，由于公共利益的抽象性和概括性，使得其成为了法学上一个不确定的概念。具体说来，其不确定性主要体现在：其一，"利益内容"的不确定性，是指由于受利益主体和当时社会客观事实的左右，对利益的形成和利益的

---

① 周旺生：《论法律利益》，载《法律科学（西北政法学院学报）》2004 年第 2 期。
② 潘申明：《比较法视野下的民事公益诉讼》，法律出版社 2010 年版，第 34 页。
③ 王新艳：《公共利益诠释》，载《云南大学学报（法学版）》2006 年第 5 期。
④ 李国海：《析知识产权法中的"公共利益"概念》，载《中南大学学报（社科版）》2003 年第 3 期。
⑤ 符启林、罗晋京：《论社会公共利益和经济法》，载《河北法学》2007 年第 7 期。

价值认定无法固定成型。利益的含义具有丰富性，有学者指出，利益具有客体性含义、主体性含义、过程性含义、时间性含义和空间性含义五个层次。客体性含义是指利益是需要的满足，是人与物相结合的外界对象的依赖关系的实现，利益客体具有客观性、对象性和社会历史性。客观性指利益对于主体来说是客观存在的，是不以主体的意志为转移的；对象性是指利益是人类自身所设置的对象；社会历史性是指利益的质、量结构是不断变化的。利益的主体性含义是指只有符合利益主体需要的利益才是利益。利益的过程性含义是指利益必定是通过经济活动谋取的，在一定的经济过程中实现的。利益的时间性含义是指利益是在一定的时间中实现的，利益会随着时间的变化而变化。利益的空间性含义指的是利益总是在一定空间中实现的。① 其二，"受益对象"的不确定性，是指享有公共利益范围者的范围很难确定。由于公共一词的界限不清晰，公共这一概念本身的内涵和外延并不确定。德国有学者曾提出以"地域基础"作为界定人群的标准，认为公共利益是相关空间内大多数人的利益，即一定地域内的大多数人的利益就足以形成公共利益，这实际上是把"公共"局限于一定的地域范围内。② 德国在 1974 年的《德国税捐调整法》中明确了"公共"并非全体国民，至少亦非某个圈子的人。而"某个圈子的人"在此法第17 条中明确界定为"乃由一范围狭窄之团体（如家庭、家族团体或成员固定之组织等或某特定机关之雇员等）加以确定的隔离；或者是以地方、职业、地位、宗教信仰等要素作为界限，而其成员之数目经常是少许的"。基于此法对于"某个圈子的人"的解释，与之相对的"公共"应当具备两个特点，即范围上的非隔离性与数量上的多数性。范围上的非隔离性是指作为公共主体的多数人在任何时候都可以无条件地进入该领域。数量上的多数性则没有一个具体的量化标准，必须针对个案的具体情况具体分析。③

长期以来，无论国内还是国外学术界，对于公共利益一直有肯定说与否定说两种观点。肯定说认为公共利益是客观存在的，这也是大多数学者所持的主流观点。否定说认为公共利益是不存在的或者对其研究是没有意义的。肯定公共利益存在的，关于其概念到底如何定义又有以下几种观点：一是自动利益说。该学说为西方经济学的奠基者亚当·斯密所提倡。他认为公共利益的形成方式是来源于经济理性人对个人利益的追求。当一个个的个体在追求自我的经济利益最大化之时，客观上竟带来了意想不到的收获：社会进步，财富增加，

---

① 洪远朋：《社会关系利益演进论》，复旦大学出版社 2006 年版，第 40 页。

② 陈新民：《宪法基本权利之理论基础》，元照出版公司 1999 年版，第 134～139 页。

③ 潘申明：《比较法视野下的民事公益诉讼》，法律出版社 2010 年版，第 29 页。

因此公共利益也得到实现。因此，亚当·斯密认为，公共利益是来源于个人利益，二者并不矛盾。二是总和说。该学说由边沁倡导，他认为"共同体是个虚构体，由那些被认为可以说构成其成员的个人组成。那么，共同体的利益是什么呢？是组成共同体的若干成员的利益的总和；不理解什么是个人利益，谈论共同体的利益便毫无意义"。三是公共利益本位论。这种观点认为公共利益是与个人利益统一的，但是在公共利益与个人利益发生冲突的时候公共利益优先，个人利益应让位于公共利益。通常这里的公共利益与国家集体利益相等，也就是说在国家利益与集体利益面前个人利益相对来说是"价值"较小的利益，更应该放弃。这种观点对于公共利益提出了更加有操作性的标准，常常把其与国家利益与集体利益相等，而对国家利益与集体利益也作狭义上的理解，与个人的利益对立起来，因此常常发生以国家利益和集体利益之名侵犯个人利益的情况。①

1. 公共利益的特点

从上文可知，公共利益具有复杂性，因此关于其特点，我国学者也是众说纷纭，概括而言：一是动态性。即公共利益不是一成不变的概念，随着社会的发展会呈现出不同的内涵。二是公共性。这种公共性既有地域的广泛性，也有受益对象的广泛性。三是宽泛性。公共利益既可能是经济利益，也可能是社会的福利，还可能包括教育、卫生、环境等各个方面的利益。② 四是主体多样性。即公共利益作用于多元主体之间，受益主体也不是单一的。五是合理性。无论是个体利益，还是公共利益，利益的选择应在合理范围内进行，以合理性为基本代价。六是制约性。公共利益对公共权力的滥用能够发挥制约的作用，以保持权利与权力之间合理的平衡关系。③

2. 公共利益与私人利益、政府利益、社会利益的关系

传统的观点认为，私益与公益是一对相对的概念，两者处于对立的关系，公益是国家权力限制私权、剥夺私益的理由与工具，是个人利益之外存在的一个独立的团体利益，是一个较高层次且独立的法律主体的利益，因此公益与私益之间的矛盾是不可调和的且公益的位阶高于私益。④ 政府是国家统治的执行机关，代表国家实施行政管理，从而实现国家统治阶级的意志，维护统治阶级

---

① 参见李洪军：《论我国现行法律中的公共利益条款》，载 http://blog.sina.com.cn/s/blog_48c1baea0100a1nq.html，访问时间：2013 年 11 月 19 日。

② 王利明：《征收、征用制度与公共利益的界定》，载《人民法院报》2005 年 1 月。

③ 韩大元：《宪法文本中"公共利益"的规范分析》，载《法学论坛》2005 年第 1 期。

④ 参见潘申明：《比较法视野下的民事公益诉讼》，法律出版社 2010 年版，第 32 页。

的利益。根据"契约论"，国家是公民转让自我权利，建立契约而产生的。因此，根本上说，政府应该是代表广大人民的利益，是与公共利益一脉相通的。然而，政府利益又不完全等同于公共利益，公共利益是凌驾于一切具体社会利益主体之上的最高利益，维护公共利益是政府存在的目的和最高追求目标。① 庞德认为，社会利益是指从社会生活的角度考虑，被归结为社会集团的请求的需要。它们是事关社会维持、社会活动和社会功能的请求，是以社会生活的名义提出、从文明的社会生活的角度看待的更为宽泛的需求与要求。② 庞德将社会利益分为公共安全、社会制度安全、公共道德、保护社会资源、公共发展、个人发展六个方面。③ 公共利益与社会利益既有联系又有区别，且联系大于区别。在某种程度上说，社会利益即是公共利益，公共利益包含社会利益，社会利益是最为典型的公共利益。④

---

① 杨东平等：《公共利益与政府利益之关系研究》，载《学理论》2013年第17期。

② ［美］罗斯科·庞德：《法理学》（第三卷），廖德宁译，法律出版社2007年版，第19页。

③ ［美］罗斯科·庞德：《法理学》（第三卷），廖德宁译，法律出版社2007年版，第218～234页。

④ 潘申明：《比较法视野下的民事公益诉讼》，法律出版社2010年版，第34页。

案例 4

林方清公司解散案

一、林方清公司解散案基本内容

林方清诉常熟市凯莱实业有限
公司、戴小明公司解散纠纷案

（最高人民法院审判委员会讨论通过　2012年4月9日发布）

关键词：民事　公司解散　经营管理严重困难　公司僵局

裁判要点：《公司法》第182条将"公司经营管理发生严重困难"作为股东提起解散公司之诉的条件之一。判断"公司经营管理是否发生严重困难"，应从公司组织机构的运行状态进行综合分析。公司虽处于盈利状态，但其股东会机制长期失灵，内部管理有严重障碍，已陷入僵局状态，可以认定为公司经营管理发生严重困难。对于符合公司法及相关司法解释规定的其他条件的，人民法院可以依法判决公司解散。

相关法条：《中华人民共和国公司法》第182条

基本案情：原告林方清诉称，常熟市凯莱实业有限公司（以下简称"凯莱公司"）经营管理发生严重困难，陷入公司僵局且无法通过其他方法解决，其权益遭受重大损害，请求解散凯莱公司。

被告凯莱公司及戴小明辩称：凯莱公司及其下属分公司运营状态良好，不符合公司解散的条件，戴小明与林方清的矛盾由其他途径解决，不应通过司法程序强制解散公司。

法院经审理查明：凯莱公司成立于2002年1月，林方清与戴小明系该公司股东，各占50%的股份，戴小明任公司法定代表人及执行董事，林方清任公司总经理兼公司监事。凯莱公司章程明确规定：股东会的决议须经代表1/2以上表决权的股东通过，但对公司增加或减少注册资本、合并、解散、变更公司形式、修改公司章程作出决议时，必须经代表 2/3 以上表决权的股东通过。股东会会议由股东按照出资比例行使表决权。2006 年起，林方清与戴小明两人之间的矛盾逐渐显现。同年 5 月 9 日，林方清提议并通知召开股东会，由于戴小明认为林方清没有召集会议的权利，会议未能召开。同年 6 月 6 日、8 月 8 日、9 月 16 日、10 月 10 日、10 月 17 日，林方清委托律师向凯莱公司和戴小明发函称，因股东权益受到严重侵害，林方清作为享有公司股东会 1/2 表决权的股东，已按公司章程规定的程序表决并通过了解散凯莱公司的决议，要求戴小明提供凯莱公司的财务账册等资料，并对凯莱公司进行清算。同年 6 月 17 日、9 月 7 日、10 月 13 日，戴小明回函称，林方清作出的股东会决议没有合法依据，戴小明不同意解散公司，并要求林方清交出公司财务资料。同年 11 月 15 日、25 日，林方清再次向凯莱公司和戴小明发函，要求凯莱公司和戴小明提供公司财务账册等供其查阅、分配公司收入、解散公司。

江苏常熟服装城管理委员会（以下简称"服装城管委会"）证明凯莱公司目前经营尚正常，且愿意组织林方清和戴小明进行调解。

另查明，凯莱公司章程载明监事行使下列权利：（1）检查公司财务；（2）对执行董事、经理执行公司职务时违反法律、法规或者公司章程的行为进行监督；（3）当董事和经理的行为损害公司的利益时，要求董事和经理予以纠正；（4）提议召开临时股东会。从 2006 年 6 月 1 日至今，凯莱公司未召开过股东会。服装城管委会调解委员会于 2009 年 12 月 15 日、16 日两次组织双方进行调解，但均未成功。

裁判结果：江苏省苏州市中级人民法院于 2009 年 12 月 8 日以〔2006〕苏中民二初字第 0277 号民事判决，驳回林方清的诉讼请求。宣判后，林方清提起上诉。江苏省高级人民法院于 2010 年 10 月 19 日以〔2010〕苏商终字第 0043 号民事判决，撤销一审判决，依法改判解散凯莱公司。

裁判理由：法院生效裁判认为：首先，凯莱公司的经营管理已发生严重困难。根据《公司法》第 182 条和最高人民法院《关于适用〈中华人民共和国公司法〉若干问题的规定（二）》（以下简称《公司法解释（二）》）第 1 条的规定，判断公司的经营管理是否出现严重困难，应当从公司的股东会、董事会或执行董事及监事会或监事的运行现状进行综合分析。"公司经营管理发生严重困难"的侧重点在于公司管理方面存有严重内部障碍，如股东会机制失灵、无法就公司的经营管理进行决策等，不应片面理解为公司资金缺乏、严重亏损等经营性困难。本案中，凯莱公司仅有戴小明与林方清两名股东，两人各占 50% 的股份，凯莱公司章程规定"股东会的决议须经代表二分之一以上表决权的股东通过"，且各方当事人一致认可该"二分之一以上"不包括本数。因此，只要两名股东的意见存有分歧、互不配合，就无法形成有效表决，显然影响公司的运营。凯莱公司已持续 4 年未召开股东会，无法形成有效股东会决议，也就无法通过股东会决议的方式管理公司，股东会机制已经失灵。执行董事戴小明作为互有矛盾的两名股东之一，其管理公司的行为，已无法贯彻股东会的决议。林方清作为公司监事不能正常行使监事职权，无法发挥监督作用。由于凯莱公司的内部机制已无法正常运行、无法对公司的经营作出决策，即使尚未处于亏损状况，也不能改变该公司的经营管理已发生严重困难的事实。

其次，由于凯莱公司的内部运营机制早已失灵，林方清的股东权、监事权长期处于无法行使的状态，其投资凯莱公司的目的无法实现，利益受到重大损失，且凯莱公司的僵局通过其他途径长期无法解决。《公司法解释（二）》第 5 条明确规定了"当事人不能协商一致使公司存续的，人民法院应当及时判决"。本案中，林方清在提起公司解散诉讼之前，已通过其他途径试图化解与戴小明之间的矛盾，服装城管委会也曾组织双方当事人调解，但双方仍不能达成一致意见。两审法院也基于慎用司法手段强制解散公司的考虑，积极进行调解，但均未成功。此外，林方清持有凯莱公司 50% 的股份，也符合《公司法》关于提起公司解散诉讼的股东须持有公司 10% 以上股份的条件。

综上所述，凯莱公司已符合《公司法》及《公司法解释（二）》所规定的股东提起解散公司之诉的条件。二审法院从充分保护股东合法权益，合理规范公司治理结构，促进市场经济健康有序发展的角度出发，依法作出了上述判决。

二、案例评析

由于《公司法》及相关司法解释规定较为原则，江苏省高级人民法院通过正确适用法律，将立法规定与具体案件相结合，从具体案例事实出发，诠释了"公司经营管理发生严重困难"的具体判断标准，对于统一类似案件的法律适用具有积极指导意义。本案争议的焦点是如何认定公司经营发生严重困难？判断的标准是什么？公司盈利是否是判断公司经营管理发生严重困难的必要条件？

（一）公司经营严重困难的判断标准

江苏省高级人民法院于 2010 年 10 月 19 日以〔2010〕苏商终字第 0043 号民事判决，撤销一审判决，依法改判解散凯莱公司的法律依据是，我国《公司法》第 183 条规定："公司经营管理发生严重困难，继续存续会使股东利益受到重大损失，通过其他途径不能解决的，持有公司全部股东表决权 10% 以上的股东，可以请求人民法院解散公司。"《公司法解释（二）》第 1 条第 1 款对于股东申请人民法院解散公司的问题作了细化。依据该规定，单独或者合计持有公司全部股东表决权 10% 以上的股东在符合公司法第 182 条的情况下，股东可以申请解散公司的情形为：（1）公司持续两年以上无法召开股东会或者股东大会，公司经营管理发生严重困难的；（2）股东表决时无法达到法定或者规定的比例，持续两年以上不能做出有效的股东会或者股东大会决议，公司经营管理发生严重困难的；（3）公司董事长期冲突，且无法通过股东会或者股东大会解决，公司经营管理发生严重困难的；（4）经营管理发生其他严重困难，公司继续存续会使股东利益受到重大损失的情形。江苏省高级人民法院从具体案件出发，认为凯莱公司的内部机制已无法正常运行、无法对公司的经营作出决策，即使尚未处于亏损状况，也不能改变该公司的经营管理已发生严重困难的事实。且其内部机制已经失灵，公司处于僵局的状态通过调解等其他方式也无法解决，因此可以认定凯莱公司经营已经严重困难，应当依法判决公司解散。

我国《公司法》虽然规定当公司经营严重困难时符合条件的股东可以申请解散公司，《公司法解释（二）》更通过列举的情形试图使该认定条件更为具体和可操作性，但是上述规定对于公司经营管理发生严重困难的界定仍不够清晰，在司法实践中各地法院在认识上对此存在分歧，一种意见认为，公司持续两年以上无法召开股东会或者股东大会、公司董事长期冲突且无法通过股东会或者股东大会解决等情形本身就是公司经营管理发生严重困难的表现形式，通过这些形式，就可以认定公司经营发生严重困难；另一种意见认为，公司持续两年以上无法召开公司股东会或者股东大会等情形仅是公司经营发生严重困难的原因，认定公司经营发生严重困难还需要从公司经营状况本身进行判断。[①]

（二）公司盈利是否判断经营管理严重困难的必要条件

在理论上，关于经营管理发生困难的理解，学术界有两种观点：一种认为公司经营发生严重困难即公司僵局，指公司治理层面上的困难，经营层面上的财务困难不应作为判决解散公司的一种适用情形或一个考虑因素；另一种观点认为公司经营发生严重困难包括经营上的困难和管理上的困难，前者是指公司生产管理上的困难，后者是指公司的营运困难。经营层面上的困难可以作为解散公司的情形之一。

---

① 最高人民法院案例指导工作办公室、陈龙业执笔：《指导案例 8 号〈林方清诉常熟市凯莱实业有限公司、戴小明公司解散纠纷案〉的理解与参照》，载《人民司法》2012 年第 15 期。

江苏省高级人民法院认为，公司经营是否发生严重困难，应当从公司的股东会、董事会或者执行董事及监事会或监事的运行现状进行综合性分析，公司是否处于盈利状态并非是判断公司经营管理发生严重困难的必要条件。公司经营发生严重困难的侧重点在于公司管理方面存有严重内部障碍，如股东会机制失灵、无法就公司的经营管理进行决策等，不应片面理解为公司资金缺乏、严重亏损等经营性困难。

三、本案例相关知识点剖析

（一）公司

公司是市场经济中最重要的主体，是最典型的企业法人。大陆法系国家或地区的公司概念多采取概括规定的方式，以日本和我国台湾地区为代表。日本《商法》规定"本法所谓公司，指以经营商行为为目的而设立的社团"，"依本法规定设立的以营利为目的的社团，虽不以经营商行为为业者，亦视为公司"，"公司法人"。我国台湾地区"公司法"规定："本法所称公司，谓以营利为目的的依照公司法组织登记成立之社团法人。"

与大陆法系国家的法律传统不同，英美法系国家不甚注重对法律概念的严格界定，因而也缺少明确的公司定义。属于英国法传统的中国香港在其公司条例中将公司解释为"指以本条例组织及登记之公司或现已存在之公司"。这一规定虽然表明了公司需依法登记的特点，但却很难说是对公司的完整定义。

我国《公司法》第 2 条规定："本法所称公司是指依照本法在中国境内设立的有限责任公司和股份有限公司。"第 3 条规定："公司是企业法人，有独立的法人财产，享有法人财产权。公司以其全部财产对公司的债务承担责任。有限责任公司的股东以其认缴的出资额为限对公司承担责任；股份有限公司的股东以其认购的股份为限对公司承担责任。"公司具有以下特征：

1. 公司应依法设立。从罗马社会到近代工业社会，公司的设立先后经历了自由设立、特许设立、核准设立、单纯准则设立和严格准则设立等设立原则。我国现行法规定公司的设立原则是严格准则设立主义和核准设立主义的结合，公司的设立需符合法律规定的条件，履行法律规定的程序，办理登记注册手续。之所以采取严格准则设立主义和核准设立主义的结合的原则，其目的是实现对公司的监管。该原则的适用，导致公司入门门槛高，管得严就容易管死，不利于企业的发展和经济的发展。

2013 年 10 月 25 日国务院召开常务会议，部署推进公司注册资本登记制度改革。改革注册资本登记制度，放宽市场主体准入，创新政府监管方式，建立高效透明公正的现代公司登记制度。目的是进一步简政放权，构建公平竞争的市场环境，调动社会资本力量，促进小微企业特别是创新型企业成长，带动就业，推动新兴生产力发展。

改革的主要内容：一是放宽注册资本登记条件。除法律、法规另有规定外，取消有限责任公司最低注册资本3万元、一人有限责任公司最低注册资本10万元、股份有限公司最低注册资本500万元的限制；不再限制公司设立时股东（发起人）的首次出资比例和缴足出资的期限。公司实收资本不再作为工商登记事项。二是将企业年检制度改为年度报告制度，任何单位和个人均可查询，使企业相关信息透明化。建立公平规范的抽查制度，克服检查的随意性，提高政府管理的公平性和效能。三是按照方便注册和规范有序的原则，放宽市场主体住所（经营场所）登记条件，由地方政府具体规定。四是大力推进企业诚信制度建设。注重运用信息公示和共享等手段，将企业登记备案、年度报告、资质资格等通过市场主体信用信息系统予以公示。推行电子营业执照和全程电子化登记管理，与纸质营业执照具有同等法律效力。完善信用约束机制，将有违规行为的市场主体列入经营异常的"黑名录"，向社会公布，使其"一处违规、处处受限"，提高企业"失信成本"。五是推进注册资本由实缴登记制改为认缴登记制，降低开办公司成本。在完善相关法律法规的基础上，实行由公司股东（发起人）自主约定认缴出资额、出资方式、出资期限等，并对缴纳出资情况真实性、合法性负责的制度。

入门门槛降低了，监管松了，人们可能会担心，在门槛高，监管严的时候，有些公司还存在许多问题，如失信、逃债，等等，现在门槛低了，监管松了，是不是会出现更多的骗子公司？

实践证明，政府管得多，管得严未必是好事。将公司、企业真正置于市场竞争中，实行优胜劣汰，适者生存，自我管理、自我激励，自我完善更加重要。建立起诚信体系，提高失信成本，失信、违规寸步难行，就没有人敢去做违法、违规、失信的事情。我们的公司、企业就能健康有序地发展起来，最终促进我国经济的发展，实现与国际真正接轨，确立我国的市场主体地位。

2. 公司具有权利能力与行为能力。公司的权利能力是指公司享有权利和承担的资格，公司的权利能力从公司营业执照签发之日开始，至公司注销登记并公告之日终止；公司的行为能力是指公司通过自己的意思表示构建法律关系的资格。关于公司是否具有行为能力，历来有两种不同的学说：一种是拟制说，该学说认为只有具有意思能力的主体才具有行为能力，而公司是一种组织，没有意思能力，不具有行为能力；另一种是实在说，认为公司具有机关，机关是公司意思能力的体现，公司具有行为能力。

3. 公司是以营利为目的的企业组织。公司具有的营利性是其与生俱来的本性，公司是投资者实现投资利益的法律工具。公司的营利性非仅指其自身简单的营利，而是包括向其成员分配盈利的特殊内容。

4. 公司具有独立的法人地位。法人是具有民事权利能力和民事行为能力、依法独立享有民事权利、承担民事义务的组织。法人的特征在于其独立的人格、独立的组织机构、独立的财产和独立承担民事责任。《公司法》第 3 条明确规定："公司是企业法人"。其具体表现在以下几个方面：（1）公司拥有独立的财产。在传统公司法理论上，一般认为，虽然公司财产是由股东出资构成，但一旦出资给公司，所有权即归公司享有，股东只享有股权。因此，公司是其财产的所有人，对其财产享有法律上的所有权。（2）公司设有独立的组织机构。公司的组织机构包括公司的管理机构和公司的业务活动机构。（3）公司承担独立责任，公司的独立责任是其独立人格的标志，是公司具有法人地位的集中表现。

5. 公司以股东投资行为为基础而设立。公司组成的方式是股东的共同出资，股东履行投资行为是公司设立的基础。

按照不同的标准，可以将公司分为不同的类型。如以股东对公司的责任形式为标准，公司可以分为无限公司、有限公司、股份有限公司与两合公司；按照公司之间的控制关系或从属关系可以分为母公司与子公司；按照公司的内部管辖关系可以分为本公司与分公司，等等。我国《公司法》将公司分为有限责任公司与股份有限公司两类：

有限责任公司，是指由法律规定的一定人数的股东所组成的，股东以其出资额为限对公司债务承担责任，公司以其全部资产对其债务承担责任的企业法人。

根据《公司法》第 23 条的规定，设立有限责任公司，应具备以下条件：（1）股东符合法定人数。在各国公司法中，对其他各类公司，只规定限制股东的最低人数，而无最高人数的限制，但对有限责任公司，大多规定了最高人数的限制。有些国家公司法虽未规定有限责任公司的上限人数，但在实践中这些国家有限责任公司的股东人数仍是有限的。我国在《公司法》第 24 条中规定，有限责任公司由 50 个以下股东出资设立，但国有独资公司可以由国家授权的机构或国家授权的部门单独投资设立。因此，在我国设立有限公司，必须符合法定人数限制；（2）股东共同制定公司章程。公司章程是由设立公司的股东制定并对公司、股东、公司经营管理人员具有约束力的调整公司内部组织关系和经营行为的自治规则。有限责任公司的章程由全体发起人共同制定，是全体发起人的共同意志。共同意志并不要求每一个发起人都积极地参与章程的起草讨论决定，只要在章程上签字或者盖章，就是表达意志的行为，就应当认定为参与了制定并同意了所签订或者盖章的文本。根据《公司法》第 25 条的规定，有限责任公司章程应载明：公司名称和住所、公司经营范围、公司注册资本、股东的姓名或者名称、股东的出资方式、出资额和出资时间、公司的机构及其产生办法、职权、议事规则、公司法定代表人、股东会会议认为需要规定的其他事项；（3）有公司名称，建立符合有限责任公司要求的组织机构。公司名称是公司的法定登记事项，可以使公司的法人资格具有特定性，便于公司对外进行法律上、经济上的交往；有限责任公司的组织机构由股东会、董事会和监事会等组成；（4）有公司住所。公司住所是指法律上所确认的公司的主要经营场所。根据《公司法》第 10 条的规定，公司以其主要办事机构所在地为住所。

股份有限公司，是指公司全部资本分为等额股份，股东以其所认购的股份对公司承担责任，公司以其全部资产对公司债务承担责任的企业法人。

根据《公司法》的规定，设立股份有限公司，应具备以下条件：（1）发起人符合法定人数。《公司法》第 78 条规定，设立股份有限公司，应当有 2 人以上 200 人以下为发起人，其中须有半数以上在中国境内有住所；（2）发起人认购和募集的股本达到法定资本最低限额。以募集设立方式设立股份有限公司的，发起人认购的股份不得少于公司股份总数的 35%；但是，法律、行政法规另有规定的，从其规定。（3）股份发行、筹办事项符合法律规定；（4）发起人制定公司章程，采用募集方式设立的经创立大会通过；股份有限公司的章程应当记载：公司名称和住所、公司经营范围、公司设立方式、公司股份总额、每股金额和注册资本、发起人的姓名或者名称、认购的股份数、出资方式和出资时间、发起人的姓名或者名称、认购的股份数、出资方式和出资时间、董事会的组成、职权和议事规则、公司法定代表人、监事会的组成、职权和议事规则、公司利润分配方法、公司的解散事由与清算办法、公司的通知和公告办法、股东大会会议认为需要规定的其他事项；（5）有公司名称、建立符合股份有限公司要求的组织机构；（6）有公司住所。

股份有限公司的设立有发起设立与募集设立两种方式：（1）发起设立。发起设立是指由发起人认购公司应发行的全部股份而设立公司。发起人应签订发起人协议，明确各自在公司设立过程中的权利与义务。（2）募集设立。募集设立，是指由发起人认购公司应发行股份的一部分，其余股份向社会公开募集或者向特定对象募集而设立公司。募集设立发起人在进行创立公司的活动时，确定了股本总额及股份总数后，发起人认购的股份不得少于公司股份总数额 35%；但是，法律、行政法规另有规定的，从其规定。公开募集股份不论是向社会公开募集，还是向特定对象募集，都须以公告招股书的方式公开有关信息。

根据《公司法》第 86 条的规定，招股说明书应记载下列事项：（1）发起人认购的股份数；（2）每股的票面金额和发行价格；（3）无记名股票的发行总数；（4）募集资金的用途；（5）认股人的权利、义务；（6）本次募股的起止期限及逾期未募足时认股人可以撤回所认股份的说明。除此之外，发起人还应制作认股书，认股书应当载明招股说明书所列事项，由认股人填写认购股数、金额、住所，并签名、盖章。认股人按照所认购股数缴纳股款。

（二）股东和隐名股东

1. 股东

股东是基于对公司的投资或者基于其他的合法原因而持有公司资本的一定份额并享有股东权利的主体。由于公司类型、投资人向公司投资的时间以及取得股权的方式等不同，有限责任公司与股份有限公司股东的内涵有所区别。

有限责任公司的股东是指在公司成立时向公司投入资金或在公司存续期间依法继受取得股权而对公司享有权利和承担义务的人；股份有限公司的股东是指在公司设立时或在公司成立后合法取得公司股份并对公司享有权利和承担义务的人。[①]

股东是公司存在的基础，是公司的核心因素，没有股东就没有公司。股东的地位主要体现在两个方面：一是股东享有股权，这是股东与公司之间的关系，也是股东法律地位的集中体现；二是股东平等原则，这是股东与股东之间的关系，股东地位一律平等，原则上同股同权，同股同利。

关于股东权利的性质问题，学者提出了诸多观点和学说，主要有：（1）股东权利所有权说。该学说认为，股东的权利属于物权，是股东的所有权，是股东通过对公司出资而享有的支配权。股东所有权与公司对财产的所有权并存，构成了公司中所有权的二重结构。但是根据现代公司法理论，公司具有独立法人人格，公司对其全部财产享有所有权。根据一物一权原则，股东投资后，其财产的所有权应理解为自愿过渡给了公司所有。（2）股东权利债权说。该学说认为股东权的实质是民法中的债权。股东与公司间是债权与债务之间的关系，股东出资后，财产所有权转移给公司，股东对公司的权利仅是获取股息红利分配，公司是所有权的唯一主体，而股东持有的股票是债权债务关系的凭证。（3）股东权利社员权学说。该学说认为，股东以自己的财产投资于公司，

---

① 赵旭东主编：《公司法学》，高等教育出版社 2011 年版，第 296 页。

成为该公司法人成员，因而取得社员权。它是一种独立的权利，基于其公司的社员身份而享有的权利，属于社员权的一种。（4）独立民事权利说。该学说认为股东权利是一种自成一体的独立的权利，股东权属于私权，是一种独立的民事权利，同时具有财产权和非财产权的内容。

大陆法系传统的公司法理论认为，股权既非债权，又非物权，而是基于股东地位而取得的包括财产权和经营管理权在内的多种权利的集合体。我国公司法关于股东权利的性质符合大陆法系传统的公司法理论中所持的观点，包括财产权和经营管理权在内的多种权利的集合体。

股东享有广泛的权利，各国或地区的公司立法虽一般不具体明确地列举股东的权利，但一般都会赋予股东核心的权利。根据我国《公司法》第 4 条的规定，公司股东依法享有资产收益、参与重大决策和选择管理者等权利。据此，股权在内容上主要为两类权利，即股东资产收益权和参与公司经营管理权。前者是指股东获取经济利益的权利，后者是对参加公司重大决策的权利和选择管理者的权利。我国公司法上股东权利具体包括：（1）股利分配请求权，是指公司股东基于身份而向公司请求分配股利的权利。该项权利是股东的一项期待权，能否实现还取决于公司的经营状况及公司决议；（2）股份或出资转让权，股东为了降低投资风险可以通过转让股份回收本金；（3）优先受让或认购新股权。有限公司股东转让股权给股东以外的第三人时，其他股东在同等条件下享有优先购买权；股东对公司新增资本享有优先购买权；（4）剩余财产分配请求权。股东对公司清算时的剩余财产所享有的请求分配的权利；（5）知情权。股东享有获得公司信息、了解公司经营情况的权利；（6）监督权。股东有权查阅公司章程、股东名册、公司债券存根、股东大会会议记录、董事会会议决议、监事会会议决议、财务会计报告，对公司的经营提出建议或者质询；（7）表决权。股东对公司的重大决策进行投票表决的权利。表决权是股东参与公司经营管理的核心权利；（8）提议、召集、主持股东会临时会议权。董事会不能履行或者不履行召集股东大会会议职责的，监事会应当及时召集和主持；监事会不召集和主持的，连续 90 日以上单独或者合计持有公司 10% 以上股份的股东可以自行召集和主持；（9）提案权。即特定股东向股东大会提出临时提案的权利；（10）提议权。即特定股东在一定条件下提议召开临时股东会、董事会临时会议的权利；（11）解散请求权。即股东在一定条件下请求法院判决解散公司的权利；（12）决议撤销权。小股东请求人民法院撤销程序违法或者实体违法的股东会、董事会决议；（13）股东诉权。股东可以在公司管理层、他人侵害公司利益时向法院起诉的权利。

2. 隐名股东

在传统公司法理论中，隐名股东不是一个专门研究的论题。就整个公司制度的历史发展来看，隐名股东起源于隐名合伙。19 世纪，隐名投资纷纷被主要资本主义国家和地区作为法律制度予以了确立。我国《公司法》尚未对隐名股东的概念作出规定，因此对于隐名股东的概念在理论界和实务界有不同的表述。

（1）对于隐名股东比较有代表性的定义有以下几种：①隐名股东是指以自己的名义参与公司的经营管理，行使股东权利享受公司受益并承担公司义务，而公司章程、股东名册、工商登记以及出资证明书对其股东身份不作记载的自然人、法人或其他组织；[①] ②隐名股东，又称匿名股东，是指实际出资人或者认购股份的人以他人名义履行出资义务或者认购股份。与此相对应的概念是显名股东，或者称为名义股东。这里所谓的"匿名"或者"显名"是指其姓名或者名称是否在公司章程或者股东名册中予以记载；[②] ③隐名股东是指具有股东的实质特征，即对公司实际出资并实际享有股东权利，但是并不具备股东的形式特征的出资人；[③] ④隐名股东是指与他人签订书面的、口头的代持股协议，约定由该他人代其持有股权的投资人。[④]

（2）隐名股东与相关概念的关系：①隐名股东与显名股东。二者是相对应的概念。显名股东则是指姓名或者名称记载于公司章程或股东名册中的股东。显名股东的主体资格要完全符合我国《公司法》投资主体的规定。关于隐名股东与显名股东的关系，应认为二者之间构成了合同关系，在处理涉及二者与公司关系时，应适用《合同法》的规定。根据最高人民法院《关于适用〈中华人民共和国公司法〉若干问题的规定（三）》（以下简称《公司法解释三》）第 24 条的规定，有限责任公司的实际出资人与名义出资人订立合同，约定由实际出资人并享有投资权益，以名义出资人为名义股东，实际出资人与名义股东对该合同效力发生争议的，若无《合同法》第 52 条规定的情形，人民法院应当认定该合同有效。②隐名股东与冒名股东。冒名股东是指冒用其他股东的名义出资或者以不存在的人的名义出资的人，旨在规避法律的禁止性规定。隐名股东与显名股东之间通常有契约合同规定双方的权利义务，冒用股东

---

①　赵旭东主编：《公司法学》，高等教育出版社 2006 年版，第 296 页。

②　施天涛：《公司法论》，法律出版社 2006 年版，第 230 页。

③　李后龙、雷新勇：《有限责任公司股东资格的认定》，载《审判研究》2005 年第 10 期。

④　虞政平：《股东资格的法律确认》，载《法律适用》2003 年第 8 期。

与被冒用人之间则无此约定，而是采用非法手段擅自冒用他人名义出资。③隐名股东与控股股东。控股股东是指已经向公司认缴了出资，但却未实际缴纳或未足够缴纳的股东。因此可以看出，控股股东虽在缴纳出资上存在瑕疵，但其是以自己的名义向公司出资，权利状态也相对确定。④隐名股东与干股股东。干股股东是没有向公司实际出资，而是由于接受赠与而获得的公司股权的股东。因此，干股股东无须向公司实际出资，可以以自己的名义享有利润分配权。但通常，干股股东股权一般受到限制，不享有参加股东大会对公司重大事务的表决权，股权不能转让或继承，且只能在任职期间内享有。①

（3）隐名股东的法律特征：①隐名股东具有出资行为。隐名股东享有股东权益、承担股东义务的前提是其向公司实际履行了出资义务，从而具有了股东资格。隐名股东可以以货币、实物、有价证券以及不以登记作为产权转移形式要件的实物、权利和技术作为其出资方式。②隐名股东不被登记在出资证明书、股东名册、公司章程等形式文件上。隐名股东之所以"隐名"就在于其虽是实际出资人，但却是以他人的名义出资，在公司内部和外部隐瞒自己的真实姓名或名称。③隐名股东与显名股东之间具有契约合同关系。隐名股东为了维护自己的利益，往往与显名股东订立契约合同，约定双方的权利与义务。④隐名股东的产生需符合法律法规的规定。隐名股东应在遵守法律法规的前提下，与显名股东订立合同契约。学术界通说认为，为规避法律而产生的隐名股东，不具备股东资格不享有股东权益。

（4）隐名股东的分类。根据不同的标准可以对隐名股东做不同的分类：①按照隐名股东的形成是否依据隐名投资协议，可以分为协议的隐名股东与非协议的隐名股东。协议的隐名股东是这样一种股东，通过与显名股东之间签订投资协议，约定隐名股东向公司实际出资，显名股东登记在出资证明书、股东名册、公司章程及工商登记等形式文件上，隐名股东以显名股东的名义向公司投资。非协议的隐名股东是指隐名股东未与显名股东达成投资协议，而擅自冒用显名股东的名义向公司投资。②按照隐名股东是否具有规避法律的故意，可以将隐名股东分为规避法律的隐名股东与非规避法律的隐名股东。规避法律的隐名股东是指为了规避法律的强制性规定而隐名向公司投资的股东。非规避法律的隐名股东是指并不具有规避法律的强制性规定的目的，而是出于其他原因向公司投资的股东。③根据出资份额是全部还是部分，可以将隐名股东分为部分隐名股东和全部隐名股东。部分隐名股东是指出资份额在出资证明书、股东

---

① 唐英：《隐名股东的法律界定》，载《贵州民族学院院报（哲学社会科学版）》2010 年第 2 期。

名册、公司章程及工商登记上只记载了一部分的股东。全部隐名股东是指出资份额在出资证明书、股东名册、公司章程及工商登记上记载了全部的股东。

（5）隐名股东的资格认定。理论界对于隐名股东资格的认定争论已久，大致形成了以下几种学说：一是实质说。该学说认为应当将实际出资人或者股份认购人视为股东，无论名义上的股东是谁。其理论依据在于，在显名股东与隐名股东之间存在着一个契约，这个契约就是隐名股东"借用"显名股东的名义。法律应当尊重这种协议，因为它是当事人意思自治的体现。同时，确认隐名股东为真正的股东有利于做到名实相符。① 二是形式说。该学说认为是否具有股东资格，应以其名称是否在出资证明书、股东名册、公司章程及工商登记等形式要件作出记载为标准来确定。显名股东与隐名股东之间的纠纷由协议解决。三是折中说，又称区别说，即"双重标准，内外有别"，是上述两种学说的折中观点。该学说认为隐名股东的股东资格确认不能一概而论，应该根据实际情况，分别采取上述两种标准来确定：当涉及善意第三人时，应采取形式说，根据工商登记情况来确认权利人，隐名股东的利益可按其与显名股东之间的协议进行保护；当未涉及善意第三人时，则应采取实质说，根据当事人之间的约定来探究真实意思，确定股东身份。我国立法对隐名股东资格的确认体现在《公司法》及《公司法解释（三）》中，《公司法》第 32 条规定："……记载于股东名册的股东，可以依股东名册主张行使股东权利。公司应当将股东的姓名或者名称及其出资额向公司登记机关登记；登记事项发生变更的，应当办理变更登记。未经登记或者变更登记的，不得对抗第三人。" 因此，当处理公司内部股东资格确认纠纷时，以公司股东名册作为确认股权的依据，股东名册变更是股权变动的生效要件；当与公司之外第三人发生纠纷涉及股东资格确认时，以工商登记作为确认股权的依据，工商登记变更是股权变动的对抗要件。② 我国《公司法解释（三）》第 24 条、第 26 条分别规定了隐名股东与显名股东、公司外第三人权利争议的解决措施。该规定与上述折中说相似，都是区分不同的情形对隐名股东的法律问题进行具体分析。当隐名股东与显名股东因投资权益的归属发生争议时，在其内部协议有效的前提下，应尊重契约自由精神，依据协议处理；当隐名股东与公司外第三人发生权利争议的，应根据工商登记来确认权利人，遵循公示公信原则，维护善意第三人的权益。

---

① 施天涛：《公司法论》，法律出版社 2006 年版，第 230 页。
② 参见赵旭东主编：《公司法学》，高等教育出版社 2001 年版，第 314 页。

（三）公司解散

公司可分为人合公司、资合公司以及人资兼合的公司。无论是哪一种公司的形式，当人不再"合"了，资金出了问题时，都可能会导致公司的解散。

公司解散主要有以下几种类型：

1. 自愿解散。自愿解释，是指出现公司章程规定的解散事由或者由股东合意进行解散公司。

自愿解散的情形有：第一，公司章程规定的营业期限届满。在我国关于公司经营期限是公司章程的任意性规定。因此，当公司章程规定的营业期限届满，公司又未形成延长营业期限的决议时，公司进入解散程序。第二，公司章程规定的其他解散事由出现。股东在制定公司章程时，可以预先约定公司的各种解散事由。如果在公司经营中，规定的解散事由出现，股东会可以决议解散公司。第三，股东会或者股东大会决议解散。有限责任公司经持有 2/3 以上表决权的股东通过，股份有限公司经出席股东大会的股东所持表决权的 2/3 通过，股东会或者股东大会可以作出解散公司的决议。第四，因公司合并或者分立需要解散。

2. 行政强制解散。行政强制解散，是指公司违反法律或行政法规，被行政机关依法撤销或者吊销营业执照、责令关闭而解散。

3. 司法解散。司法解散，是指因公司经营发生严重困难，继续存续会使股东的利益受到重大损失，法律规定在通过其他途径不能解决时，持有公司全部股东表决权 10% 以上的股东，可以请求人民法院解散公司。

司法解散分为命令解散和判决解散。命令解散是法院应公司利害关系人或者检察官之请求，或依职权以危害公共利益为由命令解散公司。我国公司法没有规定命令解散。① 判决解散是指公司经营管理发生严重困难，继续存续会使股东利益受到重大损失，通过其他途径不能解决时，法院根据股东的请求而强制解散公司。

司法解散的原则。（1）尊重公司自治原则。法院判决解散公司，实质上是国家公权力介入，体现了由法院表现出来的国家强制力。而公司法本质上属于私法，司法解散也应坚持"私法自治"原则。因此，为了表明对公司自治的尊重，各国立法虽都规定了裁判解散公司的请求事由，但该请求事由都受到了严格限制。通常，只有在公司的存在或公司行为危及社会利益，或严重影响

---

① 赵旭东主编：《公司法学》，高等教育出版社 2011 年版，第 500 页。

股东利益且难以调和时，立法和司法判例才会许可裁判解散公司。① （2）穷尽内部救济原则。穷尽内部救济是指在公司司法解散事由发生以后，股东（原告）不应当马上诉诸法律，而是应该先向股东（大）会或董事会发出要求停止不公平行为或者要求形成某项决议、主张某项权利的书面通知，如果经过一段时间这种请求仍被置之不理或是被明确拒绝，那么股东可以向董事会或股东（大）会提出以公平合理的价格收购自己出资或股份的请求，在这些努力都失败时，股东才可以向法院提起解散公司之诉。② （3）诉讼目的正当性原则。对股东提起诉讼的条件进行限制，防止股东为其他目的而滥用该权利。（4）注重调解原则。根据《公司法解释（二）》相关规定，人民法院审理解散公司诉讼案件，应当注重调解。当事人协商同意由公司或者股东收购股份，或者以减资等方式使公司存续，且不违反法律、行政法规强制性规定的，人民法院应予支持。当事人不能协商一致使公司存续的，人民法院应当及时判决。

司法解散适用的法律条件。根据《公司法》第 182 条规定，司法解散需满足以下条件：（1）公司经营管理发生严重困难，继续存续会使股东利益受到重大损失。公司经营管理发生严重困难包括两种情形，一是公司权力运行发生严重困难，即所谓的"公司僵局"。该部分内容留待下文详细讨论，在此不赘。二是公司的业务经营发生严重困难，主要表现为公司在对外交易过程中与交易对象的交易活动出现了严重困难的情况，公司继续经营将严重损害股东的利益。通说认为，司法得以判决解散公司，必须是公司经营发生了严重困难，而不能是一般困难。然而严重性应如何把握，立法没有规定。有学者主张，公司经营管理发生严重困难泛指公司股东会或董事会无法正常运作，包括无法正常开会；或虽然开始能够开会，但最后无法形成决议等多重情况。该学者认为股东会失灵、董事会失灵、经营层失灵可以认为是公司经营发生了严重困难③。有学者主张，其严重性是指在形式层面，公司无法以内部救济的程序解决该困难；在实质层面，该困难的存在已经导致公司经营体系整体瘫痪，例如股东会、董事会无法正常运作。该学者进一步解释所谓正常运作不仅应当从表面考察（例如，股东会、董事会的僵局），而且应当从实质考察（例如，有时尽管股东会、董事会表面上仍能召开，但已出现实质僵局，因股东之间矛盾尖锐，决议无法执行）④。同时应注意，只有当公司经营发生严重困难，继续存

---

① 蒋大兴：《公司法的观念与解释 Ⅲ》，法律出版社 2009 年版，第 182 页。

② 刘兰芳主编：《公司法前沿理论与实践》，法律出版社 2009 年版，第 432 页。

③ 刘俊海：《现代公司法》，法律出版社 2011 年版，第 925 页。

④ 施天涛：《公司法论》，法律出版社 2006 年版，第 230 页。

续将会使股东利益受到重大损失时，符合条件的股东才可以请求法院解散公司。若没有严重损害到股东利益，即使公司经营发生严重困难，也不得请求法院解散公司。股东利益损失的重大性立法也没有予以规定，需要法官在个案中通过行使自由裁量权进行判断。（2）公司经营管理发生的严重困难无法通过其他途径解决。《公司法》第182条规定的通过其他途径不能解决其立法目的是鼓励当事人通过其他非诉讼途径解决公司经营困难，防止中小股东滥用该规定损害其他股东利益。对其他途径具体含义的理解，实践中有不同做法。一种观点认为，股东提起解散之诉是最后的手段，之前必须用尽公司法中赋予股东的全部救济手段。另一种观点认为，股东起诉即表明其已经"通过其他途径不能解决"，只能通过司法救济途径来退出公司，取回投资，只要构成事实上通过其他途径不能解决，就应认定符合公司解散的条件，否则将导致讼累。最高人民法院案例指导办公室在该8号指导案例的理解与参照的解释中采纳了第二种观点，认为并非要求对于公司僵局的处理必须以穷尽其他救济途径为前提。①（3）申请解散公司的主体是持有股权比例达到法定要求的股东。根据我国《公司法》第182条可知，只有持有公司全部股东表决权10%以上的股东，在符合法律规定的其他条件时，才可以请求人民法院解散公司。这里的持有既包括股东单独持有的表决权占公司全部表决权的10%以上，也包括若干股东合计持有的表决权占公司全部表决权的10%以上。

股东请求司法解散公司的基本法理依据。（1）公司契约说。该学说认为，公司本质上是那些与公司有利害关系的内部主体之间所签订的一种契约。股东在选择是否订立契约以及契约内容上享有完全自由的选择权，同理，股东在选择是否推出契约时亦享有自由的选择权。当股东的权益因公司僵局而受到重大损害时，解除公司契约应为股东的一种选择。（2）期待权理论。该学说认为，股东在加入公司时，享有期待公司的人格及特定的经营特征保持持续性和获利性的权利。如果公司的人格及特定经营特征发生根本变化，股东的期待就会落空，持有异议的股东就有权退出。因此，倘若公司内部发生重大变化，而导致公司的投资政策、股东之间的信任关系等发生重大变更，导致股东的预期利益落空，就有必要赋予股东解散公司的权利。（3）经济分析法学理论。从经济分析法学的角度考虑，股东因公司僵局而诉请法院强制公司解散的救济方式是一种过于严厉和成本高昂的补救措施，过多采用，不仅不利于对股东权益的保

---

① 最高人民法院案例指导工作办公室、陈龙业执笔：《指导案例8号〈林方清诉常熟市凯莱实业有限公司、戴小明公司解散纠纷案〉的理解与参照》，载《人民司法》2012年第15期。

护，而且亦不利于社会经济的发展。可采用合理替代性措施来指导、规范和调整公司事务。①

（四）公司僵局

公司僵局是指因股东间或公司管理人员之间的利益冲突和矛盾导致公司的有效运行机制失灵，股东会或董事会因对方的拒绝参与而无法有效召集，任何一方的提议都不被对方接受和认可，即使能够举行会议也无法通过任何议案，公司的一切事务处于瘫痪状态。②

公司僵局的判断标准。有学者认为公司僵局根源于公司内部存在的尖锐矛盾损害了公司的人合性。公司人合性的丧失，是造成公司僵局的本质属性。③然而，正如该学者所言，"人合性的丧失"毕竟是一个抽象的概念，因此，在具体判断上尚需寻求其他标准。实践中常以股东僵局与董事会僵局作为判断公司僵局的标准。当出现股东僵局或董事会僵局时，股东会、董事会常年无法正常召开，或虽然能够召开但无法作出决议，这表示公司股东或董事之间存在严重的利益冲突或权利争执，且达到了无法调和的地步，相互之间的信任已不存在，公司存续的基础已丧失，公司重大事项长期悬而不决，严重影响了股东利益。因此，当股东会或董事会陷入僵局时，应认为公司出现了应解散的情形。我国《公司法解释（二）》第 1 条列举了造成公司僵局的四种情形：一是公司持续两年以上无法召开股东会或者股东大会，公司经营管理发生严重困难的；二是股东表决时无法达到法定或者规定的比例，持续两年以上不能做出有效的股东会或者股东大会决议，公司经营管理发生严重困难的；三是公司董事长期冲突，且无法通过股东会或者股东大会解决，公司经营管理发生严重困难的；四是经营管理发生其他严重困难，公司继续存续会使股东利益受到重大损失的情形。

公司僵局之形成有诸多的原因。第一，从制度层面分析，可以看出公司僵局形成的原因与传统公司所确立的在公司设立、运营及管理的整个过程中，为确保公司资本的真实、安全而必须遵循资本确定、资本维持和资本不变三项最为重要的资本立法原则密切相关。而基于资本三原则建立起来的体现资本民主

---

① 曾辉：《论公司僵局的救济》，载《湖南师范大学社会科学学报》2007 年第 1 期。

② 赵旭东：《公司僵局的司法救济》，载 http：//www．civillaw．com．cn/jinrong/search/default．asp。

③ 范黎红：《论司法对公司僵局纠纷的分类介入》，载《政治与法律》2005 年第 1 期。

的"股份多数决"制度以及体现资本维持和充实的"股东不得抽回出资"制度则是直接导致公司僵局形成的制度因素。①

第二，不合理的股权结构、议事方式与表决程序容易导致公司僵局。依照公司法的规定，股东大会、董事会和监事会通过任何决议都需要至少半数以上的表决权或人数的同意，对于公司增资、减资、分立、合并、解散以及修改章程的决议则要求多数表决制。因此，若各方派董事人数基本相当或相同，当股东或董事之间达不成一致决议时，决议难以通过，极易导致公司僵局。

第三，有限责任公司的封闭性特征容易导致公司僵局。相较于股份有限公司而言，有限责任公司的股份不可以自由转让，当少数股东认为自己的利益受到损失时，即会怠于行使其权利，"用脚投票"。为维持有限责任公司的封闭性，许多公司甚至以合同的形式禁止向外部人员出资，没有法定或约定的限制。由于缺乏公开交易的市场，价格不易确定，有限责任公司股东的出资也难有与股份公司一样的流动性。这样股东的股份就被长期锁定，少数股东即使深受多数股东的压制也无退出的途径。②

第四，立法缺陷也是形成公司僵局的一个重要原因。公司法规定公司解散情形的单一、公司章程的随意性、诉讼程序条款的缺乏等法律规定上的缺陷容易导致公司僵局。此外，股东、高管的道德风险也易导致公司僵局。

在比较法视野下看公司僵局的解决，司法介入具有一定的影响力。无论是英美法系还是大陆法系国家，绝大多数国家都倾向于司法可以介入公司僵局纠纷。

在英国法中，法院传统上仅仅对公司法上欺诈行为、不诚实或相似的错误行为采取积极的干预方式。1980年英国议会制定了后被列为《1985年公司法》第459条的规定，该规定促使法院在公司事务中扮演积极角色。对此，司法系统积极地回应，更愿意对公司内部纠纷予以司法救济；在公司法法条的解释上，法官更多地对各种行为给予救济。根据英格兰法院的司法判例，当事人依据《1985年公司法》第459条提起诉讼，不需要证明相对方有恶意，试图损害其利益或存在歧视。相反，当事人只需根据第459条简单地表明相对方的行为不公正地损害了其他股东的利益即可。具体说来，当出现以下六种情形时，公司可以通过法院判决歇业：（1）公司股东会的特别决议作出了歇业决定。此时应由公司作为解散请求人；（2）公司不按时报送法定的报告或举行

---

① 陈斯：《公司僵局之司法破解——一种以诉讼为进路的纠纷解决方式》，载《法治论坛》第7辑。

② 李泫永、官欣荣：《公司僵局与司法救济》，载《法学》2004年第4期。

法定会议。但此时只有股东才可以提出歇业申请，且法院可要求提出报告或举行会议，并有权据此不作出歇业裁定；（3）公司注册成立后 1 年内未开业，或中止营业满 1 年，且公司无意继续经营或已不可能继续经营。暂时性的业务中断不在此限；（4）公司股东降到法定最低额以下，即非公开招股公司为 2 人以下，公开招股公司为 7 人以下；（5）公司无力清偿债务；（6）根据"公正和衡平"法规，判决解散公司。①

在美国的司法实践中，法官通常不愿意对公司的商业决策进行判定，同时也避免介入公司内部纠纷。美国的普通法中没有裁判解散公司的法律根据。然而，美国的司法审判毕竟以"解决问题"为中心，当公司僵局纠纷将严重影响到公司的商业运行时，法官倾向于介入公司僵局纠纷。美国的股东请求解散公司经历了由禁止到允许再到严格限制适用的过程，现阶段股东可以提起裁判解散公司的情形，主要是公司陷入纠纷或僵局。然而，随着司法的发展，美国州法院在审理因公司僵局纠纷引发的当事人请求解散公司之诉请时，不再单纯地以纠纷是否给公司造成重大经济利益损失作为公司介入的判断标准。法院考察公司股东间的相互关系，当一股东对其他股东存在压迫，使股东间的相互关系显失公平时，法院倾向于对受压迫的小股东给予司法救济。②

大陆法系国家将裁判公司的程序分为解散命令和解散判决。前者是指基于公益性理由不能允许公司存续时，法院可以命令其解散的制度。在符合法定情形时，法院不仅可以根据利害关系人的请求，还可以根据检察官的请求或依法院职权发布解散命令。后者是指当公司的存续危及股东利益时股东可依法请求法院判决解散公司。在韩国，当事人可以请求解散判决的情形因公司种类不同而有差异；在日本，在以下两种情形，如有"不得已事由"，有限公司、股份公司的特定股东可以请求法院保护其私益，判决解散公司：其一，公司在业务执行中遭遇显著困难，已经产生难以挽回的损失或有产生损失的为限的；其二，公司的财产管理或处分显著失当，危及公司存续时。③ 德国法院认为，当公司股东间的矛盾无法通过自力救济进行解决时，法律应提供强制救济方式。当现有法律缺乏明确规定时，具有责任感的法官不能逃避法律，应当发展法律。

① 施天涛：《公司法论》，法律出版社 2006 年版，第 182 页。

② Thomas J. Bamonte, Family Business Legal&Financial Advisor Conference : Should the Illinois Courts Care About Corporate Deadlock? Loyola University Chicago Law Journal，转引自范黎红：《论司法对公司僵局纠纷的分类介入》，载《政治与法律》2005 年第 1 期。

③ 施天涛：《公司法论》，法律出版社 2006 年版，第 188～192 页。

（五）法院裁决解散公司诉讼中的程序性和实体性问题

1. 当事人。

（1）原告。当出现解散公司的事由时，最直接损害的就是股东的利益。因此无论是大陆法系国家，还是英美法系国家，立法通常规定具有直接利害关系的股东是享有向法院提起解散公司诉讼的原告。然而，并不是任何股东都可以成为适格原告。很多国家法律规定，只有当股东持有的股份达到一定份额时，才能提起诉讼。如德国、日本、我国台湾地区都有类似规定。我国公司法也规定只有持有公司全部股东表决权 10% 以上的股东可以请求人民法院解散公司。该持有既包括单独持有，也包括合计持有。然而，立法没有明确是持续持有还是间断持有。由于股东的股权一直处于不断变化当中，因此当原告的股东表决权比例在诉讼中降低至 10% 以下时是否会影响其诉讼地位。有观点认为法院受理股东请求解散公司诉讼后，如果原告股东丧失股东资格或者实际享有的表决权达不到全部公司股东表决权的 10%，则人民法院应当裁定驳回起诉。① 有观点认为人民法院裁定驳回起诉的做法可能过于强硬。当原告股东转让其所持有的有表决权的股份给其他主体时，为维护诉讼状态的相对稳定，考虑股份受让人的利益，人民法院可以依职权追加股份受让人为原告。如果股份受让人同意作为原告继续参加诉讼，则诉讼继续进行；如果股份受让人不同意作为原告继续参加诉讼，则裁定驳回起诉。②

（2）被告。在长期的实践与学术争论中，究竟谁为公司解散诉讼的适格被告，一直存在争议。归纳起来主要有以下几种：一是以公司为被告；二是以原告以外的其他股东为被告；三是以公司和原告以外的股东为共同被告；四是以公司为被告，以原告以外的其他股东为无独立请求权第三人；五是以原告以外的股东为被告，以公司为无独立请求权的第三人。

《公司法解释（二）》对该问题作了明确规定，股东提起解散公司诉讼规定以公司为被告。原告以其他股东为被告一并提起诉讼的，人民法院应当告知原告将其他股东变更为第三人；原告坚持不予变更的，人民法院应当驳回原告对其他股东的诉讼。原告提起解散公司诉讼应当告知其他股东，或者由人民法院通知其参加诉讼。其他股东或者有关利害关系人申请以共同原告或者第三人

---

① 奚晓明主编：《最高人民法院关于公司法司法解释（一）、（二）的理解与适用》，人民法院出版社 2008 年版，第 117 页。

② 彭力保：《司法解散公司诉讼对公司僵局之适用》，载《人民司法》2008 年第 21 期。

身份参加诉讼的，人民法院应予准许。

2. 管辖。《民事诉讼法》第 26 条规定："因公司设立、确认股东资格、分配利润、解散等纠纷提起的诉讼，由公司住所地人民法院管辖。"公司的住所地是指公司主要办事机构所在地；主要办事机构所在地不明确的，由其公司注册地人民法院管辖。基层人民法院管辖县、县级市或者区的公司登记机关核准登记公司的解散诉讼案件，中级人民法院管辖地区、地级市以上的公司登记机关核准登记公司的解散诉讼案件。

3. 保全。股东提起解散公司诉讼时，向人民法院申请财产保全或者证据保全的，在股东提供担保且不影响公司正常运营情形下，人民法院可以予以保全。

4. 立案与裁判。解散公司的立案是形式审查还是实体审查？根据《民事诉讼法》第 119 条之规定，只要具备该条规定的起诉条件，人民法院应当予以立案受理。然而，在司法实践中，人民法院在立案受理解决公司僵局而解散公司的诉讼案件时，不仅要求符合《民事诉讼法》第 119 条之规定的起诉条件，① 还要求符合《公司法》第 182 条的规定。② 而《公司法解释（二）》第 1 条中，亦对《公司法》第 182 条作了具体明确规定："单独或者合计持有公司全部股东表决权百分之十以上的股东，以下列事由之一提起解散公司诉讼，并符合公司法第一百八十二条规定的，人民法院应予受理。"由以上条款可以看出，法院在受理为解决公司僵局而解散公司的诉讼案件时对"穷尽救济途径"的条件把关甚严，如果不符合上述公司法及相关司法解释的规定，法院对于这样的诉讼案件就不予受理。而向法院起诉的股东，本来就是在公司僵局中利益损失较严重的一方，本来已对公司僵局的状态实在无法可行，才向法院提起诉讼，但法院在受理时，却按以上条条框框，如果原告方提供不了证据证明"公司经营发生严重困难，持续两年以上不能形成股东会决议"，不管是否符合《民事诉讼法》第 119 条的规定，都会对

① 《民事诉讼法》第 119 条规定："起诉必须符合下列条件：（一）原告是与本案有直接利害关系的公民、法人和其他组织；（二）有明确的被告；（三）有具体的诉讼请求和事实、理由；（四）属于人民法院受理民事诉讼的范围和受诉人民法院管辖。"

② 《公司法》第 183 条规定："（一）公司持续两年以上无法召开股东会或者股东大会，公司经营管理发生严重困难的；（二）股东表决时无法达到法定或者公司章程规定的比例，持续两年以上不能做出有效的股东会或者股东大会决议，公司经营管理发生严重困难的；（三）公司董事长期冲突，且无法通过股东会或者股东大会解决，公司经营管理发生严重困难的；（四）经营管理发生其他严重困难，公司继续存续会使股东利益受到重大损失的情形。"

原告的诉讼不予受理，这一太过严苛的规定，无疑剥夺了公民的诉讼权利，也不利于保护弱小股东的利益。

解散公司诉讼被判决驳回诉讼请求以后，是否能以同一事实和理由再提起公司解散之诉。《公司法》第 182 条对此没有作出规定，但是从其立法精神来看，是为保护股东利益而设立的条款。但《公司法解释（二）》第 6 条却规定："人民法院关于解散公司诉讼作出的判决，对全体公司股东具有法律约束力；人民法院判决驳回解散公司诉讼请求以后，提起该诉讼的股东或者其他股东又以同一事实和理由提起解散公司诉讼的，人民法院不予受理。"这一司法解释就是在《公司法》第 182 条没有规定股东诉权的情况下，而做出了与其立法意图相悖的规定。① 这直接会使股东们在第一次起诉僵局没有解决的情况下而丧失了再一次起诉的诉讼权利，甚至还排斥了其他股东以同一事实和理由提起公司解散之诉。

从实体方面看，解散公司并不是解决公司僵局的唯一途径。《公司法》中，对于解散公司僵局的唯一法条就是《公司法》第 182 条关于解散公司的规定，而对于其他的司法途径没有任何规定，根据第 182 条及相关司法解释解散公司，是以最极端的方式来消除僵化，必定导致公司作为一个市场主体的经营资格完全终结，而这一终结状态，并不是开办公司的每一个股东愿意承受的，对社会资源来说，是一种浪费，对社会稳定来说，存在隐患；另外，公司解散以后，随之而来的公司资产清算中资本、人力等成本，更会让公司股东蒙受本不愿意承担的损失，这种破坏再重生的方式也不是最经济适用的。

形成公司僵局法院实体审查过程中应当着重审查僵局形成的原因，对造成公司僵局有过错的股东应当强调过错归责。《公司法》第 182 条仅对形成公司僵局所具备的一些条件进行了罗列，而没有规定在什么情况下形成的公司僵局股东具有过错，更没有对造成公司僵局有过错的股东规定过错归责，这必然会使得有些恶意制造公司僵局的股东逃避法律的惩罚，不利于保护善意股东的利益。

实体审查中对解散条件不宜过于苛刻。《公司法》第 182 条及相关司法解释规定的解散条件概念模糊，不好操作，不利于保护善意股东的利益。法院在具体操作时，为避免担责，对"公司经营管理发生严重困难"的证据要求过于严格，并要求"公司股东连续两年不能形成股东会决议"并列作为公司解散诉讼的必需的前提条件，鉴于公司作为私法上的一个自治组织，并且无外乎人合与资合两种形式的公司组织形式，尤其对于人合性质特别强烈的有限公

---

① 周友苏：《公司法通论》，四川人民出版社 2002 年版，第 701 页。

司，如果出现公司僵局，股东们已无合作必要，在通过其他方式以及司法程序无法解决的万不得已的情况下，只要满足以上条件的任意一个，法院完全可以根据诉讼请求支持原告。①

①　曾东红、宋佑光：《论有限责任公司僵局及其应对》，载《中山大学学报（社会科学版）》2004 年第 3 期。

案例 5

存亮公司买卖合同纠纷案

一、存亮公司买卖合同纠纷案基本内容

上海存亮贸易有限公司诉蒋志东、
王卫明等买卖合同纠纷案

（最高人民法院审判委员会讨论通过　2012 年 9 月 18 日发布）

关键词： 民事　公司清算义务　连带清偿责任

裁判要点： 有限责任公司的股东、股份有限公司的董事和控股股东，应当依法在公司被吊销营业执照后履行清算义务，不能以其不是实际控制人或者未实际参加公司经营管理为由，免除清算义务。

相关法条：《中华人民共和国公司法》第 20 条、第 183 条

基本案情： 原告上海存亮贸易有限公司（以下简称"存亮公司"）诉称，其向被告常州拓恒机械设备有限公司（以下简称"拓恒公司"）供应钢材，拓恒公司尚欠货款 1395228.6 元。被告房恒福、蒋志东和王卫明为拓恒公司的股东，拓恒公司未年检，被工商部门吊销营业执照，至今未组织清算。因其怠于履行清算义务，导致公司财产流失、灭失，存亮公司的债权得不到清偿。根据公司法及相关司法解释规定，房恒福、蒋志东和王卫明应对拓恒公司的债务承担连带责任。故请求判令拓恒公司偿还存亮公司货款 1395228.6 元及违约金，房恒福、蒋志东和王卫明对拓恒公司的债务承担连带清偿责任。

被告蒋志东、王卫明辩称：（1）两人从未参与过拓恒公司的经营管理；（2）拓恒公司实际由大股东房恒福控制，两人无法对其进行清算；（3）拓恒公司由于经营不善，在被吊销营业执照前已背负了大量债务，资不抵债，并非由于蒋志东、王卫明怠于履行清算义务而导致拓恒公司财产灭失；（4）蒋志东、王卫明也曾委托律师对拓恒公司进行清算，但由于拓恒公司财物多次被债

权人哄抢，导致无法清算，因此蒋志东、王卫明不存在怠于履行清算义务的情况。故请求驳回存亮公司对蒋志东、王卫明的诉讼请求。

被告拓恒公司、房恒福未到庭参加诉讼，亦未作答辩。

法院经审理查明： 2007 年 6 月 28 日，存亮公司与拓恒公司建立钢材买卖合同关系。存亮公司履行了 7095006.6 元的供货义务，拓恒公司已付货款 5699778 元，尚欠货款 1395228.6 元。另房恒福、蒋志东和王卫明为拓恒公司的股东，所占股份分别为 40%、30%、30%。拓恒公司因未进行年检，2008 年 12 月 25 日被工商部门吊销营业执照，至今股东未组织清算。现拓恒公司无办公经营地，账册及财产均下落不明。拓恒公司在其他案件中因无财产可供执行被中止执行。

裁判结果： 上海市松江区人民法院于 2009 年 12 月 8 日作出〔2009〕松民二（商）初字第 1052 号民事判决：

一、拓恒公司偿付存亮公司货款 1395228.6 元及相应的违约金；

二、房恒福、蒋志东和王卫明对拓恒公司的上述债务承担连带清偿责任。

宣判后，蒋志东、王卫明提出上诉。上海市第一中级人民法院于 2010 年 9 月 1 日作出〔2010〕沪一中民四（商）终字第 1302 号民事判决：驳回上诉，维持原判。

裁判理由： 法院生效裁判认为，存亮公司按约供货后，拓恒公司未能按约付清货款，应当承担相应的付款责任及违约责任。房恒福、蒋志东和王卫明作为拓恒公司的股东，应在拓恒公司被吊销营业执照后及时组织清算。因房恒福、蒋志东和王卫明怠于履行清算义务，导致拓恒公司的主要财产、账册等均已灭失，无法进行清算，房恒福、蒋志东和王卫明怠于履行清算义务的行为，违反了公司法及其司法解释的相关规定，应当对拓恒公司的债务承担连带清偿责任。拓恒公司作为有限责任公司，其全体股东在法律上应一体成为公司的清算义务人。《公司法》及其相关司法解释并未规定蒋志东、王卫明所辩称的例外条款，因此无论蒋志东、王卫明在拓恒公司中所占的股份为多少，是否实际参与了公司的经营管理，两人在拓恒公司被吊销营业执照后，都有义务在法定期限内依法对拓恒公司进行清算。

关于蒋志东、王卫明辩称拓恒公司在被吊销营业执照前已背负大量债务，即使其怠于履行清算义务，也与拓恒公司财产灭失之间没有关联性。根据查明的事实，拓恒公司在其他案件中因无财产可供执行被中止执行的情况，只能证明人民法院在执行中未查找到拓恒公司的财产，不能证明拓恒公司的财产在被吊销营业执照前已全部灭失。拓恒公司的三名股东怠于履行清算义务与拓恒公司的财产、账册灭失之间具有因果联系，蒋志东、王卫明的该项抗辩理由不成立。蒋志东、王卫明委托律师进行清算的委托代理合同及律师的证明，仅能证明蒋志东、王卫明欲对拓恒公司进行清算，但事实上对拓恒公司的清算并未进行。据此，不能认定蒋志东、王卫明依法履行了清算义务，故对蒋志东、王卫明的该项抗辩理由不予采纳。

二、案例评析

与我们之前介绍的其他指导案例相同，本案也体现出了典型的代表性，现我们着重从如下三个方面对本案进行有所侧重的评析。

（一）争点归纳

本案中共有两个原发行为，由此引致两个路径的不同进展，这具体反映在原被告双方公司的告诉与抗辩中的同时，法院的裁判思路和终局结果也体现了此种思路。一方面，原被告双方基于合同之债而引发之货款追偿问题，构成本案裁决的基础法律关系；另一方面，被告公司经营失范被依法吊销营业执照的行政管理行为，构成本案裁决的条件法律关系。此两方面问题所交织错杂并最终归结于被告公司股东怠于履行股东清算义务，造成债务履行困难之责任承担问题。详细分析如下：

1. 作为基础法律关系的合同之债。原告存亮公司与被告拓恒公司之间，因钢材供应法律行为而产生合同法上的合同之债，即被告拓恒公司应承担向原告存亮公司支付相应钢材货款之付款义务。原被告两公司间的合同之债，属于本案中的基础法律关系，因为合同对价之履行与实现，乃原告公司诉请之核心内容，亦是被告公司抗辩的主要目标，而对于法院则是裁判论证的逻辑基础和前提。按照合同之债的基本性质，结合本案具体法律事实，被告公司应支付原告公司尚欠货款 1395228.6 元，因其迟延支付货款所造成之违约情形成就，应就此向原告公司支付相应的违约金，以及依法应支付其迟延履行期间该笔货款所产生之利息。这三方面的费用都应当被计入被告公司承担法律责任以及被告公司股东承担怠于清算责任时，原告方有权请求救济的款项范围。

2. 作为条件法律关系的怠于清算。被告拓恒公司因违反工商管理法规，未能依照法定程序及期限履行其定期年检的义务，被工商管理部门吊销营业执照，由此而产生了法定的及时清算的义务，作为被告公司的股东对此负有直接责任。而被告公司及其股东怠于履行其清算义务，最终导致该公司之财产、账册等毁损灭失，给原告公司权利之救济及其实现造成客观上的损失，由此产生赔偿责任，加之被告公司股东未履行及时清算义务的行为属于共同行为，故而应一体承担连带责任。此外，怠于清算行为为被告公司承担责任提供了责任分配的条件，即在前述合同之债产生的基础上，就与之相关的救济赔偿问题如何进行责任追索和赔偿义务分担，清算行为的怠于履行使得被告公司股东之间形成不可分之连带债务，并以此确立该基础债权的实现方案，故怠于清算所产生之后果构成本案中的条件法律关系。

3. 裁判结果对此两种行为的蕴含。结合前述两种分类，我们认为，在司法裁判中，对作为案件中的基础法律关系而言，应当注重查证其真实性，考量当事人提出该告诉之法律实体规定的内容，从而确立是否进行救济这一先决性条件，因为救济的应然性与合法性是程序正义赋予司法救济的当然义务内涵。而对于作为案件中的条件法律关系而言，应当注重查明其合法性，在确定应当进行救济之后，对条件法律关系的探讨应集中于可行性与合理性，即应着眼于基础救济之实行方法与救济效果之间的统一。具体到本案的裁判结果而言，作为基础法律关系的合同之债首先得到确认，法院认为"存亮公司按约供货后，拓恒公司未能按约付清货款，应当承担相应的付款责任及违约责任"，此乃合同之债的应然性与合法性问题。而就作为条件法律关系的怠于清算而言，法院裁定"被告公司股东房恒福、蒋志东和王卫明怠于履行清算义务，导致拓恒公司的主要财产、账册等均已灭失，无法进行清算，房恒福、蒋志东和王卫明怠于履行清算义务的行为，违反了公司法及其司法解释的相关规定，应当对拓恒公司的债务承担连带清偿责任。拓恒公司作为有限责任公司，其全体股东在法律上应一体成为公司的清算义务人"。这是对合同之债救济方式可行性的考量，而基于有限责任公司股东责任制度的性质而确定被告公司股东之间应承担连带之债的责任形态，则确定了债务承担之合法性与合理性。故本案的裁决结果体现了对作为基础法律关系的合同之债与作为条件法律关系的怠于履行之间的相统一，是这两种通常的案例分析法律关系识别方法在本案中的个性蕴含。

（二）思路分析

1. 原告公司的诉请思路。原告存亮公司诉称"因其怠于履行清算义务，导致公司财产流失、灭失，存亮公司的债权得不到清偿。根据公司法及相关司法解释规定，房恒福、蒋志东和王卫明应对拓恒公司的债务承担连带责任。故请求判令拓恒公司偿还存亮公司货款 1395228.6 元及违约金，房恒福、蒋志东和王卫明对拓恒公司的债务承担连带清偿责任"。显然，原告公司诉请的切入点是作为条件法律关系的怠于履行，证明被告违法故应承担责任。其思路可整理为，A：股东怠于履行义务→故应承担连带责任；B：被告公司违约拖延→故应承担赔偿责任；A + B：应由被告公司股东承担连带责任。属于从条件法律关系到基础法律关系的反向推证。具体到本案中，因为双方主体对基础法律关系即合同之债并未有争议，而仅对责任承担划分各执一端，故原告选择从条件性法律关系入手的诉请是符合诉讼利益的策略。

2. 被告公司的抗辩思路。无疑，被告在诉讼中的程序被动性，决定其抗辩的强度和防御的力度都需更加突出。具体诉讼中，被告通常的做法是从问题的外围到中心、从次要到主要、从程序到实体，逐层切入问题核心，一一加以反驳或者抗辩，依此来保证其抗辩的有效性并赢回更多主动权，应当采取从条件法律关系到基础法律关系的防御思路。被告公司具体抗辩为："（1）两人从未参与过拓恒公司的经营管理；（2）拓恒公司实际由大股东房恒福控制，两人无法对其进行清算；（3）拓恒公司由于经营不善，在被吊销营业执照前已背负了大量债务，资不抵债，并非由于蒋志东、王卫明怠于履行清算义务而导致拓恒公司财产灭失；（4）蒋志东、王卫明也曾委托律师对拓恒公司进行清算，但由于拓恒公司财物多次被债权人哄抢，导致无法清算，因此蒋志东、王卫明不存在怠于履行清算义务的情况。故请求驳回存亮公司对蒋志东、王卫明的诉讼请求。"我们可以发现，被告的抗辩都是围绕条件法律关系即怠于履行的成立与否展开，从应诉策略而言，属于比较直接的类型，这种应诉方式在法律关系更为复杂的案件当中，通常很少被主要使用。

3. 法院裁判的论证思路。由于法院在纠纷裁处过程中的特殊角色定位，决定其有异于原被告双方之事实分析与认定思路。通常按照我们对案件中所涉及之法律关系的分类方法，法院倾向于采用较为稳妥的由基础法律关系开始，到条件法律关系为止，进行完整的分析推论过程，并最终得出结论。本案中，法官所查明的事实为"2007年6月28日，存亮公司与拓恒公司建立钢材买卖合同关系。存亮公司履行了7095006.6元的供货义务，拓恒公司已付货款5699778元，尚欠货款1395228.6元。另，房恒福、蒋志东和王卫明为拓恒公司的股东，所占股份分别为40%、30%、30%。拓恒公司因未进行年检，2008年12月25日被工商部门吊销营业执照，至今股东未组织清算。现拓恒公司无办公经营地，账册及财产均下落不明。拓恒公司在其他案件中因无财产可供执行被中止执行"。其查证过程从本案之基础法律关系出发，确定合同之债存在的客观性，在此基础上，验证被告公司股东身份和被告公司的财产经营状况，将本案条件法律关系的事实加以确定。应该说，本案的法官在进行事实认定的时候，运用的裁判思维方式属于最基础最常用的类型，这也足以说明，案件无论繁简，在处理的过程当中最通常使用的推论方式和思维方法总是发乎于基础，在具体案件审理和代理的过程中，应注重基础思维方式的训练，从而有助于提高案件审理质量和案件代理水平。

（三）　指导价值

1. 案例分析方法的总结。正如前面提到的分析方法，我们认为，无论实务中的案例研讨，还是理论中的教学研究，都应当注意对案例分析基本方法的把握。众所周知，通过知晓事实，找准案件所涉及的法律关系是进行案例分析的首要环节。根据上面的分析，我们可以把案例中的法律关系分为两类，即基础法律关系和条件法律关系。结合前文分析，实务操作过程中，应当注意根据主体的不同角色选用此两者的前后侧重，尤其在更加复杂的案件当中，更要注意厘清两者之间在举证责任、证据效力、证明效果等各方面的不同要求，从而有的放矢。在案例研究和教学过程中，则要更加强调从基础法律关系入手的思维方式，因为这一论证过程是案例分析中最全面的最完整的过程，我们甚至可以称之为"案例分析普通程序"，而条件法律关系切入的分析，相较而言，更像是"案例分析的简易程序"或者"案例分析特别程序"，我们提出这个说法，希望能引起实务界和理论界的兴趣，从而抛砖引玉，使法律案例的分析，尤其是指导案例的精髓转化过程中，在方法论层面更加精进。

2. 司法实践方面的指引。指导案例是案例指导制度推行过程中的重要环节，但这只是起点，公布指导案例在于"谋一域"而非"裁一案"。指导案例旨在指导司法实践同类案件的裁判标准，从而加强裁判准确性。此外，也蕴含提供当事人清晰和可预期的司法程序缩影，以供其加深对司法和所涉案件裁判状况的了解，从而提高司法公信力。就本案而言，此后的同类和相似案件在审理之中，都可借鉴本案的判决结果作为参照，并可提供当事人本案例作为加深当事人对裁判结果了解的辅助资料。而就作为有限责任公司股东的当事人而言，在处理与有限责任公司相关的清算等活动时，应清楚其自己所处之法律地位，明确其应承担的法律义务。在此类纠纷发生之前，应争取建立良好的公司治理环境，而在纠纷调处中，应尽力配合争议对方解决相关诉求，而非推诿拖延，须知"法网恢恢，疏而不漏"。作为参与市场竞争的主体，应提高经济活动中的法律意识，应严格恪守法律所赋予之义务。

通过如上分析，整体而言，本案属于诸多指导案例中法律关系较为简单的一个，其之所以入选典型很大程度上跟此类案件在实践中爆发频率过高有极大关系。当前我国已经取消了有限责任公司的法定注册资金最低额限制，这一举措在促进投资、增强市场资金活力等方面的确意义非凡，但另一方面，随之而来的大量有限责任公司的设立，必将客观上使得陷于破产或应清算的法人的绝对数量也随之而上升。根据我国有限责任公司的生存周期统计，近九成有限责任公司都在注册后一年内倒闭，我们有理由预测，与清算相关的债权债务纠纷数量将会迎来历史的另一高峰。而本指导案例的典范作用，将会使很多此类纠纷消失于萌芽状态，或者在进入诉讼程序之前当事双方已可以对其案件的判决结果有所预测，减少此类纠纷大量涌入司法程序的可能，更有利于司法经济。

三、本案例相关知识点剖析

（一）公司清算分类

公司清算是指公司解散或宣告破产后，依照法定程序了结公司事务，处分公司财产，最终使公司归于消灭的行为。

清算，因清算对象、清算程序、清算原因及清算复杂程度的不同而有不同的分类。

1. 破产清算与公司清算。破产清算是指依破产法的规定，在债务人丧失清偿能力时，公司被宣告破产而进行的清算。在破产清算中，法院强制执行破产公司全部财产，公平清偿全体债权人的债权。根据我国《公司法》第190条规定，公司依法被宣告破产的，依照有关企业破产的法律实施破产清算。

无论是破产清算还是公司清算，其目的都在于消灭公司法律人格，了结公司内外一切法律关系，终止公司业务。公司清算和破产清算后，公司即可注销登记。因此，二者看起来是如此的相似，但仍旧存在诸多不同。首先，二者的产生原因不同。破产清算因公司不能清偿债务、资不抵债而发生。破产企业丧失了清偿公司债务的能力，只能根据破产法的规定按照普通债权人的债权比例向债权人清偿。公司清算主要因公司解散而产生。公司清算并不要求公司总资产低于公司总债务。其次，两种清算中法院介入的程度不同。破产清算下，为避免引起债权人之间的利益冲突，最大限度地平衡债权人的利益，破产企业的自治性较低，法院的介入程度较高。公司清算下，公司资产充足，债权人的利益可以得到满足，因此，法院无须过多介入，公司的自治程度较高。最后，清算机关的选任也不同。根据《破产法》第22条的规定，破产清算中，管理人由人民法院指定。同时，法律对管理人的资格、职责都进行了明确规定。公司清算中，清算组由公司选任：有限责任公司清算组由股东组成，股份有限公司清算组由董事会或者股东大会确定的人员组成。

2. 任意清算与法定清算。任意清算是指根据股东的意志或公司章程的规定，而无须依法律的规定而进行的清算。任意清算只适用于无限公司、两合公司等人合公司。这是因为，这类公司的成立基础为股东之间的信任，而非股东的资本额，且这类公司的结构较为简单，股东对公司债务负无限责任，因此，适用任意清算不会损害债权人和股东的利益。法定清算是指必须按照法律规定程序进行的清算。有限责任公司和股份有限公司必须进行法定清算。因为有限责任公司和股份有限公司涉及众多人的利益，利害关系人多，社会影响大。若由公司任意解散，债权人的利益有可能得不到保护，股东的利益也有可能受到损害，造成较大的社会影响。

3. 普通清算与特别清算。法定清算可以分为普通清算与特别清算。普通清算是指公司自行组成清算组进行的清算。我国《公司法》第 183 条规定："公司基于公司章程规定的营业期限届满或者公司章程规定的其他解散事由出现、股东会议决议解散，依法被吊销营业执照、责令关闭或者被撤销而解散以及司法裁判解散的，应当在解散事由出现 15 日内成立清算组，开始清算。"公司清算通常适用普通清算，只有在公司因某些特殊事由解散后，或者被宣告破产后，或者在普通清算发生显著障碍，无法继续时，方由行政机关或者法院介入而进行的清算，被称作特殊清算。我国《公司法》第 183 条在规定了普通清算后，明确了当有限责任公司或股份有限公司逾期不成立清算组进行清算的，债权人可以申请人民法院指定有关人员组成清算组进行清算。人民法院应当受理该申请，并及时组织清算组进行清算。最高人民法院《关于适用〈中华人民共和国公司法〉若干问题的规定（二）》（以下简称《公司法解释（二）》）第 7 条进一步规定，有下列情形之一，债权人申请人民法院指定清算组进行清算的，人民法院应予受理：一是公司解散逾期不成立清算组进行清算的；二是虽然成立清算组，但故意拖延清算的；三是违法清算可能严重损害债权人或者股东利益的。该条同时规定，在有第二种情形时，债权人未提起清算申请，公司股东申请人民法院指定清算组对公司进行清算的，人民法院应当受理。

（二）清算主体

2001 年北京市高级人民法院审判委员会第 22 次会议通过了北京市高级人民法院《关于企业下落不明、歇业、撤销、被吊销营业执照、注销后诉讼主体及民事责任承担若干问题的处理意见（试行）》，第一次正式使用"清算主体"这一术语，并在第 27 条对"清算主体"的产生途径进行了规定，其内容为，清算主体应依歇业、被撤销、被吊销营业执照、注销登记企业的不同性质分别确定：（1）国有企业以企业的上级主管部门为清算主体；（2）集体企业以企业的开办单位、部门，或投资人为清算主体；（3）联营企业以各投资主体为清算主体；（4）子公司以母公司为清算主体；（5）有限责任公司以全体股东为清算主体；（6）股份有限公司以公司章程规定负有清算责任的股东或股东大会选定的股东为清算主体；股东大会不能选定清算组的，派员担任董事会成员的股东为清算主体；（7）外商投资企业应依据《外商投资企业清算办法》进行清算，成立清算组（清算委员会）。未成立清算组的，清算主体为各方股东。中外合资、合作企业外方已不存在的，中方股东应通过申请特别清算程序对企业进行特别清算，成立特别清算委员会。未成立特别清算委员会的，中方股东为清算主体。

关于清算主体，我国法律中通常采用"清算组"，外国国家或地区立法上通常使用的是"清算人"。我国公司法采用了"清算组"这一术语，《公司法》第 184 条规定："公司应在法定解散事由出现之日起 15 日内成立清算组开始清算，有限责任公司的清算组由股东组成，股份有限公司的清算组由董事或股东大会确定的人员组成，逾期不成立的则债权人可申请法院指定人员组成。"

当然我国对"清算组"还有别的称谓，如在《民法通则》称为"清算组织"，《外商投资企业清算办法》中称为"清算委员会"。不论在我国法律上的称谓有何不同的形式，但就清算主体其执行清算职能这一根本职能性质是一致的。

清算组织也称清算机构，是清算事务的执行人。清算组织是公司在清算中负责清算事务的主体，对内负责清理公司资产和债权债务，对外代表公司处理与清算有关的公司未了结的业务、参加诉讼活动等。公司解散或宣告破产后，公司即进入清算程序，公司的执行机构，包括作为公司决策机构和对外代表的董事会以及作为公司执行机构的经理则丧失其地位，不再履行职责，由清算组织替代，负责公司清算期间事务的处理。

在公司宣告破产、决定或被决定解散之日起，公司即进入清算阶段。首先，要及时选任公司的清算组织，以行使清算职权。清算组织的成员通常有以下几种选任方式：（1）法定产生清算组织成员。在法定产生清算组织成员下，多由董事担任清算组织的成员。但也有国家立法例规定可以由全体出资人或业务执行股东作为清算组织成员。（2）公司章程规定的清算组织成员。公司章程是公司最基本规范，效力始于公司的成立，终于公司的消灭。当公司章程规定了清算组织成员的产生办法或直接指定具体的清算组织人选时，则应当首先按照公司章程确定清算组织成员。（3）议定清算组织成员。是指公司章程中未确定清算组织成员产生办法也未指定具体清算组织人选时，公司可以通过股东会议决议的方式确定清算组织成员。（4）选定清算组织成员。选定清算组织成员是指在特殊情况下，由法院或公司主管机关选派人选担任清算组织成员的情形。我国《公司法》第 184 条规定，公司因《公司法》第 181 条第 1 项、第 2 项、第 4 项、第 5 项规定而解散的，应当在解散事由出现之日起 15 日内成立清算组，开始清算。有限责任公司的清算组由股东组成，股份有限公司的清算组由董事或者股东大会确定的人员组成。理论和实务界争议的焦点主要是，有限责任公司的非控股股东是否应当列为清算义务人范畴。一种意见认为，非控股股东不应列为清算义务人的范畴，原因在于有限责任公司的非控股股东对公司不具有控制权，也不存在信义义务，客观上更没有能力启动清算程序。另一种意见认为，《公司法解释（二）》第 18 条已经明确规定了有限责任公司的清算义务人是全体股东，因此非控股股东也应当是清算义务人的范畴。从实践看，裁判结果大多是有限责任公司的全体股东承担责任。①

清算组织应当依法行使职权。清算组织享有下列职权：（1）清理公司财产，分别编制资产负债表和财产清单。清算组织就任后，应当立即清理公司的财产。清算组织应当查实公司全部资产，确定各种资产数量及价值数额，准确确认公司的资产价值，必要时可以聘请专业人员对有关资产依法进行评估。在查实公司资产的基础上，分别编制资产负债表和财产清单。（2）通知或公告债权人。为避免债权人在清算中被遗漏，清算组织就任后，应当及时通知债权人申报债权。对于已知的债权人，清算组织应当以书面形式将公司解散的事通知债权人；对于未知的债权人，清算组织应当以公告的形式催告债权人及时申报债权。（3）处理与清算有关的公司未了结的事务。公司在清算过程中的主体资格并未消灭，因此清算组织应代表公司处理公司事务。此处所讲的公司事务，既包括公司对外关系的事务，也包括对内关系的事务。在对外关系上，清算组织应按照合同约定继续履行合同，而不能因公司的解散擅自解除未履行合同。在对内关系上，清算组织亦应妥善处理。但是，在清算期间，清算组织不得开展与清算无关的经营活动。（4）清缴所欠税款以及清算过程中产生的税款。清算期间，清算组织对公司解散前以及清算过程中新产生的所欠税款，应依法全部补缴。（5）清理债权、债务。清算组织在清理公司资产的基础上，经股东会、股东大会或者人民法院确认后，制定和确认清算方案、清算范围和清偿顺序清偿公司债务。清算组织清偿公司债务，应于公告申报期限届满后开始。在申报期限内，除有物权担保的债权外，清算组织不得向任何人以任何理由进行清偿。（6）处理公司清偿债务后的剩余财产。清算组织在分别支付清算费用、职工工资、社会保险费用和法定补偿金，缴纳所欠税款，清偿公司债务后的剩余财产，有限责任公司按照股东的出资比例分配，股份有限公司按照股东持有的股份比例分配。（7）代表公司参与民事诉讼活动。在清算过程中，

---

① 黎淑兰、王丽娜：《公司清算义务人相关问题研究》，载《人民司法》2012 年第 2 期。

对债权债务关系发生争议需要通过诉讼或仲裁程序解决的，清算组织依法代表公司参加诉讼或仲裁活动。

清算组织成立后，公司即进入清算程序。（1）清算的开始。对于公司清算开始的时间，有广义和狭义两种观点。一种观点认为，清算开始于解散事由出现。另一种观点认为，清算开始于清算组织的就任。① 我国公司法仅规定了公司解散后 15 日内必须依法成立清算组，但清算究竟开始于何时则无规定。（2）清理公司财产。清理公司财产是清算程序的重要环节，是制订清算方案、分配财产的前提。清算组织要全面清理公司的财产，不仅包括固有财产，还要包括流动资产；不仅包括有形资产，还包括知识产权等无形资产；不仅包括债权，还要包括债务。清算组织在清理公司财产的基础上，即应编制资产负债表和财产清单，指定清算方案。清算组织在清理公司财产、编制资产负债表和财产清单后，发现公司资产不足清偿债务的，应当依法向人民法院申请宣告破产。经人民法院裁定宣告破产后，清算组织应当将清算事务移交人民法院，进入破产清算程序。（3）通知、公告债权人并进行债权登记。清算组织成立后，应立即在法定期限内直接通知已知的债权人，公告通知未知的债权人，以便债权人在法定期限内向清算组申报债权。债权人申报并提供相应证明后，清算组织应进行登记，以此作为财产分配的依据。《公司法》第 185 条规定："清算组应当自成立之日起 10 内通知债权人，并于 60 日内在报纸上公告。债权人应当自接到通知书之日起 30 日内，未接到通知书的自公告之日起 45 日内，向清算组织申报其债权；债权人申报其债权，应当说明债权的有关事项，并提供证明材料，清算组应当对债权进行登记。"（4）提出清算方案。清算组织在清理公司财产、编制资产负债表和财产清单后，应当知道清算方案，并报股东会、股东大会或者人民法院确认。（5）分配财产。财产应当按照支付清算费用、支付职工工资、社会保险费用和法定补偿金、清缴所欠税款、清偿企业债务的顺序进行；在完成前述清偿后，公司的剩余财产有限责任公司按照股东的出资比例分配，股份有限公司按照股东持有的股份比例分配。公司财产在未按照法律规定的清偿前，不得分配给股东。（6）清算的终止。公司清算结束后，清算组织应当制作清算报告，报股东会、股东大会或者人民法院确认，并报送公司登记机关，申请注销公司登记，公告公司终止。

关于清算中公司如何定性，在理论界主要有以下几种学说：（1）人格消灭说。此观点主张公司因解散而立即丧失法人资格，公司的财产归股东共有，而在此期间的诉讼行为应以所有股东为共同原告或被告。该说将解散时的公司视

---

① 　陈业宏：《论完善投资企业终止清算立法》，载《江海学刊》1997 年第 2 期。

为合伙，混淆了公司和合伙的区别，将解散时公司的财产与股东的财产混同，违反了公司法人人格独立制度，也与股东的有限责任相违背，不可取。（2）清算法人说。此观点认为，公司一经解散，其为法人的终止，法人的民事主体资格消灭，但为了结债权债务，尚需进行清算，而清算时应属于另一独立的清算法人。也就是说，公司因解散事由出现而消灭其主体资格，但为避免其财产会因此而成为无主财产，法律专为公司的清算设立一种清算法人，原公司本身的主体资格因解散而消灭，不再转移给清算公司，不再享有原公司法人的权利能力，仅在清算范围内享有权利能力。该说为了公司进行清算而另行设立一个的清算法人，否认了公司的延续性，将解散时公司的财产转移给清算法人，违反了公司法人人格独立中的财产独立原则。同时，公司经登记取得法人资格，为了公司退出市场的清算，又重新登记一个清算法人，是人为将清算事务复杂化了，既不经济，也不科学，不可取。（3）同一人格说。此观点认为，公司解散后，其人格并不消灭，仍然具有权利能力和行为能力，可以从事清算事业目的的范围内的事务，只是形式能力受到一定限制，须待清算终结，其人格始归消灭。清算中公司法人与解散事由出现以前的公司在本质上是相同的，仍然可以原公司法人的名义，对外主张债权或承担债务，只是在权利能力范围有所缩小，不再享有从事生产经营活动的能力，但在清算目的范围内仍然享有权利能力。该说维持了公司解散前后法人人格的一致性，为了便于公司债权债务等法律关系的处理和了结。只是其经营能力限制在为清算的目的范围内，既符合股东有限责任原则和法人人格独立本质，也解决了清算中公司的诉讼地位问题，由清算人代表公司参加有关诉讼，具有科学性和合理性。该说是理论界的通说，被包括我国在内的大多数国家公司立法采纳。（4）拟制说。此说认为，公司一经解散，其人格本应消灭，但公司解散仍需清算，清算期间公司仍需要部分原有的能力处理事务，因此依法拟制其人格继续存在。（5）同一人格兼拟制说。此说认为，公司解散后，其法人人格仍然存在，但是，公司解散后，由于其内部成员的缺乏，致使其丧失了法人存在的基础，因此，清算中的公司只是法律所拟制的法人而非实在的法人。该说在承认公司解散前后的人格具有同一性的同时，又认为公司解散后丧失作为一个客观实体存在的基础，但事实上，公司即使进入清算阶段，其作为民事主体，其团体性的特征仍然存在，因为从法律的规定来看，法人解散后应选任清算人，清算人只是代替公司的执行机关董事会，从事与清算事务相关的法律行为，公司的其他机构如股东会、监事会仍然存在，并未丧失法人存在的客观基础。因此，将清算中的公司视为法律所拟制的法人而非实在的法人，不符合其实际作为社会实在体存在的客观事实，也导致同一公司在不同阶段法人本质不同，不具有合理性，

不可取 。

（三）公司清算义务

清算义务是清算主体依法承担的通过清算程序公平全面清偿公司债务的义务和违反该义务的法律责任。

公司清算是指公司解散后，依照法定程序全面清理资产、清偿债务，了结企业未了结之事务，使公司法律主体资格归于消灭的一种活动和法律制度的总称。公司解散后依法清理公司债权债务并向股东分配剩余财产，终结公司所有法律关系是公司正常退出消亡程序，然而现实中的情况是许多公司、企业昨天还在正常经营，可是一夜之间，法人代表举家外逃，转眼之间，整个企业只剩下一个空壳，根本没有正常清算的程序。恶意不清算现象大量存在，严重破坏了公司正当退出机制，极大地影响了和谐经济秩序的建立。

清算组织在公司清算中应履行以下义务：（1）清算组织成员应当忠于职守，依法及时进行清算。进行清算是清算组织的法定义务。（2）对公司的财产、账册、重要文件的保管义务。清算人在清算期间没有合理保管财产、账册、重要文件，造成损失的，清算组织要承担相应的民事责任。我国《公司法解释（二）》第18条第2款规定："有限责任公司的股东、股份有限公司的董事和控股股东因怠于履行义务，导致公司主要财产、账册、重要文件等灭失，无法进行清算，债权人主张其对公司债务承担连带清偿责任的，人民法院应依法予以支持。"（3）清算组织成员不得利用职权收受贿赂或者其他非法收入，不得侵占公司财产。

清算组织不及时履行清算义务的法律责任：

1. 民事责任，主要包括三类：清算责任、清算赔偿责任、清偿责任。（1）清算责任。即清算组织对已经解散的公司依法进行清算的责任。根据我国《公司法》相关规定，逾期不成立清算组进行清算的，债权人可以申请人民法院指定有关人员组成清算组进行清算。人民法院应当受理该申请，并及时组织清算组进行清算。清算责任是一种执行清算事务的行为责任，因此，当清算组织拒绝履行该义务时，法院无法强制执行。（2）清算赔偿责任。清算组织未能履行清算义务而导致债权人的权利受到侵害时，清算组织成员应承担赔偿责任。根据《公司法解释（二）》第18条至第20条规定，清算组织的赔偿责任主要有：其一，未及时清算的赔偿责任。有限责任公司的股东、董事和控股股东未在法定期限内成立清算组开始清算，导致公司财产贬值、流失、毁损或者灭失，债权人可以在其遭受的损失范围内主张赔偿责任。其二，恶意处置公司财产的赔偿责任。有限责任公司的股东、董事和控股股东，以及公司的实际控制人在公司解散后，恶意处置公司财产给债权人造成损失的，债权人可以主张其对公司债务承担相应赔偿责任。其三，恶意注销公司的赔偿责任。有限责任公司的股东、董事和控股股东，以及公司的实际控制人在公司解散后，以虚假的清算报告骗取公司登记机关办理法人注销登记，债权人可以主张其对公司债务承担相应赔偿责任。（3）清偿责任。即清算组织对公司债务进行清偿的责任。该部分将在下文连带清偿责任部分详细论述，在此不赘。清算组织的三种民事责任既有联系又有区别，甚至互相重合。

2. 行政责任。清算组织的行政责任主要规定在现行《公司法》第 204 条至 206 条。主要包括：其一，清算时未通知债权人的行政责任。公司在进行清算时，未依照公司法的相关规定通知债权人的，由公司登记机关责令改正，对公司处以 1 万元以上 10 万元以下的罚款。其二，瑕疵清算的行政责任。主要是指公司在进行清算时，隐匿财产，对资产负债表或者财产清单作虚假记载或者在未清偿债务前分配公司财产的，由公司登记机关责令改正，对公司处以隐匿财产或者未清偿债务前分配公司财产金额 5% 以上 10% 以下的罚款；对直接负责的主管人员和其他直接责任人员处以 1 万元以上 10 万元以下罚款。其三，公司在清算期间开展与清算无关的经营活动的，由公司登记机关予以警告，没收违法所得。其四，不当报送清算报告的行政责任，即清算组不依照公司法的相关规定向公司登记机关报送清算报告，或者报送清算报告隐瞒重要事实或者有重大遗漏的，由公司登记机关责令改正。其五，清算组成员滥用职权的行政责任。清算组成员利用职权徇私舞弊、谋取非法收入或者侵占公司财产的，由公司登记机关责令退还公司财产，没收违法所得，并可以处以违法所得 1 倍以上 5 倍以下的罚款。

3. 刑事责任。关于公司清算的刑事责任主要体现在《刑法》第 162 条妨害清算罪中，该条规定："公司、企业进行清算时，隐匿财产，对资产负债表或者财产清单做虚伪记载或者在未清偿债务前分配公司、企业财产，严重损害债权人或者其他人利益的，对其直接负责的主管人员和其他直接责任人员，处五年以下有期徒刑或者拘役，并处或者单处二万元以上二十万元以下罚金。"

我国立法中规定的股东清算义务不仅是一种程序性的义务，而且是一种实体上的义务。也就是股东不仅要成立清算组织来进行清算，而且要提交有关财务账册以便清算事务真正能够履行。如果允许股东以账册丢失等为由而不追究其相应责任，必然使清算义务失去法律拘束力。但我国立法中也存在着清算义务主体不明确、解散登记制度不完善以及清算责任不清晰等问题，有待今后的立法进行进一步的规范。

（四）连带清偿责任

1. 连带责任概念

连带责任起源于罗马法的连带之债（Obligatio Solidaris），罗马法最初仅有共同之债（Obligatio Correalis），在共同之债中，债务人并不负连带责任。[①]。具体而言，连带之债或共有之债，是指具有数个主体（债权人或者债务人）和完全同一的和单一的标的的债。在这种债中，各个债权人有权要求完全给付。但在数名债务人中只是一人清偿或者为所有债务人负责，另一方面在数名债权人中只是一人提出请求或者代表所有债权人。[②] 在德国，《德国民法典》第 421 条规定了连带之债："数人以各负全部给付的责任负担同一债务，但债权人仅得一次请求给付者，债权人得任意对每个债务人请求全部或者一部分的给付。在未清偿全部债务前，全体债务人仍负全部责任。"[③] 我国台湾地区有学者认为，连带债务者，指数人负同一债务，依其明示或者法律之规定，对于债权人各负全部给付之责任的多数主体的债的形态。连带债务一经成立，债务人的给付虽为可分，各债务人均独立负担全部给付责任，故债务人中一人或者数人为全部给付，其他债务人所负之债务，因给付目的已经失去其存在，亦随之消灭。又连带债务为多数人之债，彼此之间不仅独立并存，而且得单独之让与、担保，其时效、附款，乃至无效或者得撤销之原因，均未必一致。[④] 我国《民法通则》第 87 条规定："债权人或者债务人一方人数为两人以上的，依照法律的规定或当事人的约定，享有连带权利的每个债权人，都有权要求债务人履行义务；负有连带义务的每个债务人，都负有清偿全部债务的义务，履行了义务的人，有权要求其他负有连带义务的人偿付他应当承担的份额。"理论界对连带责任的定义众说纷纭。有学者认为，民法上的连带责任，是指在法律规定或当事人约定范围内，应由两个以上的当事人中的一人或数人对其他人的民事责任承担、分担或顺序承担。[⑤] 有学者认为，连带责任为多数责任主体中的任何一人均须承担违反法律义务的全部强制性法律后果的责任。[⑥] 有学者认

---

① 王利明：《侵权行为法归责原则》，中国政法大学出版社 1992 年版，第 305～306 页。

② 彼德罗·彭梵得：《罗马法教科书》，黄风译，中国政法大学出版社 2005 年版，第 224～226 页。

③ 李永军：《论连带责任的性质》，载《中国政法大学学报》2011 年第 2 期。

④ 林诚二：《民法债编总论》，中国人民大学出版社 2003 年版，第 477 页。

⑤ 寇孟良：《论〈民法通则〉中的连带责任》，载《中国法学》1988 年第 2 期。

⑥ 孔祥俊：《民商法新问题与判例研究》，人民法院出版社 1996 年版，第 122 页。

为，连带责任即凡两个以上当事人分别对债务均需承担全部清偿的责任。① 上述学者分别从不同的角度对连带责任进行了界定，但都存在这样那样的问题。理论界主流观点认为连带责任是指责任人一方主体为多数，各个责任人对外不分份额，向权利人承担全部责任（在共同责任人内部，仍然存在着责任份额的划分）。在权利人提出请求时，各个责任人不得以超过自己应承担的部分为由而拒绝；承担超过自己份额责任的责任人有权向其他责任人要求补偿。②

2. 连带责任的特征

（1）连带责任的主体必须为两个或两个以上。只有当事人一方或双方为多数的情况下才可能产生连带责任，如果当事人双方均为单一，则无产生连带责任之可能。

（2）债的标的的同一性。连带之债的标的须为同一，反之则不能成立连带责任。史尚宽先生认为，成立连带之债无须以同一给付内容为标的，只须目的同一即可。民法所谓"同一债务"，是指同一目的的债务，而非指同一给付内容之债务，如甲负担给付表，乙负担给付锁，或者甲负担给付啤酒 10 箱，乙负担给付金钱 100 元，只要他们之间有共同的目的，即因甲或乙之全部给付，可使其他债务人免其债务的，则不妨碍成立连带之债。③

（3）连带之债的债权人之间或者债务人之间具有连带关系。连带关系是指对于数个债权人或者债务人中的一人发生的非个人利益的事项，对于其他债权人或者债务人产生同样效力。④

3. 连带责任分类

（1）连带责任与不真正连带责任。不真正连带责任，是指多数债务人基于不同的发生原因而偶然产生的同一内容的给付，各负全部履行之义务，并因债务人之一的履行而使全体债务均归于消灭。⑤ 此时数个债务人之间所负的责任即为不真正连带责任。①产生的原因不同。不真正连带责任基于不同的发生原因而独立存在；而连带责任通常基于共同的原因而产生。②存在的目的不同。连带责任是多个债务人依其意思或法律规定，为了共同的目的而结合起来，各个债务都是为了达到此共同目的的手段；而不真正连带责任的债务人之间没有共同的目的，主观上也没有联系，给付内容相同纯粹出于偶然的巧合。

---

① 尹田：《论民事连带责任》，载《法学杂志》1986 年第 4 期。
② 魏振瀛主编：《民法》，北京大学出版社、高等教育出版社 2011 年版，第 44 页。
③ 史尚宽：《债法总论》，中国政法大学出版社 2001 年版，第 645 页。
④ 张民安、邓鹤主编：《民法债权》，中山大学出版社 2002 年版，第 25 页。
⑤ 孔祥俊：《民商法新问题与判例研究》，人民法院出版社 1996 年版，第 19 页。

③对内效力不同。二者在内部责任的承担上存在差别，就连带责任而言，没有终局责任人的概念，责任人在承担了责任后，可以向其他连带责任人求偿。而在不真正连带责任中，责任人承担了责任后，不得向其他连带责任人求偿，只能向终局责任人求偿。④法律要求不同。连带责任实行法定主义，要求法律有明确规定或者当事人有明确约定，不真正连带责任则不要求法律明文规定，也不存在当事人的约定。

（2）一般连带责任与补充性连带责任。一般连带责任是指任何一个连带责任人没有先后顺序，同等地对全部债务承担的责任。补充性连带责任是指连带责任人之间义务的履行存在先后顺序，只有在第一顺位的义务人不履行义务的前提下，补充连带责任人才承担责任。补充性连带责任在我国立法上主要体现为保证人的连带责任。《担保法》第17条第1、2款规定："当事人在保证合同中约定，债务人不能履行债务时，由保证人承担保证责任的，为一般保证。一般保证的保证人在主合同纠纷未经审判或者仲裁，并就债务人财产依法强制执行仍不能履行债务前，对债权人可以拒绝承担保证责任。"

（3）约定连带责任与法定连带责任。约定的连带责任是指当事人在合同中约定彼此之间自愿承担连带责任。约定的连带责任主要体现为连带责任保证，我国《担保法》第18条规定："当事人在合同中约定保证人与债务人对债务承担连带责任的，为连带责任保证。连带责任保证的债务人在主合同规定的债务履行期限届满没有履行债务的，债权人可以要求债务人履行债务，也可以要求保证人在其保证范围内承担保证责任。"法定的连带责任是指依据法律规定产生的连带责任。依据我国现行法的规定，法定的连带责任主要有合伙、代理以及共同侵权。合伙人对合伙债务承担无限连带责任主要规定在我国《民法通则》与《合伙企业法》中。《民法通则》第35条第3款规定："合伙人对合伙的债务承担连带责任，法律另有规定的除外。偿还合伙债务超过自己应当承担数额的合伙人，有权向其他合伙人追偿。"《合伙企业法》第39条规定："合伙企业不能清偿到期债务的，合伙人承担无限连带责任。"第40条规定："合伙人由于承担无限连带责任，清偿数额超过本法第三十三条第一款规定的其亏损分担比例的，有权向其他合伙人追偿。"民事代理承担连带责任的情形主要规定在我国的《民法通则》中，该法第65条第3款规定："委托书授权不明的，被代理人应当向第三人承担民事责任，代理人负连带责任。"第66条第3、4款规定："代理人和第三人串通，损害被代理人利益的，由代理人和第三人负连带责任。第三人知道行为人没有代理权、超越代理权或者代理权已终止还与行为人实施民事行为给他人造成损害的，由第三人和行为人负连带责任。"第67条规定："代理人知道被委托代理的事项违法仍然进行代理活动的，或者被代理人知道代理人的代理行为违法不表示反对的，由被代理人和代理人负连带责任。"由于共同侵权行为或共同危险行为造成他人损失的，不能判明加害人是谁的，侵权人应承担连带责任。《民法通则》第 130 条规定："二人以上共同侵权造成他人损害的，应当承担连带责任。" 2009 年通过的《侵权责任法》对共同侵权作出了新的规定。第 8 条规定："二人以上共同实施侵权行为，造成他人损害的，应当承担连带责任。"第 9 条第 1 款规定："教唆、帮助他人实施侵权行为的，应当与行为人承担连带责任。"第 10 条规定："二人以上实施危及他人人身、财产安全的行为，其中一人或者数人的行为造成他人损害，能够确定具体侵权人的，由侵权人承担责任；不能确定具体侵权人的，行为人承担连带责任。"第 11 条规定："二人以上分别实施侵权行为造成同一损害，每个人的侵权行为都足以造成全部损害的，行为人承担连带责任。"

4. 连带责任的效力

连带责任的效力可以分为对内与对外两个方面：

（1）对内效力是指各连带责任人之间的效力。连带责任的对内效力主要体现在履行了债务的责任人就其超出应承担的债务份额部分有权向其他连带责任人进行求偿。即当一个责任人向权利人给付的份额超出其应承担的债务份额时，可以向其他债务人行使求偿权。求偿权的范围以超出求偿权人应承担份额为限，以及该责任人为履行债务支出的必要费用和因为共同事由所导致的损失。我国《民法通则》第 87 条规定："履行了义务的人，有权要求其他负有连带义务的人偿付他应当承担的份额。"

（2）对外效力是指连带责任人与权利人之间的效力。主要体现在：①任何一个权利人受领了全部给付的，债权债务关系归于消灭。也即权利人有权向任何一个责任人请求一部分或者全部给付，被请求的责任人不得以存在其他责任人为由拒绝给付，也不得以超过自己应负担的份额为由进行抗辩。任何一个责任人在向权利人履行了全部给付后，连带责任的目的即达到，权利人不得再向其他责任人要求给付。责任人仅向权利人履行了一部分债务的，全体连带责任人对于尚未履行的部分仍负连带责任。②有涉他效力事项与无涉他效力事项。该理论是为解决连带责任中，就债权人或者债务人一人所生的事项效力是否及于其他债权人或债务人而创立的。有涉他效力事项是指就债权人或者债务人中一人所发生的事项，效力及于其他债权人或者债务人。无涉他效力事项是指就债权人或者债务人中一人所发生的事项，效力不及于其他债权人或者债务人。在连带责任中，有涉他效力的事项主要包括：因清偿、提存、抵消等使债务消灭的事项，因免除、时效完成、抵消等使一债务人负担的债务消灭的，债权人受领迟延的。无涉他效力事项主要是指归责于一个债务人的事由而给付迟延的，连带责任免除的，消灭时效中断的以及债权的让与和债务承担。

5. 公司法上的连带清偿责任

按照公司法人人格和股东人格分离的理论，股东对公司的债务以其出资额为限承担有限责任。但在特定情况下，股东对公司债务承担无限连带清偿责任。连带责任的制度价值，是最大限度地保证债权人的债权能得到充分、及时的实现。但在许多情形下，仅有债务人自身的责任财产为担保尚不足以确保债权的实现，因"构成债务人责任客体之财产，变化不定，景气无常，财产之散逸非债权人所能预见或控制"①，连带责任比起一般担保的方法有无可替代的优越性，可减少实现债权的环节，很大程度上能帮助债权人实现的债权。具体而言，股东对公司债务承担连带责任的情形有：

（1）公司人格否认制度。在英美法系称为"刺破公司面纱"，是指公司股东滥用公司人格和股东有限责任，严重损害了公司债权人的利益，债权人起诉请求股东承担连带责任的制度。该制度最早被美国司法判例所确认，英美法学者形象地将公司的独立人格和股东有限责任描绘为罩在公司头上的"面纱"，这层"面纱"将公司和股东隔离，公司的债权人只能向公司主张权利，而不能透过这层面纱向股东主张债权。法院认为，股东有限责任的原则并非绝对，在某些特殊情况下，为了保护公司债权人的利益，法院可以揭开公司面纱，否认公司与股东各位不同的法律主体的原则，判令公司背后的股东对公司债权人直接负责。② 我国于 2005 年通过的《公司法》引入了公司人格否定这一制度，主要体现在第 20 条第 3 款公司股东滥用公司独立人格和有限责任严重损害债权人的情形，以及第 64 条一人公司情形下的人格混同，现行《公司法》第 20 条规定："公司股东应当遵守法律、行政法规和公司章程，依法行使股东权利，不得滥用股东权利损害公司或者其他股东的利益；不得滥用公司法人独立地位和股东有限责任损害公司债权人的利益。公司股东滥用股东权利给公司或者其他股东造成损失的，应当依法承担赔偿责任。公司股东滥用公司法人独立地位和股东有限责任，逃避债务，严重损害公司债权人利益的，应当对公司债务承担连带责任。"第 63 条规定："一人有限责任公司的股东不能证明公司财产独立于股东自己的财产的，应当对公司债务承担连带责任。"

---

① 王泽鉴：《民法学说与判例研究》（第四册），中国政法大学出版社 1997 年版，第 125 页。

② 金剑峰：《公司人格否认理论及其在我国的实践》，载《中国法学》2005 年第 2 期。

（2）股东抽逃出资时的连带责任。根据最高人民法院《关于适用〈中华人民共和国公司法〉若干问题的规定（三）》（以下简称《公司法解释（三）》）第 12 条的规定，抽逃出资主要是指将出资款项转入公司账户验资后又转出的行为、通过虚构债权债务关系将其出资转出的行为、制作虚假财务会计报表虚增利润进行分配的行为、利用关联交易将出资转出的行为，以及其他未经法定程序将出资抽回的行为。根据第 14 条第 2 款的规定，公司债权人请求抽逃出资的股东在抽逃出资本息范围内对公司债务不能清偿的部分承担补充赔偿责任、协助抽逃出资的其他股东、董事、高级管理人员或者实际控制人对此承担连带责任的，人民法院应予支持；抽逃出资的股东已经承担上述责任，其他债权人提出相同请求的，人民法院不予支持。

（3）公司成立阶段的连带责任。《公司法解释（三）》第 4 条规定了债权人在公司因故未能成立时，可以请求全体或者部分发起人对设立公司行为所产生的费用和债务承担连带清偿责任。以及第 5 条中发起人因履行公司设立职责造成他人损害，公司成立后受害人请求公司承担侵权赔偿责任的，人民法院应予支持；公司未成立，受害人请求全体发起人承担连带赔偿责任的，人民法院应予支持。

（4）清算资料灭失的连带责任。承担连带清偿责任的前提是由于清偿义务人的消极不作为导致公司主要财产、账册、重要文件等灭失，无法进行清算。无法清算是指公司进行清算的依据已经灭失，或者公司已经被注销，主体资格不存在，无法按照法定程序对公司债权债务进行清理后进行清算。《公司法解释（二）》第 18 条规定："有限责任公司的股东、股份有限公司的董事和控股股东因怠于履行义务，导致公司主要财产、账册、重要文件等灭失，无法进行清算，债权人主张其对公司债务承担连带清偿责任的，人民法院应依法予以支持。"

（5）未经清算即注销的连带责任。《公司法解释（二）》第 20 条规定："公司解散应当在依法清算完毕后，申请办理注销登记。公司未经清算即办理注销登记，导致公司无法进行清算，债权人主张有限责任公司的股东、股份有限公司的董事和控股股东，以及公司的实际控制人对公司债务承担清偿责任的，人民法院应予以支持。"

案例 6

李建军公司决议撤销纠纷案

一、李建军公司决议撤销纠纷案基本内容

李建军诉上海佳动力环保科技
有限公司公司决议撤销纠纷案

（最高人民法院审判委员会讨论通过　2012 年 9 月 18 日发布）

关键词：民事　公司决议撤销　司法审查范围

裁判要点：人民法院在审理公司决议撤销纠纷案件中应当审查：会议召集程序、表决方式是否违反法律、行政法规或者公司章程，以及决议内容是否违反公司章程。在未违反上述规定的前提下，解聘总经理职务的决议所依据的事实是否属实，理由是否成立，不属于司法审查范围。

相关法条：《中华人民共和国公司法》第 22 条第 2 款

基本案情：原告李建军诉称，被告上海佳动力环保科技有限公司（以下简称"佳动力公司"）免除其总经理职务的决议所依据的事实和理由不成立，且董事会的召集程序、表决方式及决议内容均违反了公司法的规定，请求法院依法撤销该董事会决议。

被告佳动力公司辩称：董事会的召集程序、表决方式及决议内容均符合法律和章程的规定，故董事会决议有效。

法院经审理查明：原告李建军系被告佳动力公司的股东，并担任总经理。佳动力公司股权结构为，葛永乐持股 40%，李建军持股 46%，王泰胜持股 14%。三位股东共同组成董事会，由葛永乐担任董事长，另两人为董事。公司章程规定，董事会行使包括聘任或者解聘公司经理等职权；董事会须由 2/3 以上的董事出席方才有效；董事会对所议事项作出的决定应由占全体股东 2/3 以上的董事表决通过方才有效。2009 年 7 月 18 日，佳动力公司董事长葛永乐召

集并主持董事会，三位董事均出席，会议形成了"鉴于总经理李建军不经董事会同意私自动用公司资金在二级市场炒股，造成巨大损失，现免去其总经理职务，即日生效"等内容的决议。该决议由葛永乐、王泰胜及监事签名，李建军未在该决议上签名。

裁判结果： 上海市黄浦区人民法院于 2010 年 2 月 5 日作出〔2009〕黄民二（商）初字第 4569 号民事判决：撤销被告佳动力公司于 2009 年 7 月 18 日形成的董事会决议。宣判后，佳动力公司提出上诉。上海市第二中级人民法院于 2010 年 6 月 4 日作出〔2010〕沪二中民四（商）终字第 436 号民事判决：

一、撤销上海市黄浦区人民法院〔2009〕黄民二（商）初字第 4569 号民事判决；

二、驳回李建军的诉讼请求。

裁判理由： 法院生效裁判认为，根据《公司法》第 22 条第 2 款的规定，董事会决议可撤销的事由包括：第一，召集程序违反法律、行政法规或公司章程；第二，表决方式违反法律、行政法规或公司章程；第三，决议内容违反公司章程。从召集程序看，佳动力公司于 2009 年 7 月 18 日召开的董事会由董事长葛永乐召集，三位董事均出席董事会，该次董事会的召集程序未违反法律、行政法规或公司章程的规定。从表决方式看，根据佳动力公司章程规定，对所议事项作出的决定应由占全体股东 2/3 以上的董事表决通过方才有效，上述董事会决议由三位股东（兼董事）中的两名表决通过，故在表决方式上未违反法律、行政法规或公司章程的规定。从决议内容看，佳动力公司章程规定董事会有权解聘公司经理，董事会决议内容中"总经理李建军不经董事会同意私自动用公司资金在二级市场炒股，造成巨大损失"的陈述，仅是董事会解聘李建军总经理职务的原因，而解聘李建军总经理职务的决议内容本身并不违反公司章程。

董事会决议解聘李建军总经理职务的原因如果不存在，并不导致董事会决议撤销。首先，公司法尊重公司自治，公司内部法律关系原则上由公司自治机制调整，司法机关原则上不介入公司内部事务；其次，佳动力公司的章程中未对董事会解聘公司经理的职权作出限制，并未规定董事会解聘公司经理必须要有一定原因，该章程内容未违反公司法的强制性规定，应认定有效，因此佳动力公司董事会可以行使公司章程赋予的权力作出解聘公司经理的决定。故法院应当尊重公司自治，无需审查佳动力公司董事会解聘公司经理的原因是否存在，即无需审查决议所依据的事实是否属实，理由是否成立。综上，原告李建军请求撤销董事会决议的诉讼请求不成立，依法予以驳回。

二、案例评析

(一) 原告李建军未在决议上签字的抗辩理由能否成立

这是一起公司股东提起撤销公司决议之诉的典型案件。《公司法》赋予了股东撤销公司决议之诉的诉权。《公司法》第 22 条规定:"公司股东会或者股东大会、董事会的决议内容违反法律、行政法规的无效。股东会或股东大会、董事会的会议召集程序、表决方式违反法律、行政法规或者公司章程,或者决议内容违反公司章程的,股东可以自决议作出之日起六十日内,请求人民法院撤销。"

在本案中,原告李建军作为公司的总经理,且是公司的股东之一,根据《公司法》第 22 条的规定,认为公司免除其总经理职务的决议所依据的事实和理由不成立,且董事会的召集程序、表决方式及决议内容均违反了公司法的规定,请求法院依法撤销该董事会决议。法院经审理认为公司作出的免去原告总经理职务的决议从召集程序、表决方式和决议内容上都不符合法律关于撤销公司决议的规定,因此不能适用《公司法》第 22 条之规定。

在本案中,法院主要查明了董事会的召集程序、表决方式和决议内容三项事实,通过判断其是否符合法律规定,最终作出了裁决。佳动力公司于 2009 年 7 月 18 日召开的董事会由董事长葛永乐召集,三位董事均出席董事会。董事会决议由三位股东(兼董事)中的两名表决通过,根据《公司法》第 46 条、第 47 条、第 48 条的规定,"董事会决定聘任或者解聘公司经理及其报酬事项,并根据经理的提名决定聘任或者解聘公司副经理、财务负责人及其报酬事项。董事会会议由董事长召集和主持,董事会的议事方式和表决程序,除本法有规定的外,由公司章程规定。董事会决议的表决,实行一人一票"。且该公司章程规定:"董事会行使包括聘任或者解聘公司经理等职权;董事会须由三分之二以上的董事出席方才有效;董事会对所议事项作出的决定应由占全体股东三分之二以上的董事表决通过方才有效。"因此该次董事会的召集程序、表决方式并未违反法律、行政法规或公司章程的规定,决议内容也未违反公司章程。

本案中的焦点问题,主要存在以下三个方面:一是在公司章程中并未规定总经理不经董事会同意私自动用公司资金在二级市场炒股,造成巨大损失是解聘总经理的事由这种情形下,能否对原告即公司的总经理作出免职的决定;二是作为公司股东之一,且是当事人的李建军并未在决议上签字,能否不受公司决议的约束;三是公司董事会决议的内容属不属于我国司法审查的范围,司法权在多大的范围内可以介入。

对于第一个问题，法院的判决理由非常充分，首先，董事会决议内容中"总经理李建军不经董事会同意私自动用公司资金在二级市场炒股，造成巨大损失"的陈述，仅是董事会解聘李建军总经理职务的原因，而解聘李建军总经理职务的决议内容本身并不违反公司章程。其次，即使董事会决议解聘总经理职务的原因不存在，也并不导致董事会决议撤销。因为，第一，公司法充分尊重公司自治，公司内部法律关系原则上由公司自治机制调整，司法机关原则上不介入公司内部事务；第二，佳动力公司的章程中未对董事会解聘公司经理的职权作出限制，并未规定董事会解聘公司经理必须要有一定原因，该章程内容未违反公司法的强制性规定，应认定有效。因此，佳动力公司董事会可以行使公司章程赋予的权利作出解聘公司经理的决定，法院应当尊重公司自治，认定合法有效。

董事会作为公司的执行机关，是由股东大会或股东会选举产生，接受其监督并对其负责。在董事会的产生过程中，充分体现了股东的意思自治和民主表决，其存在有合理性和合法性的正当基础。董事会作出的决议是从公司的大局出发，是保障和维护公司利益的体现。因此，董事会作出的决议对全体董事和股东都有约束力，公司全体董事和股东都必须遵守，公司的董事或股东不能以其自身利益，因其对某一事项的异议而否认董事会作出的决议。所以，本案中原告李建军的未在决议上签字的抗辩理由不能成立。

（二）公司董事会作出撤销总经理职务决议是否在司法审查范围

司法审查，是一个公法领域的概念。私法自治，并不受公法的过度干预是现代法治精神的要义所在。在我国司法审查是指国家司法机关对行政行为的合法性进行审查并作出相应裁决的制度，是防止行政权力滥用，维护公民、法人以及其他组织由于行政权力不适当使用造成利益损失的救济制度。首先，司法审查的对象是行政机关的行为，在本案中，公司作为参与市场经济活动主体之一，是私法自治的产物，不是依据国家行政职能而设立的国家行政机关，根本不属于司法审查的对象和范围，当然，这并不排除司法对公司自治领域介入的正当性，只是司法对公司自治范围的介入必须有法律明确规定，在不符合法律规定的前提下，公司可以将一切司法行为排除在外。因此，在本案中法院认为，公司董事会作出的撤销总经理职务的决议不在司法审查的范围，是完全正确的。

《公司法》第 22 条规定的股东提起撤销公司决议之诉，是我国公司立法的一大进步，使公司制度更加合理和完善。但学界对于这一制度的规定，普遍认为过于宏观和抽象，对实施过程中的程序等其他问题没有细化规定，这容易造成法院在适用这一法条时，由于缺乏统一的标准而裁判不一。最高人民法院发布的这一指导性案例，虽然判决所体现出来的认定标准、判决理由、论证方式等不能作为法律法规为其他案件直接适用，但对司法实践中的法律适用还是可以提供一个很好的范本和参考。

三、本案例相关知识点剖析

（一）公司决议撤销

1. 公司组织机构

公司是现代经济生活中最重要的一种企业组织形式，更有学者指出"当今的世界是公司的世界，当今的时代是公司的时代"。公司作为具有权利能力和行为能力的企业法人，其意思表示和具体行为都必须通过一定的组织机构体现出来。各国对公司组织机构的设置不尽相同，我国《公司法》规定的公司组织机构包括股东大会或股东会、董事会或执行董事、监事会或监事、经理四大机关。

股东会泛指有限责任公司的股东会和股份有限公司的股东大会，是由公司全体股东组成的公司最高权力机构，是股东在公司内部行使股东权的法定组织。① 其享有最高的职权，公司的其他机构，如董事会、监事会、经理均直接或间接隶属于股东大会，服从和执行股东大会的决议。《公司法》第 98 条规定："股份有限公司股东大会由全体股东组成。股东大会是公司的权力机构，依照本法行使职权。"股东会是有限责任公司的最高权力机关，《公司法》第 36 条规定："有限责任公司股东会由全体股东组成，股东会公司的权力机构，依照本法行使职权。"行使《公司法》第 37 条规定的"（1）决定公司的经营方针和投资计划；（2）选举和更换非由职工代表担任的董事、监事，决定有关董事、监事的报酬事项；（3）审议批准董事会的报告"等各项职权。而且股东大会或者股东会的权限不仅限于法定事项，还可以在不违背公司本质以及强行性规范的前提下，通过公司章程扩大权限。因此，股东大会和股东会在公司的组织结构体系中处于最顶层的位置。它是公司的必设机构，但股东会是否应该属于常设机关，目前还有歧义，我国公司法对股东大会和股东会的主持、召集、召开、表决方式等各方面从程序和实体上都做了详细规定。为股东大会

---

① 范健、王建文：《公司法》，法律出版社 2014 年版，第 376 页。

和股东会的正常运营提供了指导和规范。

董事会是指由股东选举的董事组成的，公司常设的业务执行机关，日常经营决策机构和公司代表机构。① 董事会作为公司的执行机关，是由股东大会或股东会选举产生，接受其监督并对其负责。关于董事会的设立和组成人员，《公司法》第 44 条规定："有限责任公司设董事会，其成员为三人至十三人；但是本法第五十条另有规定的除外。"第 50 条规定："股东人数较少或者规模较小的有限责任公司，可以设一名执行董事，不设董事会。执行董事可以兼任公司经理。"这是法律对有限责任公司董事会的设置要求，公司法对股份有限公司的董事会组成有更高的标准，《公司法》第 108 条规定："股份有限公司设董事会，其成员为 5 人至 19 人。董事会成员中可以有公司职工代表。董事会中的职工代表由公司职工通过职工代表大会、职工大会或者其他形式民主选举产生。"

可以看出，无论是从董事的人员数目还是人员构成上都比有限责任公司有着更高的要求，但是股份有限公司的董事会和有限责任公司的董事会或执行董事在任期和职权方面则是一致的。董事会作为公司的执行机构，其主要通过召开董事会并形成董事会决议的方式行使其相应的职权。公司法对董事会的召集、召开、主持、表决方式等都作了详细规定，第 47 条、第 48 条规定了有限责任公司的董事会会议的召开和议决规则，"董事会会议由董事长召集和主持；董事长不能履行职务或者不履行职务的，由副董事长召集和主持；副董事长不能履行职务或者不履行职务的，由半数以上董事共同推举一名董事和主持"。"董事会的议事方式和表决程序，除本法有规定的外，由公司章程规定。董事会应当对所议事项的决定作成会议记录，出席会议的董事应当在会议记录上签名。董事会决议，实行一人一票"。股份有限公司董事会的议事程序中亦有这样的规定，在这方面，我国公司法规定的两种不同类型的公司并不存在本质上的差别，具体区别体现在第 110 条之规定，即"董事会每年度至少召开两次会议，每次会议应当于会议召开十日前通知全体董事和监事。代表十分之一以上表决权的股东、三分之一以上董事或者监事会，可以提议召开董事会临时会议。董事长应当自收到提议后十日内，召集和主持董事会会议。董事会召开临时会议，可以另定召集董事会的通知方式和通知时限"。这是对股份有限公司的规定，有限责任公司并无相关要求。从这些规定可以得出，法律对股份有限公司比有限责任公司在很多方面有着更高的标准和更多的要求，这是基于有限责任公司有着更高的人合性，股份有限公司的股东则更分散、人合性较

---

① 林秀芹、夏雅丽、薛夷风：《公司法》，科学出版社 2010 年版，第 146～147 页。

弱，为了更好地保护公司及各股东的利益，法律对股份有限公司的董事会的各方面相关事宜规定得更加详细和规范。

监事会是由股东选举的监事以及由公司职工民主选举的监事组成的，对公司的业务活动进行监督和检查的法定必设和常设机构。根据我国公司法的规定，除股东人数较少或者规模较小的有限责任公司外，监事会是股份有限公司和有限责任公司两类公司必须设置的公司机关，是由股东大会或者股东会和公司职工选举产生并向股东大会或股东会负责，对公司财务以及公司董事、经理和其他高级管理人员履行职责的行为进行监督，维护公司及股东合法权益的公司常设机构。①

关于监事会的设置上，各国公司法的规定不尽一致，且因公司类型的不同而有差异，我国是大陆法系国家，在监事会的结构上吸取了德国的股东代表和职工代表参加的模式，在监事会的职能方面则更接近于日本的规定。② 我国《公司法》第51条规定："有限责任公司设监事会，其成员不得少于三人。股东人数较少或者规模较小的有限责任公司，可以设一至二名监事，不设监事会。监事会应当包括股东代表和适当比例的公司职工代表，其中职工代表的比例不得低于三分之一，具体比例由公司章程规定。监事会中的职工代表由公司职工通过职工代表大会、职工大会或者其他形式民主选举产生。监事会设主席一人，由全体监事过半数选举产生。监事会主席召集和主持监事会会议；监事会主席不能履行职务或者不履行职务的，由半数以上监事共同推举一名监事召集和主持监事会会议。董事、高级管理人员不得兼任监事。"股份有限公司必须设置监事会，《公司法》第117条规定："股份有限公司设监事会，其成员不得少于三人。监事会应当包括股东代表和适当比例的公司职工代表，其中职工代表的比例不得低于三分之一，具体比例由公司章程规定。监事会中的职工代表由公司职工通过职工代表大会、职工大会或者其他形式民主选举产生。"其中国有独资公司的监事会主要由国务院或者国务院授权的机构、部门委派的人员组成，并有公司职工代表参加。在职权方面，主要规定在《公司法》的第53条和第54条。第53条规定："监事会、不设监事会的公司的监事行使下列职权：（一）检查公司财务；（二）对董事、高级管理人员执行公司职务的行为进行监督，对违反法律、行政法规、公司章程或者股东会决议的董事、高级管理人员提出罢免的建议；（三）当董事、高级管理人员的行为损害公司的利益时，要求董事、高级管理人员予以纠正；（四）提议召开临时股东会会

---

① 周友苏：《新公司法论》，法律出版社2006年版，第346页。
② 范健、王建文：《公司法》，法律出版社2014年版，第408页。

议，在董事会不履行本法规定的召集和主持股东会会议职责时召集和主持股东会会议；（五）向股东会会议提出议案；（六）依照本法第一百五十二条的规定，对董事、高级管理人员提起诉讼；（七）公司章程规定的其他职权。"第54条规定："监事可以列席董事会议，并对董事会决议事项提出质询或者建议。监事会、不设监事会的公司的监事发现公司经营情况异常，可以进行调查；必要时，可以聘请会计师事务所等协助其工作，费用由公司承担。"

从监事会的设置和职权上可以看出，在公司法设计的公司结构中，监事会扮演着监督者的角色，董事会的职权较大，大股东很容易为了满足自身利益导致权力的滥用，为了避免权利的异化，因此有必要设置相应的机构进行权力的制衡。监事会在公司的整个运营过程中发挥着此种作用。

经理，又称为经理人，在我国公司实践中常常称为总经理，或者总裁，是指由董事会聘任、负责组织日常经营管理活动的公司常设辅助业务执行机关。就经理的法律地位而言，一般来说，经理并不具有独立的法律地位。在各国的公司法中，经理职位一般是非法定必设机关，而是由董事会根据公司的经营管理和业务需要的具体情况设立。经理也通常不被看作公司机关，即便是法定机关，也被定位为董事会的辅助执行机关，公司经理只是董事会下属的辅助董事长和董事会进行管理的机关，它本身不是独立的组织机关，也不是独立的业务执行机关。我国《公司法》第49条规定："有限责任公司可以设经理，由董事会决定聘任或者解聘。"第113条规定："股份有限公司设经理，由董事会决定聘任或者解聘。本法第四十九条关于有限责任公司经理职权的规定，适用于股份有限公司经理。"这两个法条的差别只体现在有限责任公司可以设经理，是任意设置，而股份有限公司设经理，关于经理的聘任和职权上并无二致。

公司法规定的经理的职权有：（1）主持公司的生产经营管理工作，组织实施董事会决议；（2）组织实施公司年度经营计划和投资方案；（3）拟定公司内部管理机构设置方案；（4）拟定公司的基本管理制度；（5）制定公司的具体规章；（6）提请聘任或者公司副经理、财务负责人；（7）决定聘任或者解聘除应由董事会决定聘任或者解聘以外的负责管理人员；（8）董事会授予的其他职权。以及章程对经理职权另有规定的，从其规定。经理列席董事会会议。这些职权的核心其实都是围绕着公司日常具体事务的经营管理，虽然公司法规定了董事会是公司的执行机关，但是这些日常经营事务不可能都由董事会依照少数服从多数的委员会制方式来执行，必须由具体的自然人来执行，这也体现了公司经营决策权与业务执行的分离，同时公司经理制度是现代公司企业所有权与经营权分离的产物，在现代公司制度中扮演着十分重要的角色。

在公司的机构设置中，股东大会或股东会是公司的最高权力机关，具有最高的决策权。董事会或执行董事、监事会或监事、经理均直接或间接隶属于股东大会或股东会，服从和执行股东大会和股东会的决议；董事会或执行董事是公司的执行机关，经理是具体事务的具体执行人；监事会或监事监督董事和其他高级管理人员，并对公司股东大会或股东会负责，我国的公司就在此种机构设计模式下展开一切公司活动和行为。

2. 公司决议瑕疵

股东大会或股东会是公司的最高权力机构，因此股东大会或股东会作出的决议在公司内部具有最高的效力，是公司开展进行一切行为的指导和规范。由于股东大会或股东会不可能经常召开，因此，现实中股东会决议多是一些原则性的、从宏观上对公司发展制定的总体部署，针对性不强，不解决公司经营运行中的具体问题。此时就应该发挥董事会的作用，可以召开董事会，根据股东会的决议，制定公司经营发展过程的具体措施，形成董事会决议，交由董事会执行。法律规定的应然状态确是如此，但是现实总是差强人意，在股东会决议和董事会决议形成的过程中，总会存在一些问题，实践中最常见的就是股东会决议瑕疵或董事会决议瑕疵问题，以及由此导致的股东提起股东会决议之诉或董事会决议之诉等问题。

股东会决议、董事会决议瑕疵是指，股东大会或股东会、董事会通过的决议内容或通过决议的程序违反了法律、行政法规和公司章程的规定，亦称决议违法。根据这一概念从法理上推断，股东会决议、董事会决议瑕疵主要是由于通过的内容或者通过决议的程序违反了法律、行政法规和公司章程这两种情形，与我国公司法规定相符。《公司法》第22条规定："公司股东会或股东大会、董事会的决议内容违反法律、行政法规的无效。股东会或者股东大会、董事会的会议召集程序、表决方式违反法律、行政法规或者公司章程，或者决议内容违反公司章程的，股东可以自决议作出之日起六十日内，请求人民法院撤销。股东依照前款规定提起诉讼的，人民法院可以应公司的请求，要求股东提供相应担保。公司股东会或者股东大会、董事会决议已办理变更登记的，人民法院宣告该决议无效或者撤销该决议后，公司应当向公司登记机关申请撤销变更登记。"这条法律规定，不仅规定了股东大会、董事会决议产生瑕疵的两类根源，而且还为股东寻求利益保护设计了诉讼上的保障，为我国司法实践中出现此种问题提供了清晰的判断标准和具体的法律依据，但想要在现实中准确地适用法律、正确地解决问题，有必要对股东大会决议、董事会决议瑕疵问题的来龙去脉有个清晰的把握。我们可以主要从股东大会、董事会决议瑕疵的根源、类型和瑕疵决议撤销之诉的性质、法理依据、提起诉讼的主体、撤销瑕疵决议的效力，以及防止滥用瑕疵决议撤销诉讼等方面着手。

在公司的运营过程中，作为公司的最高权力机构和公司具体执行机构，股东大会和董事会，机构的意思形成过程和自然人有着明显的差别，机构本身不具有人的器官和机能，不能像自然人一样自由随意地形成和表达自己的内心意思，机构的意思形成要遵循一定的规则和标准，且这个规则和标准首先要征得机构内成员的同意。作为全体股东组成的股东大会，是最高的意思决定机构，其作出的决议应该反映全体股东的意志和利益，从理论和经验上，最理想的方法是股东会决议的内容应当经过全体股东的一致同意方能形成和生效，即所谓的"一致同意"原则。然而，经验告诉我们这是不可能的。

首先，每个股东对公司利益有着不同的预期，因此他们对股东大会或董事会决议有不同的偏好和选择，要使股东在所有的问题上达成一致意见，其导致的直接结果就是股东大会或董事会的期限被不断延长，也不一定能达到理想的结果，在机遇稍纵即逝的现代商业社会，从经济的角度出发，这显然是一种不可取的做法。

其次，从另一方面看，一致性规则导致了一个否决票的有效持股价值为100%，而剩余的 99 个赞成票的有效持股价值相当于零。① 这还会导致只要任何一个股东觉得对自己不利就可以行使否决权使决议搁浅，这种普遍否决权极易引发道德危险。总之，这种方式对于团体的意思形成来说是不可取的。约翰·亚当斯认为"由于全体一致性是不可能的，并且共同的意见总是意味着多数人的赞同，因此不言而喻，少数人受到多数人的支配"这就是团体行为的逻辑。因此，作为一种依赖于程序的团体行为，股东大会和董事会决议的形成规则也应该符合团体行为的基本逻辑，采用多数决原则。现实中采用的是在"多数决"原则的变通下的"资本多数决"原则。"资本多数决"原则体现了以资本为表决权基础的公司法制要求，更能体现公司的资合性特点；同时股东拥有的股份越多与公司的利益联系就越大，从而对公司经营状况的关注度也就越高，也就往往更竭力促进股东大会决议的达成以促进公司的发展，这也符合"风险与控制相对应、出资与收益相一致"的一般原则。

虽然"资本多数决"原则在一定程度上克服和避免了"一致性原则"带来的问题，但是"资本多数决"原则作为一种制度安排，要想真正发挥到预期的作用，前提的期待是多数派股东为了全体股东和公司的利益诚实地行使表决权，公正地做出决议。通常来说，无论是大股东还是小股东还是公司，三者

---

① 　钱玉林：《资本多数决与瑕疵股东大会决议的效力——从计算法则的角度考察》，载《中国法学》2004 年第 6 期。

之间的利益应该是一致的，现实情况是，作为利益的追逐者，处于支配地位的大股东极易从小股东身上寻求额外的利益，有时甚至不惜越过法律的界限。此时对于小股东来说是相当不利和不公平的，股东大会或董事会做出的决议就是有瑕疵的，作为利益受损一方的小股东当事人就可以提起撤销公司决议之诉以寻求救济。许多国家的公司法，为了尽可能地维护股东大会或董事会决议的合理性，切实保护股东尤其是中小股东的合法权益，都对股东大会或董事会决议瑕疵做出了相应的规定，从各国的普遍规定来看，股东大会或董事会决议瑕疵存在于以下两种情形中，这两种情形也是当事人提起公司决议诉讼的法定事由。

股东大会或董事会决议违反法律、行政法规或者公司章程。法律、行政法规属于强行法规定，根据一般民法理论以及我国《民法通则》第 58 条，违反法律或者社会公共利益的为无效民事行为。无效的民事行为，从行为开始起就没有法律约束力。所以当公司股东大会或董事会决议违反法律、行政法规时，其做出的决议当然自始地无效。

公司章程是指公司必备的由公司股东或发起人共同制定并对公司、股东、公司经营管理人员具有约束力的调整内部关系和经营行为的自治规则，它是以书面形式固定下来的反映全体股东共同意思表示的基本法律文件。① 公司章程对于公司至关重要，既是公司得以成立的基础，又是公司组织与活动最基本与最重要的准则。因此公司章程在制定的时候应当既反映法律的要求，也要体现股东的共同意愿。公司一旦成立，章程一旦订立，章程对于公司的作用有如宪法对于国家的作用，公司的各个股东、各个机构以及各个成员都应当遵守，股东大会或董事会的决议不能与其相冲突。我国《公司法》第 22 条第 2 款规定："股东大会或者股东会、董事会的会议召集程序、表决方式违反法律、行政法规或者公司章程，或者决议内容违反公司章程的，股东可以自决议作出之日起六十日内，请求人民法院撤销。"从这条法律规定可以看出，我国公司法把违反公司章程的决议视为可撤销的民事法律行为，可以通过当事人的诉讼向法院请求撤销。

股东大会或股东会、董事会的会议召集程序、表决方式违反法律、行政法规或者公司章程。这在理论上称为程序瑕疵或者形式上的瑕疵，具体指股东大会或股东会、董事会决议违反法律法规或者公司章程的情形。尽管学术界对于程序价值的问题众说纷纭，意见不一，尚未形成统一的定论，但是从程序的内在价值和外在价值方面综合考虑，程序本身是一种确保法律准确适用的措施和

---

① 　范健、王建文：《公司法》，法律出版社 2014 年版，第 195 页。

手段，正当的程序是权利平等的前提和权利实现的手段，同时也是实质正义的重要保障。①

在股东大会或股东会、董事会决议形成的过程中，程序正义最首先主要体现在确保股东平等参与公司决策，这样才能保障股东，尤其是中小股东有机会平等地参与股东大会、发表自己的意见。如果连最基本的程序都不能保证，中小股东在公司不仅毫无话语权，连最起码的表述的机会也丧失殆尽的时候，长远来看，对公司的发展也将产生不利的影响。程序正义对于实体正义的实现当然具有重要意义，但是程序毕竟不等于实体，对程序的违反并不必然导致对实体权利的侵害。在股东大会或股东会、董事会决议形成的过程中，未能参加行使权利的股东并不必然地反对股东大会或股东会、董事会的决议，即使这些决议损害到了他们的利益。因此，我国公司法并未将程序违反法律、行政法规或者公司章程列为决议无效的事由，而是当作一个可撤销的民事法律行为，赋予了股东请求法院撤销的权利。

3. 公司决议撤销诉讼

作为公司的中小股东或者其他的利益受损股东在面对出现此种情形时，可以通过法律赋予的起诉权进行权利救济，根据提起公司决议诉讼的两种不同法定事由和民事诉讼法的一般理论划分，我国民事诉讼法以当事人诉讼请求的目的和内容的不同，可以把诉分为确认之诉、给付之诉和变更之诉三种。②

确认之诉是指原告请求法院确认他与被告之间存在或不存在某种法律关系的诉讼。确认之诉的目的在于消除当事人有关某种法律关系存在或不存在的争议，因此，确认之诉可以划分为肯定的确认之诉与否定的确认之诉，前者是指当事人请求确认某种法律关系存在的诉讼；后者是指当事人请求确认某种法律关系不存在的诉讼。给付之诉是指原告请求法院判令被告履行一定义务的诉讼。给付之诉的特点是当事人不仅要求人民法院确认当事人之间存在一定的民事法律关系，而且要求法院判令被告履行一定的义务，在实践中最常见的是请求给付货款、赔偿金、租金，等等。变更之诉又称形成之诉，是指原告要求变更或消灭其与被告之间一定的法律关系的诉讼，当事人双方对现存的法律关系没有争议，但对是否要变更这一法律关系有争议，理论界对于变更之诉是否为一种独立的诉讼，一直存在争议，一种观点认为，变更之诉可以按其诉的内容分别划分到给付之诉和确认之诉中去，要求被告履行一定义务的，就列入给付之诉，未要求被告履行一定义务的，就列入确认之诉。根据诉讼实践和诉讼法

---

① 刘艳艳：《股东大会决议撤销制度研究》，吉林大学 2008 年硕士学位论文。

② 刘家兴、潘剑锋：《民事诉讼法学教程》，北京大学出版社 2013 年版，第 21 页。

律基本原理，变更之诉应当属于一种独立的诉的种类。① 在变更之诉的认定过程中，如果没有人民法院对新的法律事实确认，就不会发生双方当事人法律关系的变更，这一点足以表明变更之诉与确认之诉、给付之诉的不同之处，因此变更之诉是一种独立之诉。就我国《公司法》第 22 条规定的股东提起的诉讼，分别是无效之诉和撤销之诉，按照现行民事诉讼法的理论划分可以归类于确认之诉和变更之诉。把决议撤销之诉定位于变更之诉，这在德、日、韩和我国台湾地区都是没有异议的，我国法律亦做此解。

把诉讼作为对瑕疵决议的基本救济手段，体现了公司法对中小股东利益的特别保护，不仅符合朴素的公平正义理念，也是现代法治的必然要求，其法理依据主要表现在以下几个方面：

（1）诚实信用原则。诚实信用原则是我国民法的基本原则之一，要求在民事活动中应当遵循自愿、公平、等价有偿、诚实信用。诚实信用不仅是社会主义的道德要求，也是现代市场经济体制下的法治要求。一切民事行为都要遵守诚实信用的原则，对违反诚实信用原则做出的民事法律行为，利益受损害的一方当事人可以寻求法律的救济，以维护自身的合法权益。

（2）利益衡平和司法适度干预原则。公平和正义是人类永恒的价值追求，人们为了实现公平和正义，经过无数经验的累积，直到文明社会，才最终普遍地将纠纷诉诸法律，定分止争是司法的重要功能。从司法的发展过程来看，司法产生于权力制约的需要，通过司法权与立法权、行政权的分立，将不同权力限定在合理的范围内，限制行政权力的滥用。随着社会的发展，私权的不当行使不但会侵害他人权利，严重的还会损害国家利益，因此对私权力进行一定的限制和制约也是很必要的。公司治理本身属于意思自治的私法范畴，但其内部同样存在着权力的划分与权力的制约，当公司参与者一方的力量过于强大，将公司的各项权力集于一身时，出现公司运行中的弱势参与者，导致的必然结果就是处于优势的一方定然会利用其优势地位最大化地谋求自身利益，损害处于弱势一方的利益。② 此时，司法作为一种外部力量，通过介入公司的内部治理，强化公司的内部制衡是十分必要的。

（3）促使公司履行社会责任。这一点与上述的利益衡平和司法适度干预原则相关联，公司治理的功能是保障公司参与者的利益平衡，这是公司长期生存发展下去的前提，在现代社会中，公司作为市场的主要参加者，对经济的正

---

① 刘家兴、潘剑锋：《民事诉讼法学教程》，北京大学出版社 2013 年版，第 22 页。

② 杨勤法：《公司治理的司法介入——以司法介入的限度和程序设计为中心》，北京大学出版社 2008 年版，第 43～44 页。

常运行、社会的发展起着举足轻重的作用，并且企业也担负着自身的社会责任。因此，通过司法的适度干预促使和逼迫着公司在运营过程中更加注重利益衡平，履行公司应担的社会责任，树立企业良好形象，最终有利于公司的长远可持续发展。

诉讼主体资格，是提起请求撤销决议之诉首先要面对的问题，到底谁是适格的诉讼主体，不仅关系到谁能成为诉讼的当事人参与到诉讼活动当中，而且还意味着法律在权利保护上的价值判断。根据我国《公司法》第22条的规定，我国股东大会或股东会、董事会决议撤销之诉的权利人仅限于股东，但是对作为撤销权人的股东资格应否有所限制，我国公司法并没有规定。较之世界其他国家和地区，如德国、韩国的公司法规定股东大会决议撤销权人包括股东、董事和监事；我国台湾地区"公司法"将决议撤销权人限定为股东，并对股东的诉讼主体资格作出了限制。相较于这些公司法比较完善的发达国家和地区，我国公司法在这一问题上的规定略显简陋，因此有必要对这一问题在不局限于现行法律规定之下做出一个详细的梳理。

公司股东作为提起撤销决议之诉的原告在法律规定上是没有争议的。公司股东与公司决议有着最直接最紧密的利害关系，股东是公司的所有者，股东利益与公司利益休戚与共，公司决议一旦形成即对全体股东产生拘束力，成为股东的行为规范之一。因此股东作为撤销权提起诉讼的主体，对存在瑕疵的股东大会决议进行救济有正当的合理性基础，符合民事诉讼法的规定。但是现实中，股东的诉讼主体资格在时间上如何确定，某些特殊股东如未出席股东大会决议的股东、无表决权的股东、赞成的股东等能否成为撤销权诉讼主体尚还需要讨论。

董事作为公司常设业务执行机关的成员，对公司负有忠实和勤勉的义务，当其发现股东会决议或董事会决议可能存在危害公司利益和发展的瑕疵时，有义务通过适当的途径，对公司决议的瑕疵进行纠正，以维护公司的长远发展利益。且公司的股东会决议或者董事会决议一旦形成和作出，对董事也会产生约束力，因此，从这个角度出发，公司股东会或董事会的决议与董事的切身利益不仅密切相连，且对股东会或董事会决议瑕疵进行纠正也是公司法规定下的责任要求。在实践中，董事作为公司内部的专业经营管理人员，掌握大量信息，更易于和便于发现股东会或董事会决议瑕疵。因此也应当赋予董事作为瑕疵决议撤销之诉的诉讼主体资格。

监事是公司的监督者，是以对公司业务检查为主要职务的股份公司必要的常设机关。① 对公司在经营管理过程中出现的违法违规情形及时地进行纠正，发挥监督、督促的作用，公司的股东大会或股东会、董事会的决议最能体现公司的经营方向、经营策略以及其他的公司运营中存在的问题，因此，监事作为股东大会或股东会、董事会决议撤销之诉的诉讼主体一样具有正当性和合理性。

根据民事诉讼中的一般原则，原告在起诉时必须有明确的被告，因此，在确定提起股东大会或股东会、董事会决议撤销之诉原告之后，必须明确原告起诉的对象，即被告的主体资格。我国《公司法》第22条有关股东提起撤销股东大会或股东会、董事会决议的规定，并没有明确规定股东起诉的对象，但根据法理分析可知，股东大会或股东会是公司的最高权力机关，其作出的决议是公司的最高意思表示；董事会是公司业务的具体执行机构，对外代表公司，其作出的决议是反映公司意思的真实表现，因此，他们作出的决议对公司有着根本的利益关联，公司对股东提起的撤销股东大会或股东会、董事会决议诉讼具有民事诉讼法上的诉讼利益，当今世界各国也毫无例外地明示或默示地规定公司是股东提起撤销公司决议诉讼的被告，而非作出决议的公司的股东、董事、高管等。如《德国股份法》第246条第2项明文规定："起诉必须针对公司。公司由董事会和监事会来代表。如果是董事会起诉，或者是一名董事会成员起诉，公司则由监事会代表；如果是一名监事会成员起诉，则由董事会作为代表。"这一规定从根本上限定了公司作为股东提起公司决议撤销诉讼的被告主体资格，只是起诉时实际参与诉讼活动的诉讼代表不同而已，我国公司法实践中，也存在类似问题，公司作为一个法人团体，具有法律上的行为能力和权利能力，但其毕竟只是一个抽象的概念，不可能像自然人一样实际参与到具体的民事活动或民事诉讼活动中，必须有其代表机构，代为表示其意思表示，代表机构作出的意思表示所引起的法律后果由公司来承担，这符合法律的基本理论，也能很好地解决实践中具体的操作问题。

在民事诉讼中，原告、被告确定之后，并经过必要的审理程序以后，最终会形成一个判决，判决一旦作出并生效，会引起一些法律关系的发生、变更或消灭，由此会涉及判决所产生的效力问题，即既判力和溯及力。根据民事诉讼法的一般理论而言，既判力对当事人、法院和法官、第三人均具有一定的效力。这是因为虽然既判力原则上只在对立的当事人之间产生，但是由于第三人在特定条件下与本案诉讼标的会产生各种各样的法律关系，判决的形成对第三

---

① ［韩］李哲松：《韩国公司法》，吴日焕译，中国政法大学出版社2000年版，第528页。

人的权利义务也会产生相应的影响，因此需要既判力来加以调整，在股东提起公司决议瑕疵的诉讼中，法院作出的撤销决议判决，不仅仅对提起诉讼的股东和公司发生效力，也对公司的其他股东以及依赖公司决议与公司发生法律关系的第三人产生一定的效力。这个效力首先指向未来是毫无疑问的，但是撤销判决能否像一般性撤销效力溯及法律行为成立时呢？这是关于撤销决议的溯及力问题，德国、日本等国公司法上在认可撤销判决的对世效力的同时，亦不限制其溯及效力，只要有了撤销判决，过去以决议有效为前提进行的所有行为，则溯及而失去效力。① 具体在股东提起公司决议撤销诉讼中，公司、股东或者第三人基于对股东决议的信赖而与公司产生的一些有效力的法律行为因溯及而失去效力。但是目前我国现行法并没有对此进行相关规定，理论界研究也不甚多，德、日等国公司法比较成熟的相关成果值得借鉴学习。

股东对股东大会或股东会、董事会决议的撤销诉讼制度是为维护股东的利益所设，它赋予了股东在利益受到损害时寻求司法救济的权利，但是权利的行使肯定有一定的范围，越过界限的权利滥用，不仅违背了创设权利的初衷，还会造成一连串的累诉，造成资源的浪费，法律关系的不稳定。就股东大会或股东会、董事会的决议而言，其决议肯定是在投入了大量的时间、精力、财力的基础之上的结果，从一定程度上也是资本民主的结果，而且决议一旦形成并付诸实施，还会引起相应的法律关系的产生、变更或消灭。如果股东滥用法律赋予的对瑕疵决议的撤销权，将会造成公司资源的极大浪费和昂贵的损失；其次，随意的撤销将会对信赖该决议的善意第三人的利益造成损害，危害交易安全，破坏法律秩序的稳定。因此，为防止股东对公司决议瑕疵撤销权的滥用所导致的不利后果，各国公司法也进行了相应的行为规制。

我国《公司法》第 22 条第 3 款规定："股东依照前款规定提起诉讼的，人民法院可以应公司的请求，要求股东提供相应的担保。"这一规定引入了股东在提起公司决议撤销诉讼时的诉讼担保制度，但对该制度的具体运行的条件、程序、担保数额等问题未作详细规定。

韩国的公司法对其有较详细的规定，《韩国商法典》第 377 条、第 388 条规定，股东提起取消等诉时，公司可以通过讲明股东有恶意，请求股东提供担保，法院可以据此命令股东提供相当的担保，以抑制股东的滥诉；但是股东为董事、监事时，没有提供担保的义务。依据这一规定，如果提起诉讼的股东是公司的董事、监事则免除担保的义务；并且公司提出诉讼担保请求应以股东的恶意诉讼为前提。我国对此均未涉及。

---

① 谢文哲：《股东会决议撤销之诉研究》，载《金陵法律评论》2007 年第 1 期。

在防止股东滥用撤销权诉讼的制度规定上，除了诉讼担保外，另一有效制度是裁量驳回制度。裁量驳回制度滥觞于日本，1938 年《日本商法典》规定："撤销股东大会决议之诉，法院可以斟酌决议的内容、公司现状及其他一切情事，认为撤销不适当时，可以驳回起诉。"① 《韩国商法典》第 379 条规定："在已提起决议撤销之诉的情形下，法院参照其决议的内容、公司的现状及各项情况，认定其撤销不当时，可以驳回其请求。"日韩公司法的这一规定的立足点是，当股东大会或股东会、董事会召集程序、表决方式违反法律、行政法规或者公司章程，但对公司决议的形成明显没有任何影响时，是否还有必要启动决议撤销的诉讼程序。

我国《公司法》并没有引入裁量驳回制度，目前学术界对这一问题主要存在两种不同的观点：一种观点认为，我国应该借鉴裁量驳回制度，但是法院在裁量驳回股东决议撤销诉讼时，必须同时满足两个条件，一是仅召集程序或决议方法违反了法律、行政法规或公司章程，二是此种瑕疵显著轻微，并且并未违反决议内容，何为"瑕疵显著轻微"应采取举证责任倒置，由被告承担举证责任。② 而另一种观点认为，虽然裁量驳回制度的引入能减少因撤销决议而产生的解决争议的成本，但是如果机械地认定决议的瑕疵对决议不产生影响而否定撤销权时，也必然有失公允。③ 到底这两种观点孰是孰非，或者哪一个更能适合中国的法制土壤，目前在没有法律明确规定的情形下，都一概不知，因此在裁量驳回制度的问题上，我们应该采取慎重的态度。以后随着公司法的不断发展和完善，可以逐步通过修改法律或出台司法解释等方式为裁量驳回制度确立法律依据，允许法官根据具体的案件事实和法律规定，在自由裁量的范围内行使法律赋予的权力。

我国《公司法》第 22 条第 2 款规定："股东大会或股东会、董事会的会议召集程序、表决方式违反了法律、行政法规或者公司章程，或者决议内容违反公司章程的，股东可以自决议作出之日起六十日内向人民法院起诉。"这款内容是关于股东提起公司决议撤销诉讼的诉讼期间的规定。这一诉讼期间在民法理论上属于除斥期间。

所谓除斥期间"即形成权在该期间内不行使即告消灭的制度。该期间的特征是：它是绝对的，不因任何原因而发生中断、中止和延长。例如，撤销权

---

① 周有苏：《新公司法论》，法律出版社 2006 年版，第 241 页。
② 刘俊海：《股份有限公司股东权的保护》，法律出版社 2004 年版，第 308 页。
③ 钱玉林：《论可撤销的股东大会决议》，载《法学》2006 年第 11 期。

的期间为一年，自知道或者应当知道权利被侵害之日起计算。"① 该制度的目的在于通过其完成，尽快确定形成权行使的不定状态，稳定法律关系。最高人民法院《关于贯彻执行〈中华人民共和国民法通则〉若干问题的意见》第 73 条第 2 款规定："可变更或者可撤销的民事行为，自行为成立时起超过一年当事人请求变更或者撤销的，人民法院不予保护。"这是法律关于除斥期间的一般法律规定，《公司法》第 22 条第 2 款是法律的特殊条款规定，这两个法条之间是一般与特殊的关系，根据法理"特殊优先于一般"的原则，股东在提起公司决议撤销诉讼的除斥期间适用公司法的特殊规定。关于除斥期间的起算问题公司法并未做明确的规定，此时特殊法没有明确规定的情形下，应当适用民法的相关规定，即自行为成立时起超过一年当事人请求变更或者撤销的，人民法院不予保护。

我国现行公司法对公司决议瑕疵诉讼制度各方面的规定较以往有了质的进步，它立足于股东利益平衡、股份平等以及保障公司稳定长期运营的角度，针对实践中频发的多数股东或大股东滥用其优势地位和股东特权为最大化地谋取自身利益，侵犯中小股东利益，进而损害公司利益的事实，在意思自治的领域内，引入司法的介入，确立的一种司法救济制度，是一种先进的立法理念。首先，有利于维护中小股东的合法权益。其次，有利于督促公司自身的发展完善，减轻公司诉累，提高公司运营效率。但就这一制度本身是一个内容非常丰富的法律命题，包含着多种法律关系和法律理论，就我国公司法的目前规定和国外其他发达国家相比，还略显简陋，只是从宏观上构建起了一个法律框架，在这一框架之下，还有很多具体的制度设计有待填充，只有这样才能更好地发挥其本质作用和达到其希冀的目标。

（二）司法审查范围

司法审查是一个宪法学和行政法学上的概念，宪法意义上的司法审查，包括由普通司法机关对立法权行使的合宪性审查和对行政权行使的合宪性审查。行政法意义上的司法审查，是指普通司法机关对行政权行使的合法性审查，包括对抽象行政行为的合法性审查和对具体行政行为的合法性审查，一般意义上的司法审查仅就宪法意义上而论。②

司法审查制度发源于美国，在美国司法审查是普通法院通过司法程序对立法的合宪性进行审查的一种制度。众所周知，美国是三权分立制度的典型国

---

① 李永军：《民法总论》，法律出版社 2006 年版，第 132 页。

② 胡锦光：《论中国司法审查的空间》，载《河南社会科学》2006 年第 5 期。

家，因此，司法审查是对立法权和行政权的一个限制，现在这一制度经过不断的发展和演进，已成为美国法治的一个显著特色。

司法审查制度在美国的发展经历了三个不同时期：从美国独立到《联邦党人文集》第78篇；从《联邦党人文集》第78篇到马伯里案；从马伯里案到马歇尔法官任期的结束。① 第一个时期，虽然人们经常主张司法机构对违宪行为有审查权，但其正当性却常常遭到质疑。因为那时认为宪法或基本法，乃是不同于普通法的某种政治工具。作为对主权而不是对个人行为的限制，基本法不隶属于司法权的适用及解释。在第二个时期，首先，此时的司法审查并不像马伯里案所建议的那样来源于成文宪法本身，而是来源于在北美各州真实而明确存在的各种社会契约或基本法；其次，第二时期的司法审查仍坚持第一时期的看法，即宪法的司法实施是一个特殊的政治行动，是对革命的司法代替，而且基本法明确规定了政府各部门之间的平衡。② 第三时期开始于马歇尔就任大法官职务，主要内容是他对第二时期法院地位的改造。在这一过程中，宪法的司法实施失去了它对明确基本法进行革命性捍卫的特征，而沦为对最高成文法律所做的司法适用及解释。同时作为第二时期司法审查构成部分的政治约束丧失了其可适性。这就改变了司法审查的特征，并扩大了司法控制立法的范围，从而引入了第二时期司法审查所缺乏的司法至上性。③

经过这三个时期的发展演进之后，现代的司法审查已明确形成其内在的独特含义，司法审查之"司法"是指普通的行使司法权的司法机关，而不包括特设的类似于司法机关进行活动的专门机关；司法审查之"审查"仅指对公权力的审查，而不包括对公权力以外的私权利的审查。具体而言，司法审查包括对立法权行使的审查和对行政权行使的审查。对立法权的司法审查，就是对立法权行使的合宪性进行的审查；对行政权的司法审查，是对行政权行使的合宪性和合法性以及具体行政行为的合法性进行的审查。

但是各国对司法审查的概念理解略有不同，如在美国，司法审查是法院审查国会制定的法律审查是否符合宪法，以及行政机关的行为是否符合宪法和法律。因此其宪法意义的司法审查就是违宪审查，违宪审查属于司法审查的范

---

① ［美］西尔维亚·斯诺维斯：《司法审查与宪法》，谌洪果译，北京大学出版社2005年版，第1页。

② ［美］西尔维亚·斯诺维斯：《司法审查与宪法》，谌洪果译，北京大学出版社2005年版，第2～3页。

③ ［美］西尔维亚·斯诺维斯：《司法审查与宪法》，谌洪果译，北京大学出版社2005年版，第4页。

围，在美国的宪法学和政治学著作中也经常将两者混同使用。但就我国而言，根据我国学者对司法审查的一般定义，司法审查是指，法院应行政相对人的申请，审查行政行为的合法性，并作出相应裁决的活动。① 根据这一定义很显然我国的司法审查不包括违宪性审查，因为我国的法院并没有违宪审查权，违宪审查是通过其他的途径，依据我国《宪法》第 5 条第 2 款："一切法律、行政法规和地方性法规都不得同宪法相抵触。"以及第 67 条"全国人民代表大会常务委员会行使下列职权：……（七）撤销国务院制定的同宪法、法律相抵触的行政法规、决定和命令"的规定，对立法行为的合宪性审查权主要由全国人大常委会行使。因此，我国的人民法院对立法行为的合宪性并不具有审查权。人民法院在审理案件的过程中，如果认为立法行为违反宪法，应当向全国人大常委会提出审查建议或者意见。

根据我国学者对司法审查的定义，我国的司法审查范围几乎等同于行政诉讼的受案范围，因此有人认为司法审查与行政诉讼在我国通常被视为同一制度，但就严格意义来说，司法审查和行政诉讼还是有所区别的。我国现行法律对司法审查的范围主要规定如下：《行政诉讼法》第 2 条规定："公民、法人或者其他组织认为行政机关和行政机关工作人员的具体行政行为侵犯其合法权益，有权依照本法向人民法院提起诉讼。"以及第 5 条规定："人民法院审理行政案件，对具体行政行为是否合法进行审查。"同时最高人民法院《关于执行〈中华人民共和国行政诉讼法〉若干问题的解释》第 1 条规定："公民、法人或者其他组织对具有国家行政职权的机关和组织及其工作人员的行政行为不服，依法提起诉讼的，属于人民法院行政诉讼的受案范围。"这三个法条是对司法审查范围的原则概括性规定，使司法审查有法律依据。

行政诉讼的受案范围规定在《行政诉讼法》第 11 条："人民法院受理公民、法人和其他组织对下列具体行政行为不服提起的诉讼：（一）对拘留、罚款、吊销许可证和执照、责令停产停业、没收财物等行政处罚不服的；（二）对限制人身自由或者对财产的查封、扣押、冻结等行政强制措施不服的；（三）认为行政机关侵犯法律规定的经营自主权的；（四）认为符合法定条件申请行政机关颁发许可证和执照，行政机关拒绝履行或者不予答复的；（五）申请行政机关履行保护人身权、财产权的法定职责，行政机关拒绝履行或者不予答复的；（六）认为行政机关没有依法发给抚恤金的；（七）认为行政机关违法要求履行义务的；（八）认为行政机关侵犯其他人身权、财产权的。除前款规定外，人民法院受理法律、法规规定可以提起诉讼的其他行政案

---

① 姜明安：《外国行政法教程》，法律出版社 1993 年版，第 282 页。

件。"这一规定是对司法审查范围原则抽象性规定的具体细化，大致划归为九大类，使得司法实践有章可循。

但是，对于行政机关的一些其他行为，法条又通过列举的方式规定了排除适用司法审查。《行政诉讼法》第 12 条规定："人民法院不受理公民、法人或者其他组织对下列事项提起的诉讼：（一）国防、外交等国家行为；（二）行政法规、规章或者行政机关制定、发布的具有普遍约束力的决定、命令；（三）行政机关对行政机关工作人员的奖惩、任免等决定；（四）法律规定由行政机关最终裁决的具体行政行为。"最高人民法院《关于执行〈中华人民共和国行政诉讼法〉若干问题的解释》第 1 条第 2 款对《行政诉讼法》第 12 条进一步作了明确规定："公民、法人或者其他组织对下列行为不服提起诉讼的，不属于人民法院行政诉讼的受案范围：（一）行政诉讼法第十二条规定的行为；（二）公安、国家安全等机关依照刑事诉讼法的明确授权实施的行为；（三）调解行为以及法律规定的仲裁行为；（四）不具有强制力的行政指导行为；（五）驳回当事人对行政行为提起申诉的重复处理行为；（六）对公民、法人或者其他组织权利义务不产生实际影响的行为。"对这些行为，我国法律明确规定排除适用司法审查。

从以上规定可以看出，在我国的法律规定中，司法审查适用的范围相对于英美国家来说还是略显狭隘，在英美国家中法院进行司法审查的范围是相当广泛的，往往并不局限于法律明文规定。① 而我国人民法院不仅在受理案件范围时只能依据法律的明确规定，而且法院行使司法审查权也只能依据法律明确授权，不能随意推定出司法审查的范围。这不仅仅是由两种不同的法律传统所导致，也与法治发展程度有着密不可分的联系。司法审查作为司法机关监督行政权运行的一项法律制度，对约束、规范公权力，保护和救济私权利发挥着重要的作用，是现代法治文明发展的趋势，也是法治国家的追求所在，就目前而言，我国建立的司法审查制度还不能满足建设社会主义法治国家的需求，还有待于在借鉴英美发达国家的经验基础上进一步提高完善。

---

① 赵保庆：《行政行为的司法审查》，中国社会科学院研究生院 2002 年博士学位论文。

案例 7

徐工集团买卖合同纠纷案

一、徐工集团买卖合同纠纷案基本内容

徐工集团工程机械股份有限公司
诉成都川交工贸有限责任公司等买卖合同纠纷案

（最高人民法院审判委员会讨论通过　2013 年 1 月 31 日发布）

关键词： 民事　关联公司　人格混同　连带责任

裁判要点：（1）关联公司的人员、业务、财务等方面交叉或混同，导致各自财产无法区分，丧失独立人格的，构成人格混同。（2）关联公司人格混同，严重损害债权人利益的，关联公司相互之间对外部债务承担连带责任。

相关法条：《中华人民共和国民法通则》第 4 条

《中华人民共和国公司法》第 3 条第 1 款、第 20 条第 3 款

基本案情： 原告徐工集团工程机械股份有限公司（以下简称"徐工机械公司"）诉称，成都川交工贸有限责任公司（以下简称"川交工贸公司"）拖欠其货款未付，而成都川交工程机械有限责任公司（以下简称"川交机械公司"）、四川瑞路建设工程有限公司（以下简称"瑞路公司"）与川交工贸公司人格混同，三个公司实际控制人王永礼以及川交工贸公司股东等人的个人资产与公司资产混同，均应承担连带清偿责任。请求判令：川交工贸公司支付所欠货款 10916405.71 元及利息；川交机械公司、瑞路公司及王永礼等个人对上述债务承担连带清偿责任。

被告川交工贸公司、川交机械公司、瑞路公司辩称： 三个公司虽有关联，但并不混同，川交机械公司、瑞路公司不应对川交工贸公司的债务承担清偿责任。

王永礼等人辩称： 王永礼等人的个人财产与川交工贸公司的财产并不混同，不应为川交工贸公司的债务承担清偿责任。

法院经审理查明：川交机械公司成立于 1999 年，股东为四川省公路桥梁工程总公司二公司、王永礼、倪刚、杨洪刚等。2001 年，股东变更为王永礼、李智、倪刚。2008 年，股东再次变更为王永礼、倪刚。瑞路公司成立于 2004 年，股东为王永礼、李智、倪刚。2007 年，股东变更为王永礼、倪刚。川交工贸公司成立于 2005 年，股东为吴帆、张家蓉、凌欣、过胜利、汤维明、武竞、郭印，何万庆 2007 年入股。2008 年，股东变更为张家蓉（占 90% 股份）、吴帆（占 10% 股份），其中张家蓉系王永礼之妻。在公司人员方面，三个公司经理均为王永礼，财务负责人均为凌欣，出纳会计均为卢鑫，工商手续经办人均为张梦；三个公司的管理人员存在交叉任职的情形，如过胜利兼任川交工贸公司副总经理和川交机械公司销售部经理的职务，且免去过胜利川交工贸公司副总经理职务的决定系由川交机械公司作出；吴帆既是川交工贸公司的法定代表人，又是川交机械公司的综合部行政经理。在公司业务方面，三个公司在工商行政管理部门登记的经营范围均涉及工程机械且部分重合，其中川交工贸公司的经营范围被川交机械公司的经营范围完全覆盖；川交机械公司系徐工机械公司在四川地区（攀枝花除外）的唯一经销商，但三个公司均从事相关业务，且相互之间存在共用统一格式的《销售部业务手册》、《二级经销协议》、结算账户的情形；三个公司在对外宣传中区分不明，2008 年 12 月 4 日重庆市公证处出具的《公证书》记载：通过互联网查询，川交工贸公司、瑞路公司在相关网站上共同招聘员工，所留电话号码、传真号码等联系方式相同；川交工贸公司、瑞路公司的招聘信息，包括大量关于川交机械公司的发展历程、主营业务、企业精神的宣传内容；部分川交工贸公司的招聘信息中，公司简介全部为对瑞路公司的介绍。在公司财务方面，三个公司共用结算账户，凌欣、卢鑫、汤维明、过胜利的银行卡中曾发生高达亿元的往来，资金的来源包括三个公司的款项，对外支付的依据仅为王永礼的签字；在川交工贸公司向其客户开具的收据中，有的加盖其财务专用章，有的则加盖瑞路公司财务专用章；在与徐工机械公司均签订合同、均有业务往来的情况下，三个公司于 2005 年 8 月共同向徐工机械公司出具《说明》，称因川交机械公司业务扩张而注册了另两个公司，要求所有债权债务、销售量均计算在川交工贸公司名下，并表示今后尽量以川交工贸公司名义进行业务往来；2006 年 12 月，川交工贸公司、瑞路公司共同向徐工机械公司出具《申请》，以统一核算为由要求将 2006 年度的业绩、账务均计算至川交工贸公司名下。

另查明，2009 年 5 月 26 日，卢鑫在徐州市公安局经侦支队对其进行询问时陈述：川交工贸公司目前已经垮了，但未注销。又查明徐工机械公司未得到清偿的货款实为 10511710.71 元。

裁判结果：江苏省徐州市中级人民法院于 2011 年 4 月 10 日作出〔2009〕徐民二初字第 0065 号民事判决：

一、川交工贸公司于判决生效后 10 日内向徐工机械公司支付货款 10511710.71 元及逾期付款利息；

二、川交机械公司、瑞路公司对川交工贸公司的上述债务承担连带清偿责任；

三、驳回徐工机械公司对王永礼、吴帆、张家蓉、凌欣、过胜利、汤维明、郭印、何万庆、卢鑫的诉讼请求。

宣判后，川交机械公司、瑞路公司提起上诉，认为一审判决认定三个公司人格混同，属认定事实不清；认定川交机械公司、瑞路公司对川交工贸公司的债务承担连带责任，缺乏法律依据。徐工机械公司答辩请求维持一审判决。江苏省高级人民法院于 2011 年 10 月 19 日作出〔2011〕苏商终字第 0107 号民事判决：驳回上诉，维持原判。

裁判理由：法院生效裁判认为，针对上诉范围，二审争议焦点为川交机械公司、瑞路公司与川交工贸公司是否人格混同，应否对川交工贸公司的债务承担连带清偿责任。

川交工贸公司与川交机械公司、瑞路公司人格混同。一是三个公司人员混同。三个公司的经理、财务负责人、出纳会计、工商手续经办人均相同，其他管理人员亦存在交叉任职的情形，川交工贸公司的人事任免存在由川交机械公司决定的情形。二是三个公司业务混同。三个公司实际经营中均涉及工程机械相关业务，经销过程中存在共用销售手册、经销协议的情形；对外进行宣传时信息混同。三是三个公司财务混同。三个公司使用共同账户，以王永礼的签字作为具体用款依据，对其中的资金及支配无法证明已作区分；三个公司与徐工机械公司之间的债权债务、业绩、账务及返利均计算在川交工贸公司名下。因此，三个公司之间表征人格的因素（人员、业务、财务等）高度混同，导致各自财产无法区分，已丧失独立人格，构成人格混同。

川交机械公司、瑞路公司应当对川交工贸公司的债务承担连带清偿责任。公司人格独立是其作为法人独立承担责任的前提。《公司法》第 3 条第 1 款规定："公司是企业法人，有独立的法人财产，享有法人财产权。公司以其全部财产对公司的债务承担责任。"公司的独立财产是公司独立承担责任的物质保证，公司的独立人格也突出地表现在财产的独立上。当关联公司的财产无法区分，丧失独立人格时，就丧失了独立承担责任的基础。《公司法》第 20 条第 3 款规定："公司股东滥用公司法人独立地位和股东有限责任，逃避债务，严重损害公司债权人利益的，应当对公司债务承担连带责任。"本案中，三个公司虽在工商登记部门登记为彼此独立的企业法人，但实际上相互之间界线模糊、人格混同，其中川交工贸公司承担所有关联公司的债务却无力清偿，又使其他关联公司逃避巨额债务，严重损害了债权人的利益。上述行为违背了法人制度设立的宗旨，违背了诚实信用原则，其行为本质和危害结果与《公司法》第20条第3款规定的情形相当，故参照《公司法》第20条第3款的规定，川交机械公司、瑞路公司对川交工贸公司的债务应当承担连带清偿责任。

二、案例评析

（一）公司法人人格否认

这是一起法院认定关联公司之间构成人格混同导致关联公司丧失作为公司的独立人格地位，股东滥用公司独立人格地位和股东有限责任企图逃避债务，损害债权人利益，进而适用公司法人人格否认制度的典型案件。本案中，原告诉称王永礼所有的三家公司（川交工贸公司、川交机械公司、瑞路公司）之间以及和大股东王永礼之间个人资产与公司资产混同、公司人格混同，因此三家公司以及王永礼本人应当对其所负债务承担连带责任。

一审法院通过审理查明，王永礼作为实际控制人的这三家公司在公司人员、公司业务、公司财务等方面已足以构成公司人格混同。这三家公司在人员构成上存在管理人员交叉任职；公司业务上，三个公司在工商行政管理部门登记的经营范围均涉及工程机械且部分重合，均从事相关业务；公司财务上，三个公司共用结算账户，构成财务混同。因此，一审法院认为三个公司之间表征人格的因素（人员、业务、财务等）高度混同，导致各自财产无法区分，已丧失独立人格，构成人格混同。根据我国《公司法》第20条第3款的规定，公司股东滥用公司法人独立地位和股东有限责任，逃避债务，严重损害公司债权人利益的，应当对公司债务承担连带责任。

《公司法》第3条规定："公司是企业法人，有独立的法人财产，享有法人财产权。公司以其全部财产对公司的债务负责。"这一条规定了公司的独立人格地位和应承担的有限责任。公司的独立人格地位和股东的有限责任是公司法人制度的两大根基。法律通过赋予公司独立的法人身份，并给予股东享有有限责任的权利，鼓励了社会公众积极投资，并充分利用和发挥公司组织形式的优势，实现最大的经济追求。股东在遵守公司法人制度的各项法律规定的前提下，充分利用公司的独立人格和股东有限责任去实现利益的最大化，法律保护股东的这一特权。但任何一项法律制度都必须遵守永恒的公平、正义的价值目标。股东在公司中往往处于优势地位，则不可避免地会出现股东滥用公司法人独立人格及有限责任，损害债权人及社会公共利益之现象。因此，在世界许多国家的公司法中，确保公司独立人格地位和股东有限责任的同时，也对防止股东滥用公司独立人格和股东有限责任作出了法律上的严格规定。

《公司法》第 20 条规定："公司股东应当遵守法律、行政法规和公司章程，依法行使股东权利，不得滥用股东权利损害公司或者其他股东的利益；不得滥用公司法人独立地位和股东有限责任损害公司债权人利益。公司股东滥用股东权利给公司或者其他股东造成损失的，应当依法承担赔偿责任。公司股东滥用公司法人独立地位和股东有限责任，逃避债务，严重损害公司债权人利益的，应当对公司债务承担连带责任。"根据《公司法》第 20 条第 3 款的规定，在特定情形下对公司独立人格和股东有限责任的否认，意味着我国法律明文规定了对公司独立人格和股东有限责任的限制，以及对股东滥用公司独立人格地位损害债权人利益的保护，这在公司法的理论上被称为"公司人格否认制度"或者"刺破公司面纱"。但是，这一原则性规定过于抽象、模糊，缺乏具体的适用标准，因此可操作性不强，最高人民法院也没有出台相关的司法解释，这就使得各级人民法院在适用这一规定审理相关案件时慎之又慎。

这一指导案例的公布，为司法实践中法院如何认定关联公司之间以及股东和公司之间是否构成人格混同提供了一个具体的参考标准。虽然我国不是判例法国家，最高人民法院发布的案例不能上升为法律，案例仅仅起到的是一种参考指导的作用，但是案例的这种指导作用是不容忽视的，案例中要解决的问题往往都是法律、法规没有规定而又有现实紧迫性的问题，通过这些案例的发布，弥补了法律上的空白，达到了通过审判实践弥补法律漏洞的目的和效果。

（二）三家关联公司是否构成人格上的混同

在本案中，争议的最大焦点是，大股东和公司之间以及三家关联公司之间是否构成了人格上的混同，利用公司独立人格地位和股东有限责任以逃避债务，损害债权人的利益。这也是司法实践中类似案件最大的难点。本案中法院认为，首先，三家公司（川交工贸公司、川交机械公司、瑞路公司）的实际控制人均为王永礼，这并不能当然地得出股东与公司以及公司之间的人格混同，在公司实践中，公司之间的互相投资、母子公司、分公司等已经成为公司扩张和成长的必要手段，这就造成公司之间股权关系的交叉，仍属于我国公司法所规定的范围之内。但在这种情形下，如果大股东滥用公司独立人格地位和公司有限责任，极其容易造成股东个人和公司财产的混同，使公司丧失独立人格地位，成为其谋取利益最大化的工具并将损害债权人的利益。

其次，这三家公司在人员、财务和业务方面表现出了高度的混同。人员方面，三家公司人员高度混同，三家公司的经理、财务负责人、出纳会计、工商手续经办人均相同，其他管理人员亦存在交叉任职的情形，川交工贸公司的人事任免亦由川交机械公司决定。财务方面，三家公司使用共同账户，以王永礼的签字作为具体用款依据，对其中的资金及支配无法证明已作区分。这在司法实践中是最主要的区分标准，三家公司共用同一账户就可以直接推导出公司之间已经构成了混同。因为公司的独立人格地位是建立在公司的独立财产之上，公司财产上的不独立将使公司的独立人格丧失存在的物质基础。业务方面，三家公司实际经营中均涉及工程机械相关业务，经销过程中存在共用销售手册、经销协议的情形；对外进行宣传时也信息混同。通过查明的以上事实，法院认为三家公司虽在工商登记部门登记为彼此独立的企业法人，但实际上相互之间界限模糊，人格混同，其中川交工贸公司承担所有关联公司的债务却又无力偿还，使其他关联公司逃避巨额债务，严重损害了债权人利益，其行为本质和危害后果与《公司法》第20条第3款的规定情形相当，应当对公司债务承担连带责任。

通过上述案例的分析可以得出，法院在认定关联公司之间是否构成人格混同时主要以财产混同、人员混同、业务混同为具体标准。这些都是在认定公司人格混同情形时一些比较常见的标准，是对类似案件的一个总结和概括，具有一定的基础性和普适性，最高人民法院这一案例的发布，给司法实践一个很好的指导作用。但是，现实情况是纷繁复杂的，随着社会的快速发展，公司混同的各种各样的新形式肯定会层出不穷，且会更加具有隐蔽性、模糊性，从而难以认定，没有基本的理论指导，只根据这些表象特征并不能从根本上解决问题。最高人民法院的案例指导毕竟不是法律，不能成为判案的直接根据和法理分析的基础，因此，还是呼吁尽快出台相关的法律规定或司法解释，对这一问题进行法律上的规范，再加上典型案例的指导，让法院在司法实践中切实有章可循，提高司法人员的审判效率，维护社会公平。

三、本案例相关知识点剖析

（一）法人

法人是相对于自然人的一个概念，是我国法律规定的民事活动的主体之一。自然人和法人都是法律中的概念，是法律所赋予的人格，因为没有法律的承认和认可，任何生物意义上的人和社会组织都不可能成为法律上的主体。①

---

① 马俊驹：《法人制度的基本理论和立法问题之探讨（上）》，载《法学家》2004年第4期。

法人的产生具有悠久的历史，经过漫长的发展过程，1900 年的《德国民法典》正式确立了法人制度。自法人制度产生以来，关于法人本质的争论就从未停止。大致有以下几种观点：

1. 法人拟制说。该学说源于德国法学家萨维尼，依其主张，若要使超个体的社会团体像自然人一样享有同等的权利能力，则只能借助于客观法所创设的使其与自然人享有同等地位的方法，而这种同等地位并不能取代个人所固有的属性，仅仅是拟制而已。①

2. 目的财产说。该学说认为，倘若超个体的社会团体自身并不能当然地是法律上的人，而只能通过法律制度视其为与自然人享有同等的法律地位时，才将具有特殊目的的但没有主体参与的特别财产视为法人，在理论上不应有任何障碍。同时，该学说还指出了这样一个不容忽视的事实，即机构法人与财团法人历来就是无成员的法人，进而以此作为其学说的主要依据。②

3. 法人实在说。该学说由德国法学家基尔克提出并以其为代表。法人实在说更看重社会团体的社会实在性与精神实在性，他们视团体为超个体的生物，是社会实体。它们通过为其作决定的人来行为，如同自然人通过其器官来行为一样。因此，在他们看来，只要团体在社会生活中仅以一个行为单位的面目出现，且他人亦认为是一个单位，则原则上就可以在法律中将它们同自然人一样当作法律上的人来对待。③

不同学说之间的争论，对法人制度的发展完善起到了很大的促进作用，这些不同的学说被不同的立法机关所采纳将会对具体的制度架构产生一定的影响，比如，法人的分类，依据不同的标准可以对法人有不同的分类，这些不同的分类有的依据法理，有的根据立法。首先，对法人的一种分类是公法人与私法人之分，其区别之处在于，公法人是基于一种公权力行为，特别是依照法律而成立或者后经法律认可作为公共事业的承担者而成立的。私法人是根据私法的设立行为而成立的。其次，依据法人的成立基础不同，法人可以分为社团法人和财团法人。凡是以人的集合为基础成立的法人为社团法人，而以财产为基础成立的法人为财团法人。最后，根据法人是否从事经营性活动并且是否将经营所得分配给其成员为标准，又将法人分为营利性法人和非营利性法人。以营

---

① ［德］托马斯·莱赛尔：《德国民法中的法人制度》，张双根译，载《中外法学》2001 年第 1 期。

② ［德］托马斯·莱赛尔：《德国民法中的法人制度》，张双根译，载《中外法学》2001 年第 1 期。

③ 李永军：《民法总论》，法律出版社 2006 年版，第 300 页。

利为目的的法人称为营利性法人，即不仅从事收益事业，而且还向其成员分配利益；非营利性法人不从事经营活动或者虽然从事经营活动但其经营所得并非用于分配给成员之目的，而是扩大目的事业。

我国民法由于受社会制度的长期影响，对于法人的分类，没有采取大陆法系传统的分类标准与方法，而是根据其管理职能或者所有制来划分法人。① 以是否从事经营活动为标准，将法人分为企业法人与非企业法人。在此基础之上，在企业法人下，依据有无涉外因素，将企业法人又分为涉外法人与非涉外法人，涉外法人包括中外合资经营企业法人、外资企业法人、中外合作经营企业法人；对非涉外法人依据所有制性质的不同分为全民所有制企业法人、集体所有制企业法人及民营企业法人。对非企业法人以设立方式和职能的不同可以分为机关法人、事业单位法人和社会团体法人。

这些都是学理上对法人进行的分类，此外，我国法律还对法人的权利能力和行为能力以及法人的设立条件等做了详细而具体的规定。《民法通则》第36条法人的定义及其权利能力和行为能力，法人是具有民事权利能力和民事行为能力，依法独立享有民事权利和承担民事义务的组织。法人的民事权利能力和民事行为能力，从法人成立时产生，到法人终止时消灭。第37条规定法人设立的条件，法人应当具备下列条件：（1）依法成立；（2）有必要的财产或者经费；（3）有自己的名称、组织机构和场所；（4）能够独立承担民事责任。这些法人成立的必要条件缺一不可。

"社团需要必要的机关，因为只有通过机关，社团才能作为法律上的整体，形成统一的'总意思'，并且进行活动，特别是参与法律交往。"② 因此，一般来说一个法人应当具有以下三个机关：决策机关、执行机关和代表机关。

1. 法人的决策机关是法人的意思机关，也是最高权力机关，法人的意思表示就形成于这一机关。这一机关一般称为成员大会，其主要任务就是决定社团内部的重大事项。以公司为例，我国《公司法》规定的两种类型公司，有限责任公司和股份有限公司，股东会和股东大会分别是其最高权力机关，依法行使《公司法》第38条赋予的"（1）决定公司的经营方针和投资计划；（2）选举和更换非由职工代表担任的董事、监事，决定有关董事、监事的报酬事项"等决定公司重大事项的职权。需要特别指出的是，并不是所有的法人都有意思机关，根据上述法人的不同分类，意思机关是社团法人特有的机

---

① 李永军：《民法总论》，法律出版社2006年版，第309页。
② ［德］卡尔·拉伦茨：《德国民法通论》（上），王晓晔等译，法律出版社2003年版，第209页。

关，财团法人以及公法人均无这一机关。

2. 执行机关是执行决策机关的决策或者执行法人章程规定事项的机关，任何法人都必须有执行机关。我国《公司法》规定有限责任公司和股份有限公司的执行机关为董事会，董事会由公司权力机关选举产生，对股东会或股东大会负责。行使《公司法》第 47 条和第 109 条规定的"（1）召集股东会会议，并向股东会报告工作；（2）执行股东会的决议"等公司章程规定的其他职权。

3. 代表机关，所谓法人的代表机关是指法人的意思表示机关，即代表法人对外进行民事活动的机关。① 在学理上，对法人代表机关的实质究竟是"代表说"还是"代理说"一直争论不休，以及如何区分代表人的个人行为与代表行为的问题也悬而未决。就我国《公司法》而言，根据第 13 条的规定，公司法定代表人依照公司章程规定，由董事长、执行董事或者经理担任，并依法登记。公司法定代表人变更，应当办理变更登记。很显然我国采用的是单一代表制。《公司法》第 25 条和第 82 条都规定，公司章程应当规定公司的法定代表人，当然包括对其职权进行限制，但这种限制不能对抗善意第三人。但是，在内部效力上，若法定代表人超出章程授权，即使在外部对第三人有效，也可能受到法人的内部责任追究。对于如何区分代表人的个人行为与代表行为，我国民法理论上有表见代理制度，现实司法实践中也常通过这一理论解决与此相关的问题。

另外，有时法人的成员为了自己的利益还会设立一个向自己负责并报告工作，以监督法人执行机关执行行为的机构，这就是法人的监督机关。但是监督机关并不是法人的必设机关，在我国监督机关只是公司法人的必设机关，而对非公司法人则是任设机关。我国《公司法》第 52 条、第 71 条以及第 118 条都对此进行了规定，有限责任公司设监事会，其成员不得少于三人。股东人数较少或者规模较小的有限责任公司，可以设一至二名监事，不设监事会。监事会行使"（1）检查公司财务；（2）对董事、高级管理人员执行公司职务的行为进行监督，对违反法律、行政法规、公司章程或者股东会决议的董事、高级管理人员提出罢免建议"等职权。

法人的内部机关制度设计是法人正常运转的前提，也是法人制度的重要组成部分。法人制度自产生以来，经过长期的发展，不断变化演进，不仅反映了社会不同时期的经济结构和社会发展状况，而且同时表明了立法者的价值取向，这也充分印证了"法人制度的出现纯粹是经济发展的需求导致法律技术

---

① 张俊浩主编：《民法学原理》，中国政法大学出版社 2000 年版，第 198 页。

进步的结果，是一种经济生活的客观现实与法律技术运用相结合的产物。"①

（二）关联公司

公司曾被美国学者巴特尔认为是当代最伟大的发明，其产生的意义甚至超过了蒸汽机和电的发明。关联公司是公司制度发展的产物，关联公司的法理基础是公司法理论。19 世纪工业革命后，社会化大生产背景下，规模经济成为社会发展的主流经济现象，促使公司组织结构、经营模式、资本制度产生深刻变革。公司和股东为了扩张资本实现最大的经济利益，出现了公司之间通过控股、参股、收购、兼并、重组等方式形成关联公司，其具体表现类型有母子公司、控制公司、企业集团、公司集团、跨国公司等。并已成为当代社会主流经济现象，关联公司自成立之初就颇受争议，一方面，关联公司顺应了现代市场经济要求的规模化集约化经营方式，能最大化地集中资本，参与市场竞争。另一方面，它对公司法的公司法人独立人格和股东有限责任两大公司法基石提出了挑战。现实中对关联公司的主要讨论也集中于此。

首先，要对关联公司有一个相对清晰的概念把握。虽然关联公司已逐渐成为现代经济和法律生活的重要组成部门，并成愈演愈烈之势，但究其本质，究竟什么是关联公司，关联公司的判断标准是什么，关联公司有哪些制度特征，目前学术界和司法实务界并没有形成一个统一的定论。世界各国的规定也不尽一致。

美国的公司法基本上是州法，但关于关联公司的法律，各州并无成文规定，而是由判例法所规范。美国投资公司法规定，一公司对他公司直接或间接持有 25% 股权者，推定为控制公司，即为母公司，他公司为子公司。证券法及证券交易法则没有明确规定持股百分比，而以实质控制为取决标准。可见，美国对关联公司主要不是通过成文法规定的，其判断标准主要由法院通过判例确立，关联公司的判断标准为实质控制，即对公司的经营决策实际上行使支配影响力。

德国 1965 年公布的《股份公司法》对关联企业作了规定，主要形式是康采恩（Konzern），该法第 15 条规定：关联企业是指在相互关系上为被多数参与的企业和多数参与的企业、从属企业和控制企业、康采恩企业、相互参与的企业或者为关系企业合同当事方的法律上独立的企业。② 德国公司法采取了列

---

① 尹田：《论自然人的法律人格与权利能力》，载《法制与社会发展》2002 年第 1 期。

② 杜景林：《德国股份法、德国有限责任公司法、德国改组法、德国参与决定法》，卢谌译，中国政法大学出版社 2000 年版，第 270 页。

举的方式，总结出关联企业的几种具体形式，其认定依据是股份或者出资额的占有程度，或者是业务上的支配程度，抑或是盈利分享状况。[1]

英国的立法者坚持公司契约理论，并在面对关联公司、公司集团时，更倾向于将关联公司、公司集团视为各个契约的联结点，从而拒绝将关联公司视作一个利益整体，仅强调关联公司组织内部各公司的独立地位，因此，在英国虽然有着大量影响到公司集团（关联公司）的法律，但缺乏专门调整集团本身的法律。面对关联公司的发展实际，2006 年新修订的英国《公司法》对这一绝对的"公司独立单元"理念做出了较为保守的修订。它并没有对 1985 年《公司法》中控制公司的定义加以重述，而是直接引入母子公司、关联法人、关联人等概念。[2]

我国现行《公司法》对公司的设立、公司类型、组织机构、股权结构、股份转让等方面都是围绕单一公司设置，并不涉及关联公司的法律关系。我国有关法律文件和许多学者对关联公司的解释更侧重于其经济特征，以经济学的理论界定关联公司的定义，不能揭示其法律内涵。江平教授认为，关联公司分为广义的关联公司和狭义的关联公司。狭义的关联公司，仅指被其他公司持有股份但并未达成控制界限的公司。广义的关联公司，是指任何两个以上独立存在而互相间具有业务关系或者投资关系之一的集合体。[3] 上述广义关联公司的定义，实际上是形成了控制关系的公司，与企业集团、母子公司含义基本相同，也与关联企业的概念基本相似。广义的关联公司的定义较为准确地反映了关联企业的本质内涵，狭义的关联公司的定义较难以理解。施天涛教授将关联企业定义为"关联企业是指企业之间为了达到特定经济目的通过特定手段而形成的企业之间的联合"。特定经济目的，是指企业之间为了追求更大的规模效益而形成的控制关系；特定的手段，是指通过股权参与或者资本渗透、合同机制或者其他手段，如人事连锁或者表决权协议等方法。[4] 上述关联企业的定义外延非常广泛，跨越众多法律领域，典型的关联企业主要是公司，即关联公司。

关联企业第一次出现在我国法律是 1991 年 6 月 30 日公布的《外商投资企业和外国企业所得税法实施细则》（此法目前已失效）第 52 条，该条规定了关联企业的定义。所谓"关联企业，是指与企业有以下之一关系的公司、企

---

① 金剑峰：《关联公司法律制度研究》，中国政法大学 2005 年博士学位论文。

② 洪贵参：《关系企业法理论与实务》，元照出版公司 1999 年版，第 20 页。

③ 江平主编：《新编公司法教程》，法律出版社 2003 年版，第 216 页。

④ 施天涛：《关联企业法律问题研究》，法律出版社 1998 年版，第 154 页。

业和其他经营组织：（1）在资金、经营、经销等方面，存在着直接或者间接地拥有或者控制关系；（2）直接或者间接地同为第三者所拥有或者控制；（3）其他利益上相关联的关系。"当时是为了解决企业之间利润转移双重征税的问题，从税收的角度对关联企业作了规定。

根据 1992 年国家税务局公布的《关于关联企业之间业务往来税务管理实施办法》第 2 条的规定，关联企业主要包括企业与另一企业有下列关系之一的：（1）相互之间直接或间接持有其中一方的股份总和达到 25% 或者以上的；（2）直接或间接同为第三者拥有或者控制股份达到 25% 或者以上的；（3）企业与另一企业之间借贷资金占企业自有资金 50% 或者以上，或者企业借贷资金总额的 10% 是由另一企业担保的；（4）企业的董事或者经理等高级管理人员一半以上或者有一名常务董事是由另一企业所委派的；（5）企业的生产经营活动必须由另一企业提供特许权利（包括工业产权、专有技术等）才能正常进行的；（6）企业为生产经营而购进的原材料、零配件等（包括价格及交易条件等）是由另一企业所控制或者供应的；（7）企业生产的产品或者商品的销售（包括价格及交易条件等）是由另一企业所控制的；（8）对企业的生产经营、交易具有实际控制的其他利益上相关联的关系，包括家族、亲属关系等。上述规定界定的关联企业的范围过宽，将企业之间仅仅具有资金借贷关系或者担保关系都认定为关联关系，并将由合同法调整的采购或者销售合同关系认定为关联关系，几乎任何两个企业均可构成关联企业，违反了关联公司的法理。

1997 年 5 月 22 日财政部公布的《企业会计准则——关联方关系及其交易的披露》以及《企业会计准则——关联方关系及其交易的披露指南》对关联关系和关联交易作了规定。"在企业财务和经营决策中，如果一方有能力直接或间接控制、共同控制另一方或者对另一方施加重大影响，视为关联方；如果双方或者多方同受一方控制，也将其视为关联方。"税法和财会法的这些规定，仅从征税或者财会的角度提出关联公司的概念，而非公司法意义上的关联公司，因此作为法律概念有一定的局限性。

根据我国现行《公司法》在第 14 条第 2 款的规定，公司可以设立子公司，子公司具有法人资格，依法独立承担民事责任。这也只是对关联公司最常见的一种形式——母子公司进行了规定。通过上述分析比较，现在通说认为，关联公司，是一个双向的，与单一公司相对应的概念，是两个或者两个以上独立的公司之间通过资本参与、企业协议、业务关系、人事连锁或者其他手段形成的一种公司之间的联合。一般具有以下特征：

1. 关联公司不具有法律人格。关联公司是指公司之间为了追求更大的规模效益而通过资本参与、企业协议、业务关系、人事连锁或者其他方式而形成的公司之间的联合，其本质是公司之间的控制与从属关系。因此，关联公司不是公司组织形式，不具有独立的法律人格，不是具有权利能力和行为能力的法律实体。

2. 关联公司的成员限于公司法人。关联公司的关系是平等的企业法人之间的联合，关联公司中的成员企业具有独立的法律人格，这是构成关联公司的前提条件。在法律关系上，关联公司的成员公司各自独立，关联公司没有统一权力机关和执行机关，但在经济上关联公司的成员公司之间相互依存，形成不同程度的控制关系。

3. 关联公司之间存在多种联系纽带。关联公司的成员在法律上是各自独立的，在经济上是互相联系的。关联公司存在一定的关系纽带，决定着关联公司之间的利益，这种联系纽带主要通过资本参与、相互投资、合同控制或者人事连锁等方式联系。

4. 关联关系具有一定的稳定性。关联公司之间的关联关系应当具有一定的稳定性，而不是偶然的、暂时的交易关系。偶然的暂时的交易关系主要通过合同法进行调整，而长期稳定的关联关系因其持续时间长、影响范围广、涉及利益主体多，合同法无法满足保护当事人权益的需要，从而由公司法等法律进行特别调整和规范。

关联公司的这些特征是判定公司之间是否构成关联公司的主要标准。关联公司本身其实并不为法律所禁止，市场经济条件下，资本集中是企业发展的必然规律，这种集中的结果必然导致关联公司的产生，关联公司是为适应市场经济和社会化大生产的需要而进行的联合。关联公司通过利用公司的独立人格和股东的有限责任，达到限制和转移经营风险的目的，既享有规模经济的好处，又能避免过分集中的弊端，能够减少竞争和竞争对手，以达到规避反垄断法审查的目的。但是关联公司利用控制与从属关系进行各种安排，具有控制地位的公司可能滥用有限责任原则，滥用其控制地位，损害从属公司及其中小股东和债权人的利益。因此，立法在承认与保护关联公司的同时，还应设计相应的制度去规范关联公司的行为，以营造公平有序的市场竞争环境。

（三）人格混同

公司人格独立和有限责任，这两项公司法基本原则有助于维持公司投资者和公司债权人之间的利益均衡。但如果将公司人格独立原则绝对化，就会造成公司法人人格滥用，危及债权人利益，为了在坚持公司法人人格独立原则的同时，也能够有效地保护债权人的利益，西方国家创设了公司法人人格否认制度。亦称"揭开公司面纱"或"刺破公司面纱"制度。

公司人格否认制度是指，为阻止公司的独立人格被控制股东滥用和保护公司债权人利益及社会公共利益，就具体法律关系中的特定事实，否认公司与其背后的控制股东各自独立的人格及控制股东的有限责任，责令公司的控制股东对公司的债权人或社会利益直接负责，以实现社会的公平、正义目的。公司人格否认制度滥觞于19世纪的美国，而后在20世纪被英、德、日等国的司法实践中接受并加以运用，现在已在全世界范围内得到推广和发展，成为公司法律制度的重要组成部分。

我国《公司法》第20条第3款对此亦有规定："公司股东应当遵守法律、行政法规和公司章程，依法行使股东权利，不得滥用股东权利损害公司或者其他股东的利益；不得滥用公司法人独立地位和股东有限责任损害公司债权人的利益。公司股东滥用股东权利给公司或者其他股东造成损失的，应当依法承担赔偿责任。公司股东滥用公司法人独立地位和股东有限责任，逃避债务，严重损害公司债权人利益的，应当对公司债务承担连带责任。"

但是第20条只规定了适用公司人格否认的法理实质要件，即滥用公司法人独立地位逃避债务和侵害债权人利益，没有明确规定适用公司人格否认的法理形式要件。在学理上，通常把适用公司人格否认法理的形式要件归纳为公司人格混同，人格混同是指公司作为法人的人格要素与股东完全混同，使公司人格的独立性丧失，形成股东即公司、公司即股东的情况。因此，当公司与其股东在财产、利益、组织管理、所营事业上出现混同，不分彼此，就意味着公司的独立人格实际上已经不存在，以至于公司人格与其主要股东的人格难以区分，因而被法院认为应忽略公司与股东各自独立性。① 从各国的司法实践来看，人格混同是适用公司法人格否认制度的一种常见情形。

在我国学术界，对于人格混同的地位理解，一直有两种观点：一种认为人格混同是与人格否认制度并列存在的一种制度，虽然法律并无明确规定，但其有独特的法律地位；另一种认为人格混同是人格否认的适用要件之一，在满足人格否认的其他要件时方可适用。

一般认为，法人人格否认制度的适用要件包括三个部分：一是主体要件，即提起法人人格否认之诉的原告一般只能是公司的债权人，适格的被告则是公司或者其控制股东。二是行为要件，即存在滥用公司法人独立地位和股东有限责任的事实。三是结果要件，即股东的滥用行为严重损害了公司债权人的利

---

① 金剑锋、张勇健：《公司法人人格否认制度研究》，载张穹主编：《新公司法修订研究报告》，中国法制出版社2005年版，第11页。

益，公司财产不足以清偿债务，如果公司具有清偿能力，则股东仍在出资范围内对公司债务承担责任，不存在公司人格否认的问题。① 从我国司法实践的一些案例来看，法院采纳了后者观点，即把人格混同作为人格否认的适用要件之一，因为人格混同本身即是控制股东滥用法人独立地位的一种表现，因此将其作为法人人格否认的要件之一合乎情理。

因此，人格混同的判断标准问题显得尤为重要，这是正确适用人格混同和公司法人人格否定制度的前提。在司法过程中，法官主要从财产、人员、业务这三个主要的表征因素方面着手。

1. 财产方面，对财产混同的判断对于人格混同的认定十分重要。公司的独立财产是公司独立人格的前提。公司人格否认制度的价值目标是为了保护股东在滥用公司独立人格和股东有限责任时债权人的利益，公司的独立财产是公司承担责任的基础，因此，财产的混同应该成为最主要的考虑因素。公司财产混同最常见的两种情形是：股东与公司的财产发生混同以及关联公司之间的财产发生混同。现实中表现为：股东财产与公司财产难以区分；股东任意处置、调配公司财产；公司财务不独立、无独立的会计账簿；关联公司的营业场所、主要设备、办公设施、资本混同以及关联公司之间共用同一账户等情形。

2. 人员方面，对人员混同的认定只适用于母子公司、兄弟公司等关联公司之间，对自然人股东和公司的人格混同则一般不适用。具体而言，常见的人员混同情形包括企业法定代表人同一、员工大量一致、管理层大量互相兼任或统一调配使用等或其他存在人员混同的情形。在司法实践中通俗典型地总结为"两块牌子，一套班子"。

3. 业务方面，这也是在人格混同案件中适用较多的一项判定标准。公司的独立意思表示是公司独立人格的必备要件之一。独立意思是通过从事法律行为来表示，这种法律行为具体到公司行为中就表现为公司业务行为，因此，公司的业务不独立，那么，公司的独立意思也就无从体现。在实践中，业务的混同标准主要有两点：一是公司没有独立从事交易活动的意思表示；二是股东与公司、关联公司之间的业务行为致使业务无法区分。另外，公司的业务混同属于动态过程，而且这个过程还应该具有一定的持续性，因此，不能仅以公司之间的业务相同，就妄下结论，还要对公司之间发生的业务行为进行分析对比，这样才能最终认定。

除了上述提及的三个主要的认定标准之外，法官在实际案件中认定是否存

---

① 张子佳：《论法人人格否认制度对关联公司人格混同的规制——以最高法指导案例15 号为视角》，载《法学研究》2013 年第 2 期。

在人格混同的情形时，通常还会根据个案的不同考虑一些其他的相关的因素，比如，办公场所混同、对外宣传一致、电话号码簿一致等能体现公司人格混同的一些外在表现形式，但值得注意的是，这些因素仅属于个例，应该在不同的案件中具体考虑，并且，不能仅以这些个案因素的存在就直接认定为混同。

尽管根据法理和经验总结出了以上的认定标准，但是在司法实践中，对人格混同的认定仍然是一个令人困扰的难题。对于上述三个标准，在具体判定一个案件时是否三者都要具备或者至少有其二，且财产混同是必备要素，抑或只要具有财产混同就能直接认定人格混同，目前在学术界和实务界尚未有统一定论。

公司人格混同和公司人格否认制度并不是对公司制度的根本性否定，相反，却是对公司制度的必要的、有益的补充和完善，是对该制度的完善和发展。正因为如此，如果该制度适用不当，会动摇公司法人制度存在的基础，进而造成公司法人制度的不稳定，也违背了法律创设公司人格否认制度的初衷，所以各国在司法实践中对公司人格否认制度的适用非常慎重，规定了严格的适用条件，其目的是希望能发挥公司人格否认制度对公司法人制度的完善和补充功能，防止因公司人格否认制度适用不当从而动摇公司人格制度的根基。

（四）连带责任

连带责任是民事责任形态的一种。起源于罗马法，在当时债务与责任合成为债务之概念，责任常随债务而生，两者有不可分离之关系。[①] 罗马法对此后的世界各国的法律产生了极大的影响，直到日耳曼法之大成者基尔克，综合前人研究结果并掺以个人钻研所得，才真正对债务和责任进行了区分，现在对债务和责任进行区分的思想已经被很多国家的立法所采纳。我国《民法通则》的第五章规定了债权，第六章则规定了民事责任。因此，我国立法对债务与责任持非常明确的区分态度。

民事责任是指民事主体因违反合同或不履行其他民事义务所应承担的民事法律后果。[②] 所谓民事义务，是指一方为保证他方民事权利的实现，应当为一定的行为或者不为一定的行为。虽然民事责任和民事义务在内容上经常一致，但存在本质的区别。根据以上两者的概念，显然先有民事义务，后有民事责任；民事义务是民事责任的前提，民事责任则是不履行民事义务的法律后果。

民事责任根据不同的分类标准，可以有不同的分类，常见的有以下几类：

---

① 史尚宽：《债法总论》，中国政法大学出版社 2000 年版，第 3 页。
② 王利明：《民法》，中国人民大学出版社 2011 年版，第 746 页。

根据民事责任是否有合同关系引起；承担责任者是否仅为一方当事人；责任的内容是否为财产；承担责任是否有财产限制以及根据承担责任者是一人还是多人，依此可以分为合同责任和非合同责任；双方责任和单方责任；财产责任和非财产责任；有限责任和无限责任；以及共同责任和单独责任。在根据承担责任者是一人还是多人的分类下，单独责任是指责任人仅有一人的民事责任。共同责任，是指责任人为两人或者两人以上的民事责任。其中在共同责任中，根据共同责任人是否按一定的份额承担责任，共同责任又可以分为按份责任和连带责任。

连带责任，是指按照法律规定或者当事人约定，共同责任人不分份额地共同向权利人或者受害人承担民事责任。连带责任属于民事法律责任范畴，反映了数个责任人在责任上的相互牵连关系。对于连带责任而言，受害人有权向连带责任人之一请求承担民事责任的全部；向受害人承担责任超过自己份额的责任人有权向其他责任人追偿。在民事责任体系范围下，与其相对应的是共同责任、按份责任、补充责任和不真正连带责任等相关概念。根据连带责任人之间的相互关系的不同，许多学者将连带责任分为一般连带责任和补充连带责任。一般连带责任是指各债务人不分主次先后而应同时向债权人承担清偿责任，如合伙人、共同侵权人对外承担连带责任；补充连带责任是指各连带责任人之间对外清偿责任时存在主次和先后之分，例如连带保证责任、票据保证责任等。

连带责任除了具有作为一种民事责任类型的共同特征外，还有其特殊性，一般可以归纳如下：（1）连带责任是一种独特的多数主体责任，既不是按份责任，也不是不可分的共同责任；（2）连带责任是对于违反法律义务的后果所承担的民事责任，既包括违反连带债务，又包含侵害财产权；（3）任何一个连带责任人对于违反法律义务的后果均应承担全部责任，而不是按照确定的份额承担部分责任；（4）当责任人承担了超过自己应该承担的责任份额之后，可以转而向其他未能承担责任或者承担责任不足的连带责任人进行追偿。

在论及连带责任的产生原因时，大陆法系各国民法典往往只注重于连带债务的规定，因为连带债务是产生连带责任的最常见原因，且在早期也是主要原因。但随着现代社会经济的发展，连带责任的发生原因也日益增多。在我国的连带责任制度框架下，一种观点认为，连带责任产生的原因总体上可以分为两大类：一是违反约定而产生的连带责任；二是违反法定义务而产生的连带责任。另一种主张认为，连带责任的连带性产生于四种原因：身份上的连带、意思上的连带、行为上的连带以及利益上的连带。这两种不同的分类只是划分标准的不同，不同的具体类别上多有重合，并无根本上的差别。

连带责任诉讼，在连带责任中，各责任人之间在诉讼地位上是否有先后之分，实践中有两种观点：一是债权人既可以向全体责任人起诉，也可以从中选择一人或数人作为被告起诉，对债权人未予起诉的责任人法院不宜依职权强行追加为被告。这种观点的依据是民事诉讼法上的处分原则，即应充分尊重债权人的意愿，他享有充分的选择权。二是司法实践中的一贯做法，把以连带责任人作为被告的诉讼当作必要共同诉讼，即使债权人没有起诉的责任人也被追加为共同被告。这种观点的依据是承担连带责任的各责任人之间没有主次、先后之分，在诉讼中，各责任人作为共同被告，其地位完全平等，承担债务的履行和清偿责任不应有先后、主次之分。产生这两种不同观点的主要原因是，实体法赋予了连带责任权利人有双重的选择权，因此才会产生不同的诉讼形态。德国民事诉讼法学界认为连带责任之诉，并非必要共同诉讼之形态。日本学者认为，连带责任之诉的诉讼形态有其特殊性存在。一般来说，连带责任权利人为了保障权利的实现和方便诉讼，都是采用将连带责任人一并诉讼的共同诉讼模式。这与诉讼法中共同诉讼的目的也一致，共同诉讼形态的目的在于通过数个当事人同时收集诉讼资料并同时进行审理，可以节省法院与当事人的时间与劳动，也可以避免出现不同法院做出相互抵触的裁判情形。① 因此，连带责任诉讼采取共同诉讼模式具有更大的现实意义。我国《民事诉讼法》对共同诉讼的规定，规定在了第52条，共同诉讼是指，当事人一方或者双方为二人以上，其诉讼标的是共同的，或者诉讼标的是同一种类、人民法院认为可以合并审理并经当事人同意的，为共同诉讼。共同诉讼的一方当事人对诉讼标的有共同权利义务的，其中一人的诉讼行为经其他共同诉讼人承认，对其他共同诉讼人发生效力；对诉讼标的没有共同权利义务的，其中一人的诉讼行为对其他共同诉讼不发生效力。

在连带责任中，任何一个债务人无力清偿，责任便转归其他债务人，使债权的实现不因一个或部分债务人无履行能力而受到影响，因此，连带责任的设定不失为一种减少风险，充分保障债权人利益的有效手段，但同时连带责任也是一种加重责任，对责任人极为苛刻，因此，各国法律均规定只有在法律有明文规定或当事人有明确约定时，才产生连带责任，以防止连带责任的滥用所带来的公平与正义的失衡。

---

① ［日］中村英郎：《新民事诉讼法讲义》，陈刚等译，法律出版社2001年版，第73页。

案例 8

中海基金案

一、中海基金案基本内容

中海发展股份有限公司货轮公司
申请设立海事赔偿责任限制基金案

（最高人民法院审判委员会讨论通过　2013 年 1 月 31 日发布）

关键词： 海事诉讼　海事赔偿责任限制基金　海事赔偿责任限额计算

裁判要点：（1）对于申请设立海事赔偿责任限制基金的，法院仅就申请人主体资格、事故所涉及的债权性质和申请设立基金的数额进行程序性审查。有关申请人实体上应否享有海事赔偿责任限制，以及事故所涉债权除限制性债权外是否同时存在其他非限制性债权等问题，不影响法院依法作出准予设立海事赔偿责任限制基金的裁定。（2）《海商法》第 210 条第 2 款规定的"从事中华人民共和国港口之间运输的船舶"，应理解为发生海事事故航次正在从事中华人民共和国港口之间运输的船舶。

相关法条：《中华人民共和国海事诉讼特别程序法》第 106 条第 2 款
《中华人民共和国海商法》第 210 条第 2 款

基本案情： 中海发展股份有限公司货轮公司（以下简称"货轮公司"）所属的"宁安 11"轮，于 2008 年 5 月 23 日从秦皇岛运载电煤前往上海外高桥码头，5 月 26 日在靠泊码头过程中触碰码头的 2 号卸船机，造成码头和机器受损。货轮公司遂于 2009 年 3 月 9 日向上海海事法院申请设立海事赔偿责任限制基金。货轮公司申请设立非人身伤亡海事赔偿责任限制基金，数额为 2242643 计算单位（折合人民币 25442784.84 元）和自事故发生之日起至基金设立之日止的利息。

上海外高桥发电有限责任公司、上海外高桥第二发电有限责任公司作为第一异议人，中国人民财产保险股份有限公司上海分公司、中国大地财产保险股份有限公司上海分公司、中国平安财产保险股份有限公司上海分公司、安诚财产保险股份有限公司上海分公司、中国太平洋财产保险股份有限公司上海分公司、中国大地财产保险股份有限公司营业部、永诚财产保险股份有限公司上海分公司等 7 位异议人作为第二异议人，分别针对货轮公司的上述申请，向上海海事法院提出了书面异议。上海海事法院于 2009 年 5 月 27 日就此项申请和异议召开了听证会。

第一异议人称："宁安 11"轮系因船长的错误操作行为导致了事故发生，应对本次事故负全部责任，故申请人无权享受海事赔偿责任限制。"宁安 11"轮是一艘可以从事国际远洋运输的船舶，不属于从事中国港口之间货物运输的船舶，不适用交通部《关于不满 300 总吨船舶及沿海运输、沿海作业船舶海事赔偿限额的规定》（以下简称《船舶赔偿限额规定》）第 4 条规定的限额，而应适用《海商法》第 210 条第 1 款第 2 项规定的限额。

第二异议人称：事故所涉及的债权性质虽然大部分属于限制性债权，但其中清理残骸费用应当属于非限制性债权，申请人无权就此项费用申请限制赔偿责任。其他异议意见和理由同第一异议人。

上海海事法院经审理查明：申请人系"宁安 11"轮登记的船舶所有人。涉案船舶触碰事故所造成的码头和机器损坏，属于与船舶营运直接相关的财产损失。另，"宁安 11"轮总吨位为 26358 吨，营业运输证载明的核定经营范围为"国内沿海及长江中下游各港间普通货物运输"。

裁判结果：上海海事法院于 2009 年 6 月 10 日作出〔2009〕沪海法限字第 1 号民事裁定，驳回异议人的异议，准许申请人设立海事赔偿责任限制基金，基金数额为人民币 25442784.84 元和该款自 2008 年 5 月 26 日起至基金设立之日止的银行利息。宣判后，异议人中国人民财产保险股份有限公司上海分公司提出上诉。上海市高级人民法院于 2009 年 7 月 27 日作出〔2009〕沪高民四（海）限字第 1 号民事裁定，驳回上诉，维持原裁定。

裁判理由：法院生效裁判认为，根据最高人民法院《关于适用〈中华人民共和国海事诉讼特别程序法〉若干问题的解释》第 83 条的规定，申请设立海事赔偿责任限制基金，应当对申请人的主体资格、事故所涉及的债权性质和申请设立基金的数额进行审查。

货轮公司是"宁安 11"轮的船舶登记所有人，属于《海商法》第 204 条和《海事诉讼特别程序法》第 101 条第 1 款规定的可以申请设立海事赔偿责任限制基金的主体。异议人提出的申请人所属船舶应当对事故负全责，其无权享受责任限制的意见，因涉及对申请人是否享有赔偿责任限制实体权利的判定，而该问题应在案件的实体审理中解决，故对第一异议人的该异议不作处理。

鉴于涉案船舶触碰事故所造成的码头和机器损坏，属于与船舶营运直接相关的财产损失，依据《海商法》第207条的规定，责任人可以限制赔偿责任。因此，第二异议人提出的清理残骸费用属于非限制性债权，申请人无权享有该项赔偿责任限制的意见，不影响法院准予申请人就所涉限制性债权事项提出的设立海事赔偿责任限制基金申请。

关于"宁安11"轮是否属于《海商法》第210条第2款规定的"从事中华人民共和国港口之间的运输的船舶"，进而应按照何种标准计算赔偿限额的问题。鉴于"宁安11"轮营业运输证载明的核定经营范围为"国内沿海及长江中下游各港间普通货物运输"，涉案事故发生时其所从事的也正是从秦皇岛港至上海港航次的运营。因此，该船舶应认定为"从事中华人民共和国港口之间的运输的船舶"，而不宜以船舶适航证书上记载的船舶可航区域或者船舶有能力航行的区域来确定。为此，异议人提出的"宁安11"轮所准予航行的区域为近海，是一艘可以从事国际远洋运输船舶的意见不予采纳。申请人据此申请适用《海商法》第210条第2款和《船舶赔偿限额规定》第4条规定的标准计算涉案限制基金的数额并无不当。异议人有关适用《海商法》第210条第1款第2项规定计算涉案基金数额的主张及理由，依据不足，不予采纳。

鉴于事故发生之日国际货币基金组织未公布特别提款权与人民币之间的换算比率，申请人根据次日公布的比率1:11.345计算，异议人并无异议，涉案船舶的总吨位为26358吨，因此，涉案海事赔偿责任限额为 [（26358－500）× 167＋167000]×50% = 2242643 特别提款权，折合人民币25442784.84元，基金数额应为人民币25442784.84元和该款自事故发生之日起至基金设立之日止，按中国人民银行同期活期存款利率计算的利息。

二、案例评析

（一）申请人是否有权设立海事赔偿责任限制基金

这是一起当事人申请设立海事赔偿责任限制基金的典型案件。在本案例中，中海发展股份有限公司货轮公司（以下简称"货轮公司"）所属的"宁安11"轮在靠泊码头过程中触碰码头的2号卸船机，造成码头和机器受损，货轮公司依据《海商法》和《海事诉讼特别程序法》遂向上海海事法院申请设立非人身伤亡海事赔偿责任限制基金，上海外高桥发电有限责任公司和上海外高桥第二发电有限责任公司作为第一异议人、中国人民财产保险股份有限公司上海分公司和中国大地财产保险股份有限公司上海分公司等7家保险公司作为第二异议人，针对货轮公司的申请分别提出了书面异议，异议点主要存在以下三点：

1. 异议人称"宁安11"轮系因船长的错误操作行为导致了事故的发生，应对本次事故负全部责任，故申请人无权享受海事赔偿责任限制。

2. "宁安11"轮的营业运输证载明的核定经营范围为"国内沿海及长江中下游各港间普通货物运输"，据此异议人认为"宁安11"轮是一艘可以从事国际远洋运输的船舶，因此"宁安11"轮从秦皇岛运载电煤前往上海不属于从事中国港口之间的货物运输，不应该适用交通部《船舶赔偿限额规定》第4条规定的限额，而应适用《海商法》第210条第1款第2项规定的限额。

3. 事故所涉及的债权性质虽然大部分属于限制性债权，但其中清理残骸费用应当属于非限制性债权，因此异议人认为申请人无权就此项费用申请限制赔偿责任。

法院经过审理查明最终维持了原判，裁定准许申请人设立海事赔偿责任限制基金。并对上述三点异议论述如下：

1. 根据我国《海事诉讼特别程序法》第101条规定"船舶所有人、承租人、经营人、救助人、保险人在发生海事事故后，依法申请责任限制的，可以向海事法院申请设立海事赔偿责任限制基金"。因此，中海发展股份有限公司货轮公司作为"宁安11"货轮的所有人有权申请海事赔偿责任限制基金，虽然这次海事事故是由于船长的错误操作所致，但是船长作为货轮公司的雇佣人员不应承担本次事故的责任。而且对申请人是否享有赔偿责任限制实体权的判定应在案件的实体审理中解决，因此异议人的异议不成立。

2. 船舶适航证书上记载的经营范围，只能表示船舶的法定可航区域，而断定船舶是否从事国内港口之间的运输应以单次船舶的航行区域来判断，更不能以船舶本身的可航能力为依据，在本案中"宁安11"轮营业运输证载明的核定经营范围为"国内沿海及长江中下游各港间普通货物运输"且涉案事故发生时其所从事的也正是从秦皇岛港至上海港航次的运营，因此本案中应该认定为"从事国内港口之间的运输"，不能以"宁安11"轮具有从事国际远洋运输船舶的能力为由而认定为国际航行，因此应该适用交通部《船舶赔偿限额规定》第4条规定的限额。

3. 我国对海事赔偿限制责任的债权有限制性债权和非限制性债权之分，法条有明文规定，根据法条规定清理残骸费确是属于非限制性债权，申请人就此项费用无权申请限制责任，但并非影响法院准予申请人就所涉限制性债权事项提出的设立海事赔偿责任限制基金，且对于海事事故责任中的限制性债权和非限制性债权的认定是属于法院的实体审理问题，法院在审查是否允许申请人申请设立海事赔偿限制责任时无须考虑。因此，综上所述异议人所提异议都不能成立。

（二）海事立法的特殊性

本案的判决是客观、公正的，法院严格遵照了现行的法律规定，异议人所提的几点异议正是本案的焦点，也是我国《海商法》、《海事诉讼特别程序法》的核心所在，它反映出了海事赔偿责任限制基金的申请主体范围、海事赔偿限制的限制性债权和非限制性债权的区分认定，以及申请海事赔偿责任限制基金的程序审查和实体审查的范围等一系列在海商事领域中比较常见的重大关键问题。之前在我国刚刚进行海商领域立法时，由于只有《海商法》和《海事诉讼特别程序法》这两部法规，所以在解决上述问题时往往捉襟见肘，存在疏漏之处，随着最高人民法院《关于适用〈中华人民共和国海事诉讼特别程序法〉若干问题的解释》和交通部《船舶赔偿限额规定》这两个配套规定的出台，我国海商事领域的立法日趋完善，对这些问题都进行了规定，并力图使其规定具有可操作性，适应了海商事业的发展，法官在解决上述问题时也有了明确的法律依据，避免了因法条缺失或过度依赖法官的自由裁量而造成的裁判不统一，以及由此可能带来的司法公信力下降等一系列问题。

海商事领域有着自己的独特之处，因此在海商事立法时，对海上航行、贸易以及海事事故发生导致的侵权损害等问题的规定有不同于一般的民商事规则之处，有的海商事领域的制度可能表面上看起来与一般的民法基础理论背道而驰，但究其本质和最终目的仍然符合一般民法中的诚实信用、公平、等价、有偿、公序良俗等基本原则，它是各种利益博弈平衡的最终产物。最典型的就是本案中提到的海事赔偿责任限制基金制度。海事事故责任人作为申请主体申请对海事事故的有限责任赔偿并不意味着海事事故受害人或财产损失得不到救济，只是立法者权衡利弊，尤其是考虑到海事事故责任人的赔偿能力之后而作出的抉择，其利益的天平更倾向于维护和促进整个航运事业的长期发展，因此，海事事故责任人申请海事赔偿责任限制制度有着完全正当、充分的法理基础，同时这一制度也彰显出了法律的灵活性，通过对特殊事项的特殊规定体现出了法律的公平、正义价值追求，在海商事领域将会产生重要而深刻的意义。

三、本案例相关知识点剖析

(一) 海事诉讼

诉讼作为解决社会矛盾纠纷的手段之一，自其产生之日起就发挥着重要的作用。诉讼法学是一门重要的法律学科，作为部门法之一的民事诉讼法在任何一个国家的法律体系中都占有着举足轻重的地位。我国早在 1991 年 4 月 9 日第七届全国人民代表大会第四次会议通过了《中华人民共和国民事诉讼法》，其后经过了 2007 年和 2012 年两次修正，最终形成了现行的文本。民事诉讼是解决民事领域争议纠纷的诉讼活动，我国《民事诉讼法》的颁布实施为解决民事领域的纠纷提供了程序上的保障，在我国的法律体系内发挥着无可替代的作用。但是《民事诉讼法》针对的只是一般的民事纠纷，对于一些专业性、技术性较强的民事领域内发生的纠纷，比如海事纠纷，1999 年以前我国虽然有专门的海事法院处理海事纠纷，但适用的程序法是一般的民事诉讼法。由于海事纠纷特有的一些问题，在民事诉讼法中或者没有规定，或者规定得不够细致，引起法律适用中的诸多问题，也破坏了我国通过海商法实体法的制定和实施而达到的海商法的国际统一程度。鉴于海事诉讼具有许多不同于一般民事、经济的特点，尤其是随着国际贸易的发展，海上经济活动的大量出现，海事海商纠纷也日益增多，一般民事领域的诉讼法律规定越来越力不从心，在此背景下，《海事诉讼特别程序法》于 1999 年 12 月 25 日第九届全国人民代表大会常务委员会第十三次会议通过，并自 2000 年 7 月 1 日起施行。学理上的定义，海事诉讼是指有权审理海事案件的法院在海事争议当事人和其他诉讼参与人的参加下，依法审理和解决海事争议案件的全部活动过程。海事诉讼是解决海事争议最有效的方式之一，与和解、调解、仲裁等其他解决海事争议的方式相比，它的权威性、强制性更大。① 海事诉讼是在特定条件或范围下的民事诉讼活动，因此，从法理学的角度来看，我国《民事诉讼法》和《海事诉讼特别程序法》是一般法与特殊法的关系，《海事诉讼特别程序法》是为解决海事纠纷而订立的特殊民事诉讼程序制度，是对民事诉讼法关于海事诉讼特别程序的必要补充，而不是对《民事诉讼法》的替代。② 在海事诉讼过程中，应当优先适用《海事诉讼特别程序法》，该法没有规定的或规定不明的，再适用《民事

---

① 张丽英主编：《海商法》，中国政法大学出版社 2004 年版，第 312 页。

② 谭岳奇：《中国海事诉讼发展的里程碑》，载《法学评论》2000 年第 5 期。

诉讼法》的一般规定。

由于《海事诉讼特别程序法》和《民事诉讼法》的这种特殊与一般的关系，因此，在对海事诉讼进行研究时，可以通过与一般民事诉讼的对比分析来把握其自身的性质、特征和特有的制度等。我国现行《海事诉讼特别程序法》共 12 章 127 条，按其编排体例，内容包括：总则、管辖、海事请求保全、海事强制令、海事证据保全、海事担保、送达、审判程序、设立海事赔偿责任限制基金程序、债权登记与受偿程序和船舶优先权催告程序。这些编排内容，一部分是与《民事诉讼法》的规定基本保持一致，比如，总则、管辖、送达、审判等的规定；一部分是在《民事诉讼法》中规定的相关制度的基础上，在海事领域的新发展和新突破，比如，关于海事请求保全、海事证据保全、海事担保等，民事诉讼法中的关于证据保全、财产保全的规定是其理论基础，这些规定是原理论在海事领域的新运用；另一部分就是《海事诉讼特别程序法》中所特有的制度，比如，海事强制令、设立海事赔偿责任限制基金程序、债权登记与受偿程序和船舶优先权催告程序等，这些海事领域独有的制度，是其区别于一般民事、经济诉讼的关键所在。因此，接下来将从这三个方面着手，通过海事诉讼中的这些具体制度的概括论述以期对我国的海事诉讼制度做一个梳理和介绍。

1. 海事诉讼管辖。法院的管辖权是一个程序问题，总体上，无论国内、国际海事诉讼管辖权均应由法院地国的国内法来规范。从各国的海事司法实践来看，海事诉讼管辖权的调整一般以内国海事诉讼程序法为主要的调整规范，并以若干其他规范为补充。我国《民事诉讼法》中规定的管辖制度包括级别管辖、地域管辖、移送管辖和指定管辖。而《海事诉讼特别程序法》关于管辖的规定，主要包括地域管辖、专属管辖和协议管辖三个部分。虽然《民事诉讼法》中关于管辖的规定也有涉及关于处理海事纠纷的规定，但是由于《海事诉讼特别程序法》与《民事诉讼法》的特殊与一般的关系，在确定海事案件的管辖时，优先适用《海事诉讼特别程序法》的规定，特别程序法没有规定或规定不明确的，民事诉讼法的一般管辖原则可以作为补充适用。《海事诉讼特别程序法》关于管辖的规定主要规定在第 6 条、第 7 条和第 8 条。

《海事诉讼特别程序法》第 6 条规定："下列海事诉讼的地域管辖，依照以下规定：（一）因海事侵权行为提起的诉讼，除依照《中华人民共和国民事诉讼法》第二十九条至第三十一条的规定以外，还可以由船籍港所在地海事法院管辖；（二）因海商运输合同纠纷提起的诉讼，除依照《中华人民共和国民事诉讼法》第二十八条规定的以外，还可以由转运港所在地海事法院管辖；（三）因海船租用合同纠纷提起的诉讼，由交船港、还船港、船籍港所在地、被告住所地海事法院管辖；（四）因海上保赔合同纠纷提起的诉讼，由保赔标的物所在地、事故发生地、被告住所地海事法院管辖；（五）因海船的船员劳务合同纠纷提起的诉讼，由原告住所地、合同签订地、船员登船港或者离船港所在地、被告住所地海事法院管辖；（六）因海事担保纠纷提起的诉讼，由担保物所在地、被告住所地海事法院管辖；因船舶抵押纠纷提起的诉讼，还可以由船籍港所在地海事法院管辖；（七）因海船的船舶所有权、占有权、使用权、优先权纠纷提起的诉讼，由船舶所在地、船籍港所在地、被告住所地海事法院管辖。"

《海事诉讼特别程序法》第7条规定："下列海事诉讼，由本条规定的海事法院专属管辖：（一）因沿海港口作业纠纷提起的诉讼，由港口所在地海事法院管辖；（二）因船舶排放、泄漏、倾倒油类或者其他有害物质，海上生产、作业或者拆船、修船作业造成海域污染损害提起的诉讼，由污染发生地、损害结果地或者采取预防污染措施地海事法院管辖；（三）因在中华人民共和国领域内和有管辖权的海域履行的海洋勘探开发合同纠纷提起的诉讼，由合同履行地海事法院管辖。"

《海事诉讼特别程序法》第8条规定："海事纠纷的当事人都是外国人、无国籍人、外国企业或者组织，当事人书面协议选择中华人民共和国海事法院管辖的，即使与纠纷有实际联系的地点不在中华人民共和国领域内，中华人民共和国海事法院对该地纠纷也具有管辖权。"

2. 海事请求保全。根据《海事诉讼特别程序法》第20条的规定，海事请求保全是指海事法院根据海事请求人的申请，为保障其海事请求的实现，对被请求人的财产所采取的强制措施。又被称为"海事财产保全"。海事请求保全是司法实践中实施很多的一种强制措施，实践中常见的海事请求保全措施有：扣押船舶；扣押船载货物；冻结转租运费、租金；查封银行账号；冻结银行存款；冻结信用证；截留货款等。而其中最有特色和最重要的是扣押船舶和扣押船载货物。海事请求保全是海事诉讼中的一项重要制度，不完全等同于我国民事诉讼法上的财产保全，它是诉讼法理论上发展出来的新概念。我国的海事请求保全理论是我国《民事诉讼法》与有关国际公约两种制度融合的产物，表现为程序上基本采用我国《民事诉讼法》有关财产保全的规定。① 我国《民事诉讼法》中的财产保全制度规定在第100条至第105条，第100条规定："人民法院对于可能因当事人一方的行为或者其他原因，使判决难以执行或者造成当事人其他损害的案件，根据对方当事人的申请，可以裁定对其财产进行

① 谭岳奇：《中国海事诉讼发展的里程碑》，载《法学评论》2000年第5期。

保全，责令其作出一定行为或者禁止其作出一定行为；当事人没有提出申请的，人民法院在必要时也可以裁定采取保全措施。人民法院采取保全措施，可以责令申请人提供担保，申请人不提供担保的，裁定驳回申请。人民法院接受申请后，对情况紧急的，必须在 48 小时内作出裁定；裁定采取保全措施的，应当立即开始执行。"称为诉讼中保全。第 101 条规定："利害关系人因情况紧急，不立即申请保全将会使其合法权益受到难以弥补的损害的，可以在提起诉讼或者申请仲裁前向被保全财产所在地、被申请人住所地或者对案件有管辖权的人民法院申请采取保全措施。申请人应当提供担保，不提供担保的，裁定驳回申请。人民法院接受申请后，必须在 48 小时内作出裁定；裁定采取保全措施的，应当立即开始执行。申请人在人民法院采取保全措施后 30 日内不依法提起诉讼或者申请仲裁的，人民法院应当解除保全。"称为诉前保全。这两个法条确立了我国民事诉讼中的两种财产保全措施。

第 102 条至第 105 条对财产保全的范围、措施、解除以及保全错误的补救措施进行了规定。海事请求保全规定在《海事诉讼特别程序法》的第 12 条至第 20 条。第 20 条规定："海事请求保全是指海事法院根据海事请求人的申请，为保障其海事请求的实现，对被请求人的财产所采取的强制措施。"这是关于海事请求保全的法条定义，其他法条从海事请求保全的管辖、内容、申请的裁定、解除保全以及申请保全的错误救济等各方面进行了规定。

通过对《民事诉讼法》中关于财产保全的规定和《海事诉讼特别程序法》中关于海事请求保全规定的对比不难发现两者之间很多的不同之处，区别点主要体现在三个方面：（1）管辖上的区别。海事请求保全和财产保全是由不同的法院管辖，海事请求保全由海事法院专门管辖，财产保全由普通人民法院管辖。依据我国的财产保全理论，无论是诉前财产保全还是诉讼财产保全措施，都只能由对案件实体问题有管辖权的法院采取，但是在海事诉讼中，对案件实体问题没有管辖权的法院，可以因保全措施的采取而取得对案件实体问题的管辖权。（2）依据不同。海事请求保全只能依据海事请求人的申请，海事法院不依职权裁定实施。财产保全不仅可以依据当事人的申请，法院认为必要的也可以依职权裁定实施。（3）保全的对象不同。海事请求保全以海上财产，尤其是船舶、船载货物等为主要的保全对象，是对这些海上财产的特殊性质而采取的特殊做法。财产保全以债务人所有的财产为保全对象。虽然二者存在着上述差异，但这些差异不是根本性的，从本质上看，两者都是为保护债权人的利益对债务人的财产采取的强制措施，因此可以说海事请求保全是财产保全的一种特殊种类。

3. 海事强制令。在海事诉讼中，经常会发生需要当事人一方为或不为特定行为的情况，如货主请求承运人交付货物、托运人请求承运人签发提单、船舶所有人请求租船人交回船舶等。我国财产保全理论的对象都是财产而非行为，所以在处理这类问题时传统的理论就显得无能为力。《海事诉讼特别程序法》为了适应海事诉讼的特殊需要，在总结海事审判经验的基础上，借鉴一些国家海事立法的合理内容，为避免和减少损失，保护当事人的合法利益，创立了"海事强制令"制度。

海事强制令是指海事法院根据海事请求人的申请，为使其合法权益免受侵害，责令被请求人作为或者不作为的强制措施。由于这种强制措施针对的对象不是特定的财产而是特定的行为，因此有人又将其称为"海事行为保全"制度。

根据《海事诉讼特别程序法》第51条至第61条的规定，海事请求人申请海事强制令，应当向海事法院提交书面申请。申请书应当载明申请理由，并附有相关证据。海事法院受理海事强制令申请，可以责令海事请求人提供担保，不提供担保的驳回其申请。作出海事强制令，应当具备下列条件：（1）请求人有具体的海事请求；（2）需要纠正被请求人违反法律规定或者合同约定的行为；（3）情况紧急，不立即做出海事强制令将造成损害或者使损害扩大。海事法院接受申请后，应当在48小时内作出决定，做出或不做出海事强制令。

《民事诉讼法》在2012年修改前，没有行为保全，关于对行为的保全措施是先予执行。2012年修改后，增加规定了行为保全。即《民事诉讼法》第100条规定："人民法院对于可能因当事人一方的行为或者其他原因，使判决难以执行或者造成当事人其他损害的案件，根据对方当事人的申请，可以裁定对其财产进行保全、责令其作出一定行为或者禁止其作出一定行为；当事人没有提出申请的，人民法院在必要时也可以裁定采取保全措施。"这次民事诉讼法修改的一大特点是，国内与涉外的相关规定，尽可能地一致起来，也表现在证据保全上，此次修正案增加了诉前的证据保全的具体规定。

4. 海事证据保全。《民事诉讼法》第81条规定："在证据可能灭失或者以后难以取得的情况下，当事人可以在诉讼过程中向人民法院申请保全证据，人民法院也可以主动采取保全措施。因情况紧急，在证据可能灭失或者以后难以取得的情况下，利害关系人可以在提起诉讼或者申请仲裁前向证据所在地、被申请人住所地或者对案件有管辖权的人民法院申请保全证据。"海事诉讼借鉴了这一制度，在《海事诉讼特别程序法》第62条规定："海事证据保全是指海事法院根据海事请求人的申请，对有关海事请求的证据予以提取、保存或者封存的强制措施。"海事证据保全是在借鉴民事诉讼证据保全制度基础上的创新发展，创新之处体现在：（1）民事诉讼法（修改前）上的证据保全只是一种诉讼证据保全，但海事证据保全包括了诉前证据保全。诉前海事证据保全是海事法院在海事审判实践经验中探索出的新内容。我国最早的一例诉前海事证据保全案件，是厦门海事法院于 1992 年办理的厦门特区锦江贸易公司申请诉前证据保全案。① （2）海事证据保全是创设管辖权的依据。《海事诉讼特别程序法》第 72 条规定："海事证据保全后，有关海事纠纷未进入诉讼或者仲裁程序的，当事人就该海事请求，可以向采取证据保全的海事法院或者其他有管辖权的海事法院提起诉讼，但当事人之间订有诉讼管辖协议或者仲裁协议的除外。"从这一规定来看，采取海事证据保全的法院可以因此而取得对案件实体问题的管辖权。民事诉讼法上的证据保全制度，目的是保持证据的客观性和真实性，防止其遭到破坏而采取的保全措施，为了保障诉讼程序的顺利进行，并不能因证据保全的实施而取得对案件实体问题的管辖权。海事诉讼证据保全程序针对的是海事诉讼中所涉纠纷船舶的流动性比较大的特点，避免因起诉而耽误证据保全的时机，使证据保全更加及时有效。这一制度的确立对确保法院查清案情、确定责任、及时高效地审判案件有着巨大的作用。且由于海事证据保全和海事请求保全、海事强制令共同具有的保全的性质和目的，因此这三项制度又被人统称为"海事保全制度"。

5. 海事担保。海事担保是相对于海事保全而言的，是海事保全制度的配套制度。《海事诉讼特别程序法》第 73 条规定："海事担保包括本法规定的海事请求保全、海事强制令、海事证据保全等程序中所涉及的担保。担保的方式为提供现金或者保证、设置抵押或者质押。"第 79 条规定："设立海事赔偿责任限制基金和先予执行等程序所涉及的担保，可以参照本章规定。"我国民法中关于担保的理论是海事担保制度的理论基础，是担保法在海事领域的具体应用，但也有突破之处。海事请求人的担保应当提交给海事法院；被请求人的担保可以提交给海事法院，也可以提交给海事请求人。海事请求人提供的担保，其方式、数额由海事法院决定。被请求人提供的担保，其方式、数额由海事请求人和被请求人协商，协商不成的，由海事法院决定。关于海事请求人和被请求人应当提供的担保的数额，《海事诉讼特别程序法》第 76 条规定："海事请求人要求被请求人就海事请求保全提供担保的数额，应当与其债权数额相当，但不得超过被保全的财产价值。海事请求人提供担保的数额，应当相当于因其申请可能给被请求人造成的损失。具体数额由海事法院决定。"

在担保提供后，提供担保的人有正当理由的，可以向海事法院申请减少、

① 金正佳、翁子明：《海事请求保全专论》，大连海事大学出版社 1996 年版，第 21 页。

变更或者取消该担保。海事请求人请求担保的数额过高，造成被请求人损失的，应当承担赔偿责任。实体案件经过法院的审理并作出裁判后，债务人到期不履行债务，此时就会发生担保的执行。但并不是每一个担保都存在执行的问题，只有在法院裁判被担保人承担责任，且被担保人到期不履行其责任的情况下，才须执行担保。

6. 债权登记与受偿程序。在海事诉讼中，当海事法院裁定强制拍卖船舶的公告发布后，相关债权人应当在公告期间，就与被拍卖船舶有关的债权申请登记，以期对债权人利益保护的最大化。《海事诉讼特别程序法》第 111 条至第 119 条规定了债权登记与受偿的程序：

（1）债权人申请。海事法院裁定强制拍卖船舶的公告发布后，债权人应当在公告期间，就与被拍卖船舶有关的债权申请登记。公告期间届满不登记的，视为放弃在本次拍卖船舶价款中受偿的权利。债权人向海事法院申请登记债权的，应当提交书面申请，并提供有关债权证据。债权证据，包括证明债权的具有法律效力的判决书、裁定书、调解书、仲裁裁决书和公证债权文书，以及其他证明具有海事请求的证据材料。债权人提供其他海事请求证据的，应当在办理债权登记以后，在受理债权登记的海事法院提起确权诉讼。当事人之间有仲裁协议的，当事人应当及时申请仲裁。

（2）法院审查裁定。海事法院应当对债权人的申请进行审查，对提供债权证据的，裁定准予登记；对不提供债权证据的，裁定驳回申请。

（3）召开债权人会议和债权分配。海事法院审理并确认债权后，应当向债权人发出债权人会议通知书，组织召开债权人会议。债权人会议可以协商提出船舶价款或者海事赔偿责任限制基金的分配方案，签订受偿协议。受偿协议经海事法院裁定认可，具有法律效力。债权人会议协商不成的，由海事法院依照《海商法》以及其他有关法律规定的受偿顺序，裁定船舶价款或者海事赔偿责任限制基金的分配方案。在分配的过程中，拍卖船舶所得价款及其利息，或者海事赔偿责任限制基金及其利息，应当一并予以分配。分配船舶价款时，应当由责任人承担的诉讼费用，为保存、拍卖船舶和分配船舶价款产生的费用，以及为债权人的共同利益支付的其他费用，应当从船舶价款中先行拨付。清偿债务后的余款，应当退还船舶原所有人或者海事赔偿责任限制基金设立人。

7. 船舶优先权催告程序。船舶转让时，受让人可以向海事法院申请船舶优先权催告，催促船舶优先权人及时主张权利，以消灭该船舶附有的船舶优先权。《海事诉讼特别程序法》第 121 条至第 126 条规定了申请船舶优先权催告的具体程序：

（1）申请人提出。申请船舶优先权催告，应当向海事法院提交申请书、船舶转让合同、船舶技术资料等文件。申请书应当载明船舶的名称、申请船舶优先权催告的事实和理由。

（2）法院审查裁定。海事法院在收到申请书以及有关文件后，应当进行审查，在 7 日内作出准予或者不准予申请的裁定。受让人对裁定不服的，可以申请复议一次。

（3）公告催促。海事法院在准予申请的裁定生效后，应当通过报纸或者其他新闻媒体发布公告，催促船舶优先权人在催告期间主张船舶优先权。船舶优先权催告期间为 60 日。船舶优先权催告期间，船舶优先权人主张权利的，应当在海事法院办理登记；不主张权利的，视为放弃船舶优先权。

（4）申请判决。船舶优先权催告期间届满，无人主张船舶优先权的，海事法院应当根据当事人的申请作出判决，宣告该转让船舶不附有船舶优先权。判决内容应当公告。

以上是我国海事诉讼法中的几大主要制度，除了上述制度外，设立海事赔偿责任限制基金程序也是我国海事诉讼中一项特殊而重要的制度，将在本文的下一部分重点论述。海事诉讼中的制度，都是围绕着海事纠纷不同于一般民事、经济纠纷的特点，在民法、民事诉讼法的基础上的创新和发展，同时又借鉴了国际上其他国家先进的海事立法理念。它满足了我国日益繁荣的航海贸易事业的发展需求，是解决海事纠纷的主要法律依据，也为我国海事实体法的实施提供了程序保障。

（二）海事赔偿责任限制基金

自航海产生之日起，由于海上变幻莫测的气象因素，且早期的造船技术手段低下，通讯技术也不发达，航运业存在着很大的风险。尽管现代社会船舶技术和通讯事业都有了前所未有的进步和提升，但是海上运输的风险还是远远高于陆上运输。除了自然原因造成的风险和损失外，实际中船舶在海上营运或在港口停泊，常会发生因船长或其他船上人员在执行职务中的疏忽过失，造成第三者重大的人身伤亡或财产损失。根据民法的一般原理，此时船长、船员或船舶所有人要承担损害赔偿责任，通常情况下这种损害赔偿往往数额巨大，有时甚至会超过船舶本身的价值。如果要求相关责任主体对损失承担全部责任，责任主体将会无力承担，甚至还会造成航运企业的破产，阻碍航运事业的正常发展。因此，在这种特殊的背景下，海事赔偿责任限制制度应运而生。

海事赔偿责任限制是指，在发生重大海损事故时，对事故负有责任的船舶所有人、救助人或者其他人依据法律规定，对于受害人提出的损害赔偿请求，在没有主观故意造成损害的情况下，只在法律规定的最高限额内，承担损害赔偿责任。① 这是海商法中特有的并区别于民法中的损害赔偿的一项特殊法律制度。海事赔偿责任限制制度最初是为了保护船舶所有人的利益而设的，因此过去一直被称为"船舶所有人责任限制"，随着航运业的发展，真正的船舶所有人与船舶实际经营人的分离以及其他原因，救助人、船舶承租人、经营人、责任保险人以及船东和救助人的受雇人和代理人也渐渐被纳入受保护的范围。

　　海事赔偿责任限制制度始于何时，至今说法不一。有人认为最早记载关于船舶的赔偿责任的成文法是公元前 18 世纪的《汉谟拉比法典》第 240 条之规定，即"倘逆流之船撞沉顺流之船，则沉没之船之主人应对神宣誓证明全部船上之损失，而撞沉顺流之船的逆流之船应赔偿船只及船上全部之损失"。② 另有学者认为，在古代罗马法"交物制度"中就有这一制度的痕迹，但根据文献记载，13 世纪意大利巴塞罗那的《康苏拉度判例集》才是该制度的萌芽。它规定船舶共有人之责任以其所有部分为限。③ 但可以肯定的是这一制度的发展史可以追溯到很早以前。近代社会以来，在海事赔偿责任限制制度的发展过程中，几个国际社会关于海事赔偿责任限制制度的公约发挥着重要的作用，也可以从中发现海事赔偿责任限制制度发展的轨迹。

　　《船舶所有人责任限制公约》由国际海事委员会于 1955 年在马德里起草，1957 年 10 月 10 日在布鲁塞尔召开的第十届海洋法外交会议上通过，为国际上关于海事赔偿责任限制制度的第一个生效的国际公约。这一公约使船舶所有人责任限制制度在国际上得到了初步统一。公约采用事故制度，即责任限制不以航次为标准，而以事故次数为标准，一次事故一个限额。

　　随着海运事业的发展，1957 年的《船舶所有人责任限制公约》的不足逐渐显现出来。1976 年 11 月 19 日，在伦敦召开的国际海事委员会外交会议上，通过了新的《海事赔偿责任限制公约》，该公约于 1986 年 12 月 1 日生效。该公约采用金额制度，以特别提款权为计算单位。并大幅度提高了责任限额以抵消通货膨胀。1996 年 4 月举行的国际海事组织外交大会对《1976 年海事赔偿责任限制公约》的议定书草案进行了研究讨论，并最终通过了该议定书草案。该议定书于 2004 年 3 月 14 日生效，目前共有 28 个参加国。该议定书在《1976 年海事赔偿责任限制公约》的基础上，大大提高了责任限额。由于航海业经常涉及国与国之间的贸易往来，因此，海商法是最早实现国际统一的法律领域，且国际化统一程度较高，因此各国的海商立法受国际公约的影响较大。

---

① 张湘兰、邓瑞平、姚天冲：《海商法论》，武汉大学出版社 2002 年版，第 310 页。
② 唐燕飞：《海事赔偿责任限制研究》，上海海事大学 2007 年硕士学位论文。
③ 邢海宝：《海商法教程》，中国人民大学出版社 2008 年版，第 432 页。

我国《海商法》规定了海事赔偿责任限制制度，《海事诉讼特别程序法》第九章专门规定了设立海事赔偿责任限制基金程序，这两部法律不仅从实体上确立了这一制度，也建立了相应的程序保障，使我国的海事赔偿责任限制制度形成了一个完整的体系。

1. 海事赔偿责任限制的主体。《海事诉讼特别程序法》第 101 条规定："船舶所有人、承租人、经营人、救助人、保险人在发生海事事故后，依法申请责任限制的，可以向海事法院申请设立海事赔偿责任限制基金。"根据这条法律规定，海事赔偿责任限制的主体是船舶所有人、救助人、经营人、救助人和保险人。船舶所有人不仅限于实际的船舶所有人，也包含船舶承租人和船舶经营人。当海事赔偿请求不是向船舶所有人、救助人本人提出，而是向他们的代理人或受雇人提出时，因为船舶所有人、救助人需对这些人员的行为、过失负责，所以只要这些人员在受雇或受委托范围内行事，那么就可以根据法律的规定，享有与船舶所有人、救助人相同的责任限制。保险人享有与被保险人相同的赔偿责任限制。

2. 海事赔偿责任限制的条件。海事赔偿责任限制的条件，是指责任主体申请海事赔偿责任限制所必须具备的条件。《海商法》第 209 条规定："经证明，引起赔偿请求的损失是由于责任人的故意或者明知可能造成损失而轻率地作为或者不作为造成的，责任人无权依照本章规定限制赔偿责任。"由此可见，这一条文采取了排除的方式立法，如果责任人既有海商法规定的下列情节或事由就无权享有赔偿责任限制的权利。这些情节和事由包括：（1）直接故意行为，即责任人预见到自己的行为可能造成损害后果而希望或放任其发生。对这种直接故意行为造成的损害，责任人当然无权享有赔偿责任限制的权利。（2）明知可能造成损失而轻率地作为或者不作为，即间接故意行为。责任人明知自己的行为可能造成某种损害但轻信不会发生而采取的作为或不作为，或者说责任人对可能产生的后果既不积极追求，也不积极避免，而采取一种放任的态度，则责任人也不能享受赔偿责任限制的权利。

3. 限制性海事赔偿和非限制性海事赔偿。我国对海事赔偿限制责任的债权有限制性债权和非限制性债权之分。限制性债权是指，有关责任主体根据海事赔偿责任限制的法律可进行责任限制的海事债权；非限制性债权是指，责任主体不能以责任限制来对抗的债权，即根据海事赔偿责任限制的法律规定，责任人不能享有责任限制利益的债权。① 有权限制赔偿的责任人，并不是对其提

---

① 傅旭梅：《中华人民共和国海商法诠释》，人民法院出版社 1995 年版，第 380 ~ 383 页。

出的所有海事赔偿请求均可进行限制，而是仅对法律明确规定允许其限制赔偿责任的海事赔偿请求才可享受责任限制的权利。《海商法》对哪些海事赔偿属于限制性债权有明确的规定。《海商法》第207条规定："下列海事赔偿请求，除本法第二百零八条和第二百零九条有规定外，无论赔偿责任的基础有何不同，责任人均可以依照本章规定限制赔偿责任：（一）在船上发生的或者与船舶营运、救助作业直接相关的人身伤亡或者财产的灭失、损坏，包括对港口工程、港池、航道和助航设施造成的损坏，以及由此引起的相应损失的赔偿请求；（二）海上货物运输因迟延交付或者旅客及其行李运输因迟延到达造成损失的赔偿请求；（三）与船舶营运或者救助作业直接相关的，侵犯非合同权利的行为造成其他损失的赔偿请求；（四）责任人以外的其他人，为避免或者减少责任人依照本章规定可以限制赔偿责任的损失而采取的赔偿请求，以及因此项措施造成进一步损失的赔偿请求。前款所列赔偿请求，无论提出的方式有何不同，均可以限制赔偿责任。但是，第（四）项涉及责任人以合同约定支付的报酬，责任人的支付责任不得援用本条款赔偿责任限制的规定。"前三款所列的赔偿请求，无论提出的方式有何不同，不论是以追偿的方式、合同要求的赔偿方式还是其他的方式，均不影响责任人限制赔偿责任的权利行使。

与限制性海事赔偿相对应的是非限制性海事赔偿，《海商法》第208条规定："本章规定不适用于下列各项：（一）对救助款项或者共同海损分摊的请求；（二）中华人民共和国参加的国际油污损害民事责任公约规定的油污损害的赔偿请求；（三）中华人民共和国参加的国际核能损害责任限制公约规定的核能损害的赔偿请求；（四）核动力船舶造成的核能损害的赔偿请求；（五）船舶所有人或者救助人的受雇人提出的赔偿请求，根据调整劳务合同的法律，船舶所有人或者救助人对该类赔偿请求无权限制赔偿责任，或者该项法律作了高于本章的赔偿限额的规定。"对于第1款的规定，即对救助款项或者共同海损分摊的请求，《海商法》第180条在对救助报酬的确定上要求，确定救助报酬应当体现对救助作业的鼓励，并综合考虑船舶和其他财产的获救价值等其他因素，最终救助报酬不得超过船舶和其他财产的获救价值。因此，实质上《海商法》第180条已经对救助款项进行了限制赔偿，同时为了鼓励救助人积极进行海难救助，不宜再对责任人进行第二次责任限制。共同海损是由船货双方根据各自共同海损行为而受益的财产价值大小共同进行分摊，而且，船货双方分摊的金额不超过其受益的财产，如果船方单方面对其应分摊的共同海损金额责任限制，显然对货方不公平。对于第2、3、4款规定的油污损害、核能损害和核动力船舶造成的核能损害赔偿规则，已由专门的国际公约进行了规范调整。第5款的规定是为了保护船舶所有人或救助人的受雇人员的权益，这些人员根据与船舶所有人或者救助人订立的雇佣合同，以及调整雇佣合同的法律，提出的工资和其他劳务报酬，以及在履行劳务合同过程中遭受的人身损害或财产损失等的赔偿请求，这些应属于劳务合同的法律调整范围之内，根据调整劳务合同的法律，船舶所有人或者救助人无权享有责任限制，如果该项法律作了高于本章规定的赔偿限额的规定，则船舶所有人或救助人按此规定限制赔偿责任。因此，基于上述原因，我国《海商法》规定对这 5 款规定的责任人不得限制其赔偿责任。

4. 海事赔偿责任限制程序。所谓海事赔偿责任限制程序是指，在发生重大海损时，作为责任主体的船舶所有人、承租人、经营人、救助人、保险人根据法律的规定，申请将自己的赔偿责任限制在一定的范围内所必须履行的法定手续。① 该程序通常包括申请人向法院申请设立责任限制基金、法院对申请的审查并发布公告、利害关系人提出异议、法院裁定责任限制基金的设立、债权人进行债权登记并提起确权诉讼、基金的最终分配等一系列程序。在我国，海事赔偿责任限制程序在遵守一般民事诉讼程序的规定之下，主要由《海事诉讼特别程序法》来规范和调整，另外，最高人民法院《关于适用〈中华人民共和国海事诉讼特别程序法〉若干问题的解释》和最高人民法院《关于审理海事赔偿责任限制相关纠纷案件的若干规定》进行了必要的补充和细化，并在一定程度上解决了司法实践中操作性不强、认定尺度不一等问题。

根据我国相关法律规定，我国海事赔偿责任的程序主要有以下方面：

（1）申请设立海事赔偿责任限制基金。根据我国《海事诉讼特别程序法》第 101 条规定，船舶所有人、承租人、经营人、救助人、保险人在发生海事事故后，依法申请责任限制的，可以向海事法院申请设立海事赔偿责任限制基金。船舶造成油污损害的，船舶所有人及其责任保险人或者提供财务保证的其他人为取得法律规定的责任限制的权利，应当向海事法院申请油污损害的海事赔偿责任限制基金。设立责任限制基金的申请可以在起诉前或者诉讼中提出，但是最迟应当在一审判决作出前提出。

（2）法院受理、公告、审查和裁定。海事法院受理设立海事赔偿责任限制基金申请后，应当在 7 日内向已知的利害关系人发出通知，同时通过报纸或者其他新闻媒体发布公告。通知和公告包括申请人的名称、申请的事实和理由、设立海事赔偿责任限制基金事项以及办理债权登记事项和需要告知的其他事项等内容。在审查期间，如果利害关系人对申请人申请设立海事赔偿责任限

① 徐飞：《论海事赔偿责任限制程序与产生海事赔偿责任限制的海事请求程序间的关系》，载《中国海商法年刊》2001 年第 1 期。

制基金有异议的，应当在收到通知之日起 7 日内或者未收到通知的在公告之日起 30 日内，以书面形式向海事法院提出。如果利害关系人在规定的期间内没有提出异议的，海事法院裁定准予申请人设立海事赔偿责任限制基金。准予申请人设立海事赔偿责任限制基金的裁定生效后，申请人应当在海事法院设立海事赔偿责任限制基金。设立海事赔偿责任限制基金可以提供现金，也可以提供经海事法院认可的担保。以现金设立基金的，基金达到海事法院指定账户之日为基金设立之日，以担保设立基金的，海事法院接受担保之日为基金之日。海事赔偿责任限制基金的数额，为海事赔偿责任限额和自事故发生之日起至基金设立之日的利息。

（3）基金设立后的程序。基金设立后，海事法院将主要进行债权登记和确权裁决，以及决定分配方案和受偿顺序的相关程序，具体如下：海事法院受理设立海事赔偿责任限制基金的公告发布后，债权人应当在公告期间，就与被拍卖船舶有关的债权申请登记。公告期间届满不登记的，视为放弃在本次拍卖船舶价款中受偿的权利。债权人向海事法院申请登记债权的，应当提交书面申请，并提供有关债权证据。另外，债权人提供其他海事请求证据的，应当在办理债权登记以后，在受理债权登记的海事法院提起确权诉讼。海事法院审理并确认债权后，应当向债权人发出债权人会议通知书，组织召开债权人会议。债权人会议可以协商提出船舶价款或者海事赔偿责任限制基金的分配方案，签订受偿协议。受偿协议经海事法院裁定认可，具有法律效力。债权人会议协商不成的，由海事法院依照《海商法》以及其他有关法律规定的受偿顺序，裁定船舶价款或者海事赔偿责任限制基金的分配方案。拍卖船舶价款及其利息，或者海事赔偿责任限制基金及其利息，应当一并予以分配。分配船舶价款时，应当由责任人承担的诉讼费用，为保存、拍卖船舶和分配船舶价款产生的费用，以及为债权人的共同利益支付的其他费用，应当从船舶价款中先行拨付。清偿债务后的余款，应当退还船舶原所有人或者海事赔偿责任限制基金设立人。

上述是我国关于海事赔偿责任限制基金的实体和程序的法律规定，除此之外，海事赔偿责任限额的计算也是一项很重要的内容，将在本文的下一个部分重点论述。综观我国的海事赔偿责任限制制度的法律规定采取了移植的立法模式，重点移植了《1976 年海事赔偿责任限制公约》的规定。这种移植国际立法和行业惯例的立法模式，使我国的海事赔偿责任限制制度具有较强的先进性和国际性，也能很好地与国际接轨，但是在移植的过程中，并未充分考虑我国的实际情况，且近年来，随着航运业的发展，不断出现了新情况、新问题，我国海事赔偿责任限制制度存在的问题也越来越突出和明显。在司法实践中，我国海事赔偿责任限制制度主要存在的问题有：

1. 责任限制基金的集中诉讼功能无法发挥。同一起海损事故会引起众多的海事损害赔偿纠纷，各个享有海事赔偿责任限制的债权人依据不同诉因通常会基于不同的管辖原则在不同的法院或仲裁庭，甚至可能会在不同的国家进行诉讼或仲裁。责任人就必须要在不同的法院或者仲裁庭进行应诉和抗辩，这就造成责任人的应诉成本过高。而且由于各个法院的裁判尺度不一，对具体损害赔偿的认定标准将得不到统一，另外，在所有单个的索赔数额都没有超过责任限额时，责任人对于各个案件的赔偿数额总和仍然可能超过责任限额，此时，海事赔偿责任限制制度的"一次事故一个限额"的原则将被打破，责任人将要承担不能根据法律的规定享受责任限制的风险。因此，为了使"一次事故一个限额"原则得到真正的遵守，最理想的解决方案就是将一次海损事故引起的所有限制性海事请求集中到一个法院来审理，并且由该法院统一分配责任限额，才能够避免出现各个案件的赔偿数额总和可能超过责任限额现象的发生。

2. 责任限制基金的担保功能也无法发挥。如果责任人仅主张责任限制，而不设立责任限制基金，那么责任限制基金的担保功能将不能实现。对责任人而言，船舶为其商业经营的基本工具，其他财产也是商业运转不可或缺的。当海事事故发生后，受害人往往要扣押责任人的船舶或者其他财产，责任人的船舶或财产被扣押则意味着商业活动的无法正常进行。为解除和防范此种风险，责任人只能以在法院设立责任限制基金的方式替代上述财产扣押。在司法实践中，责任人会根据实际情况决定是否设立责任限制基金，索赔人也会根据实际情况决定是否通过扣押责任人的财产获得担保。虽然经验和实践表明，责任人设立责任限制基金为常态，不设立责任限制基金为例外，但是还应该通过立法或者司法解释的方式进行相应的补充规定，以充分利用责任限制基金的担保功能，尽量避免因责任人的财产被扣押而造成损失的扩大。

3. 我国海事赔偿责任限制制度的实体法和程序法之间不配套。责任限制基金设立后，法院拒绝执行实体法给予责任人的保护在司法实践中非常普遍。根据《海商法》第 214 条规定："责任人设立责任限制基金后，向责任人提出请求的任何人，不得对责任人的任何财产行使任何权利；已设立责任限制基金的责任人的船舶或者其他财产已经被扣押，或者基金设立人已经提交抵押物的，法院应当及时下令释放或者责令退还。"但是实践中法院却不肯及时下令退还责任人提供的担保。法院认为，在审理设立责任限制基金时，《海事诉讼特别程序法》以及最高人民法院《关于适用〈中华人民共和国海事诉讼特别程序法〉若干问题的解释》并没有要求法院审理责任人是否可以享有责任限制，此种情况下下令退还海事请求权人通过合法途径获得的担保将损害请求权人的合法权益，有违公平正义的基本原则。① 产生这一问题的根源在于，《海商法》第 214 条退还担保的前提条件只是要求责任人设立了海事赔偿责任限制基金，而并没有要求责任人必须首先享有海事赔偿责任限制，这也暴露出我国海商法实体规定和程序规则之间的不配套。另外，法院拒绝下令退还担保的另一个现实因素是目前缺乏配套的程序来指导法院如何操作，在没有法律明文规定的情况下，法院也不知道如何来"下令退还"，具体体现在，法律文书是用民事裁定、通知还是命令的形式；由哪个合议庭来"下令"，是由审理设立责任限制基金的合议庭还是为获得担保而采取财产保全的合议庭，还是由审理海事事故实体问题的合议庭？如果受理财产保全、实体审理以及设立限制基金申请的法院为不同的法院，又该如何处理等一系列问题，都有待程序法的进一步明确规定。

（三）　海事赔偿责任限额计算

海事赔偿责任限额是指海事事故责任人依照法律规定所应当承担的限制性债权的最高赔偿限额。世界各国分别采用了不同的海事赔偿责任限额计算方式，主要有船价制、委付制、执行制和金额制以及混合制等五种方式。

船价制是指船舶所有人的赔偿责任以船舶价值和运费为限。这里的船舶价值一般不包括第三人对船舶损坏的赔款和船舶保险赔款。运费是指本航次可以赚取的"特定运费"，包括已收运费和应收运费，而不仅仅指未收取的应收运费。船价制由英国 1733 年《船舶所有人责任法》首次确立，英国和美国是采用船价制国家的代表。

委付制是指船舶所有人对船长或船员造成的损害负责，但若将船舶及其收益（包括本航次运费及其他所得）等海上财产委付给受害人，则免除责任。19 世纪以前，欧洲大陆多数国家采用这一立法方式。

执行制又称海事优先权制，是指因船舶而产生的债务只限于用船舶来清偿，债权人不得对船舶所有人另行主张，索赔人之间的受偿顺序受海事优先权制约。执行制的立法以德国为代表，德国的执行制是基于船舶所有人对船长或船员过错造成的损失不负赔偿责任，因此，船舶所有人一旦交出船舶和运费，并不对受害人负有赔偿义务。

金额制又称吨位制，是以船舶吨位大小确定责任限额高低的方法。这是英国 1854 年《商船航运法》首次推行的一种新的责任限额确定方式。根据这一

---

① 祝默泉、沈晓平：《论完善我国海事赔偿责任限制程序制度》，载《中国海商法年刊》2003 年第 14 卷。

制度，船舶所有人及其他责任人因船舶一次事故而产生的责任以一定赔偿限额为限，即以船舶的登记吨数乘以法定的每一登记吨的限制赔偿额为责任人的最高赔偿额。① 吨位制的最大优点在于计算方便、限额相对固定。不论事故前后的船舶价值如何，责任人均依该事故船舶的吨位大小来计算该次海损事故引起的损害赔偿责任，因此其赔偿责任限额是确定的，不会因船舶灭失或受损贬值而使受害人得不到合理的赔偿，更可以对人身伤亡索赔提供最基本的保障，因而得到了广泛的采用。《1957 年船舶所有人责任限制公约》和《1976 年海事赔偿责任限制公约》均规定了金额制，我国《海商法》对责任限额的规定采用的也是吨位制。

我国《海商法》将海事赔偿责任限额的确定按船舶吨位分级计算，人身伤亡的赔偿请求分五个等级，非人身伤亡的赔偿请求分四个等级，具体计算如下：

1. 人身伤亡的赔偿责任限额计算。

（1）总吨位 300 吨至 500 吨的船舶，赔偿限额为 333000 计算单位；

（2）总吨位超过 500 吨的船舶，500 吨以下部分适用本项第 1 目的规定，500 吨以上的部分，应当增加下列数额：

①501 吨至 3000 吨的部分，每吨增加 500 计算单位；

②3001 吨至 30000 吨的部分，每吨增加 333 计算单位；

③30001 吨至 70000 吨的部分，每吨增加 250 计算单位；

④超过 70000 吨的部分，每吨增加 167 计算单位。

对于单纯的人身伤亡赔偿请求，按上述规定确定该请求的责任限额，这里的计算单位指的是特别提款权（SDR）。②

2. 非人身伤亡的赔偿责任限额。非人身伤亡主要是指财产的灭失、损坏及其他经济损失的赔偿请求。

（1）总吨位 300 吨至 500 吨的船舶，赔偿限额为 167000 计算单位；

（2）总吨位超过 500 吨的船舶，500 吨以下部分适用本项第 1 目的规定，500 吨以上的部分，应当增加下列数额：

---

① 邢海宝：《海商法教程》，中国人民大学出版社 2008 年版，第 430 页。

② 特别提款权（SDR，Special Drawing Rights）是国际货币基金组织（IMF）于 1969 年所创立的，由美国、英国等当时贸易量超过世界贸易量 1% 的 16 个国家的货币单位按贸易量加权计得的一种资本计量单位。现改由美元、英镑、日元和欧元四种货币计得特别提款权，其单位价值是按照美、日、英及其他欧盟国家在国际贸易中各自所占的比例进行加权而构成的。特别提款权采用"一篮子"货币定值，可以利用这些货币汇率之间的升降，抵消波动，较之于单一货币更能保持其币值的稳定。

①501 吨至 30000 吨的部分，每吨增加 167 计算单位；

②30001 吨至 70000 吨的部分，每吨增加 125 计算单位；

③超过 70000 吨的部分，每吨增加 83 计算单位。

对于单纯的非人身伤亡的赔偿请求，按上述规定确定该请求的责任限额。同时《海商法》第 210 条还规定了几种特殊情形下的赔偿限额计算：（1）依照第 1 项规定的限额，不足以支付全部人身伤亡的赔偿请求的，其差额应当与非人身伤亡的赔偿请求并列，从第 2 项数额中按照比例受偿。即人身伤亡限额不足以支付全部人身伤亡赔偿请求的，其不足部分应当与非人身伤亡的赔偿请求并列，从非人身伤亡赔偿责任限额中与非人身伤亡赔偿请求按比例受偿。（2）在不影响第 3 项关于人身伤亡赔偿请求的情况下，就港口工程、港池、航道和助航设施的损害提出的赔偿请求，应当较第 2 项中的其他赔偿请求优先受偿。换言之，这类索赔人可以从非人身伤亡责任限额中优先受偿，剩余财产部分再供其他财产索赔人按比例分配。（3）不以船舶进行救助作业或者在被救船舶上进行救助作业的救助人，其责任限额按照总吨位为 1500 吨的船舶计算。这一规定首先包含的第一层含义是，当救助人以自己的船舶，包括其拥有、租用或经营的船舶，进行救助作业时，其责任限额按救助船舶的实际吨位计算；其次，当救助人不以船舶进行救助作业或者在被救助船舶上进行救助作业时，其责任限额为按照总吨位为 1500 吨的船舶，并适用《海商法》第 210 条第 1—4 项规定的方法计算。（4）总吨位不满 300 吨的船舶，从事中华人民共和国港口之间的运输的船舶，以及从事沿海作业的船舶，其赔偿限额由国务院交通主管部门制定，报国务院批准后施行。针对这一款规定，国务院交通部门已制定了《关于不满 300 总吨船舶及沿海运输、沿海作业船舶海事赔偿限额的规定》，并经国务院批准。这个部门规章规定的海事赔偿责任限制数额的计算方式为：（1）关于人身伤亡的赔偿请求：超过 20 总吨，21 总吨以下的船舶，赔偿限额为 54000 计算单位；超过 21 总吨的船舶，超过部分每吨增加 1000 计算单位。（2）关于非人身伤亡的赔偿请求：超过 20 总吨，21 总吨以下的船舶，赔偿限额为 27500 计算单位；超过 21 总吨的船舶，超过部分每吨增加 500 计算单位。对于从事中华人民共和国港口之间货物运输或沿海作业的船舶，不满 300 总吨的，其海事赔偿限额按上述规定的赔偿限额的 50% 计算；300 总吨以上的，其海事赔偿限额按《海商法》第 210 条第 1 款规定的赔偿限额的 50% 计算。

关于旅客人身伤亡的赔偿责任限额的计算，我国《海商法》中也有相应的规定。

这里的旅客是指根据海上旅客运输合同运送的人，或者经承运人同意，根据海上货物运输合同随船护送货物的人。《海商法》第 211 条规定："海上旅客运输的旅客人身伤亡赔偿责任限制，按照 46666 计算单位乘以船舶证书规定的载客定额计算赔偿限额，但是最高不超过 25000000 计算单位。"该规定仅适用于海上旅客运输的赔偿责任限额，对于中华人民共和国沿海港口之间海上旅客运输的旅客人身伤亡的赔偿限制限额，应根据交通部 1993 年 12 月 17 日发布的《港口间海上旅客运输损害赔偿责任限额的规定》，按照这一规定"海上旅客运输的旅客人身伤亡赔偿责任限制，按照 4 万元人民币乘以船舶证书规定的载客定额计算赔偿数额，但最高不超过 2100 万元人民币"。

一般而言，各国民法对于侵权损害赔偿，以"弥补受害人所受损害，恢复其损害发生前之原状"为基本准则，实行赔偿全部损害的原则。这也符合最原始、最基本的公平理念。在海事赔偿责任限制制度下，只要符合责任限制的条件，无论一次海损事故造成多大损失，责任人所承担的最高赔偿额有法定限制，各受害人的损失只能在该限额内按损失比例受偿。因此有人认为，海事赔偿责任限制制度刻意减免加害人的赔偿责任，对受害人极不公平，与民法上的损害赔偿原则相悖。这显然是不对的，而且恰恰相反，海事赔偿责任限制制度正是为了更好地保障和实现公平。公平原则要求以利益的均衡作为价值判断标准调整民事主体之间的物质利益关系，通俗地讲，就是要求在确定民事主体的权利享有和责任义务的承担时应兼顾各方当事人的利益。[1]

海事损害赔偿事故有其自身的特殊性，在船舶的经营中，船长被赋予很大的代理权，船舶开航后，由船长和船员去实际占有和驾驶船舶，在早前通讯不甚发达的时期，船东几乎就失去了对船舶的监督、管理和控制，在此种情况下，如果因为船长、船员的过失行为等给货方或其他人造成了损失，要求船舶所有人承担全部赔偿责任，显然过于苛刻；如果要求船长和船员承担全部责任，也很难说是公平的。正是由于实践中出现了这种令人进退两难的境况，海事赔偿责任限制的观念逐步被有关国家和民众所接受，并逐步发展成为法律，最大限度地在双方当事人之间达成利益上的均衡，体现了法律所追求的公平之价值。

海事赔偿责任限制制度对鼓励和促进海运事业的发展也有极大的推动意义。自古以来，海运就是一项高风险的行业，即使在现代社会，科技水平越来越发达的时代，一些海上运输风险还是难以避免，而且一旦发生风险，由于远离陆地，很难获得及时而必要的救援，因此，一旦海事事故的发生将造成极大

---

[1]　司玉琢、李志文：《中国海商法基本理论专题研究》，北京大学出版社 2009 年版，第 456 页。

的损失，不仅包括船舶自身的损失，而且还可能面临货方的巨额索赔。船舶所有人本身对船舶的运营就投入了巨大的资金，此时很难有能力再去承担责任，因此海运业的商业风险很大，不利于海运事业的发展。海事赔偿责任限制制度的建立在一定程度上降低了海运行业的商业风险，有利于促进和维持海运业的平稳发展。

与此同时，海事赔偿责任限制制度将救助人、保险人都纳入了海事赔偿责任限制的主体，使得对于救助方在救助过程中给被救助方造成的损害，也可以限制其赔偿责任，这样就鼓励了海上救助。对于保险业而言，如果取消了海事赔偿责任限制制度，不仅整个海运机制将受到冲击，而且首当其冲的就是保险业，保险业将因无法承受责任的过大而难以生存。在海事赔偿责任限制制度下，保险人作为海事赔偿责任限制的主体对受害人实现其索赔提供了可靠的保障，因此，海事赔偿责任限制制度也适应了海上保险业务的发展要求，促进了保险业的发展，对保险业和受害方都有很大的益处。

案例 9

张莉买卖合同纠纷案

一、张莉买卖合同纠纷案基本内容

张莉诉北京合力华通汽车服务有限公司买卖合同纠纷案

（最高人民法院审判委员会讨论通过 2013 年 11 月 8 日发布）

关键词：民事 买卖合同 欺诈 家用汽车

裁判要点：（1）为家庭生活消费需要购买汽车，发生欺诈纠纷的，可以按照《消费者权益保护法》处理。（2）汽车销售者承诺向消费者出售没有使用或维修过的新车，消费者购买后发现系使用或维修过的汽车，销售者不能证明已履行告知义务且得到消费者认可的，构成销售欺诈，消费者要求销售者按照消费者权益保护法赔偿损失的，人民法院应予支持。

相关法条：《中华人民共和国消费者权益保护法》第 2 条、第 55 条第 1 款（该款系 2013 年 10 月 25 日修改，修改前为第 49 条）

基本案情：2007 年 2 月 28 日，原告张莉从被告北京合力华通汽车服务有限公司（以下简称"合力华通公司"）购买上海通用雪佛兰景程轿车一辆，价格 138000 元，双方签有《汽车销售合同》。该合同第 7 条约定："……卖方保证买方所购车辆为新车，在交付之前已作了必要的检验和清洁，车辆路程表的公里数为 18 公里且符合卖方提供给买方的随车交付文件中所列的各项规格和指标……"合同签订当日，张莉向合力华通公司交付了购车款 138000 元，同时支付了车辆购置税 12400 元、一条龙服务费 500 元、保险费 6060 元。同日，合力华通公司将雪佛兰景程轿车一辆交付张莉，张莉为该车办理了机动车登记手续。2007 年 5 月 13 日，张莉在将车辆送合力华通公司保养时，发现该车曾于 2007 年 1 月 17 日进行过维修。审理中，合力华通公司表示张莉所购车辆确曾在运输途中造成划伤，于 2007 年 1 月 17 日进行过维修，维修项目包括右前叶子板喷漆、右前门喷漆、右后叶子板喷漆、右前门钣金、右后叶子板钣金、右前叶子板钣金，维修中更换底大边卡扣、油箱门及前叶子板灯总成。送修人系该公司业务员。合力华通公司称，对于车辆曾进行维修之事已在销售时明确告知张莉，并据此予以较大幅度优惠，该车销售定价应为151900元，经协商后该车实际销售价格为138000元，还赠送了部分装饰。

为证明上述事实，合力华通公司提供了车辆维修记录及有张莉签字的日期为2007年2月28日的车辆交接验收单一份，在车辆交接验收单备注一栏中注有"加1/4油，此车右侧有钣喷修复，按约定价格销售"。合力华通公司表示该验收单系该公司保存，张莉手中并无此单。对于合力华通公司提供的上述两份证据，张莉表示对于车辆维修记录没有异议，车辆交接验收单中的签字确系其所签，但合力华通公司在销售时并未告知车辆曾有维修，其在签字时备注一栏中没有"此车右侧有钣喷修复，按约定价格销售"字样。

裁判结果：北京市朝阳区人民法院于2007年10月作出〔2007〕朝民初字第18230号民事判决：

一、撤销张莉与合力华通公司于2007年2月28日签订的《汽车销售合同》；

二、张莉于判决生效后7日内将其所购的雪佛兰景程轿车退还合力华通公司；

三、合力华通公司于判决生效后7日内退还张莉购车款124200元；

四、合力华通公司于判决生效后7日内赔偿张莉购置税12400元、服务费500元、保险费6060元；

五、合力华通公司于判决生效后7日内加倍赔偿张莉购车款138000元；

六、驳回张莉其他诉讼请求。

宣判后，合力华通公司提出上诉。北京市第二中级人民法院于2008年3月13日作出〔2008〕二中民终字第00453号民事判决：驳回上诉，维持原判。

裁判理由：法院生效裁判认为，原告张莉购买汽车系因生活需要自用，被告合力华通公司没有证据证明张莉购买该车用于经营或其他非生活消费，故张莉购买汽车的行为属于生活消费需要，应当适用《消费者权益保护法》。

根据双方签订的《汽车销售合同》约定，合力华通公司交付张莉的车辆应为无维修记录的新车，现所售车辆在交付前实际上经过维修，这是双方共同认可的事实，故本案争议的焦点为合力华通公司是否事先履行了告知义务。

车辆销售价格的降低或优惠以及赠送车饰是销售商常用的销售策略，也是双方当事人协商的结果，不能由此推断出合力华通公司在告知张莉汽车存在瑕疵的基础上对其进行了降价和优惠。合力华通公司提交的有张莉签名的车辆交接验收单，因系合力华通公司单方保存，且备注一栏内容由该公司不同人员书写，加之张莉对此不予认可，该验收单不足以证明张莉对车辆以前维修过有所了解。故对合力华通公司抗辩称其向张莉履行了瑕疵告知义务，不予采信，应认定合力华通公司在售车时隐瞒了车辆存在的瑕疵，有欺诈行为，应退车还款并增加赔偿张莉的损失。

二、案例评析

（一）消费者购买汽车应否受《消费者权益保护法》调整

这是一起消费者因家庭生活消费购买汽车与销售者发生纠纷的案件。汽车销售者承诺向消费者出售没有使用或维修过的新车，消费者购买后发现系使用或维修过的汽车，遂向法院主张销售者构成了消费欺诈。北京市朝阳区人民法院通过正确适用消费者权益保护法，为此类案件的解决提供了指导意义。本案的主要争议焦点在于：

1. 消费者购买汽车是否系生活所用，是否应受《消费者权益保护法》的调整。根据我国《消费者权益保护法》的相关规定，消费者只有为生活消费的需要购买、使用商品或者接受服务的，其权益才受到该法的保护。消费者购买商品若是用于经营或其他非生活消费，则不受该法调整。本案中，原告张莉购买汽车系因生活需要自用，被告合力华通公司没有证据证明张莉购买该车用于经营或其他非生活消费，故张莉购买汽车的行为属于生活消费需要，应当适用《消费者权益保护法》。

2. 被告合力华通公司是否事先履行了告知义务，是否构成了销售欺诈。关于欺诈，以《民法通则》的规定为原则，分别在《合同法》与《消费者权益保护法》中规定了合同欺诈与消费欺诈。根据特别法优于一般法的原则，在消费关系领域，应优先适用《消费者权益保护法》的规定。

我国 1994 年《消费者权益保护法》第 49 条规定："经营者提供商品或者服务有欺诈行为的，应当按照消费者的要求增加赔偿损失，增加赔偿的金额为消费者购买商品的价款或者接受服务的费用的一倍。"这就是所谓"双倍赔偿"的直接法律依据。在该表述中出现了欺诈行为概念，但何为欺诈行为，该法并未进一步规定。按照法律适用原则，应适用其一般法即《民法通则》中有关于欺诈行为的概念。2013 年 10 月 25 日我国对《消费者权益保护法》进行了修改，第 55 条规定："经营者提供商品或者服务有欺诈行为的，应当按照消费者的要求增加赔偿其受到的损失，增加赔偿的金额为消费者购买商品的价款或者接受服务的费用的三倍；增加赔偿的金额不足五百元的，为五百元。法律另有规定的，依照其规定。经营者明知商品或者服务存在缺陷，仍然向消费者提供，造成消费者或者其他受害人死亡或者健康严重损害的，受害人有权要求经营者依照本法第四十九条、第五十一条等法律规定赔偿损失，并有权要求所受损失二倍以下的惩罚性赔偿。"该条在此前第 49 条的规定上进行了较大修改。主要表现在：第一，明确了赔偿的具体数额，增加赔偿的数额为消费者购买商品的价款或者直接接受服务费用的 3 倍；增加赔偿的金额不足 500 元的，为 500 元。同时增加了兜底条款，其他法律有规定的，依照其规定。第二，增加了销售者的损失赔偿责任。销售者在明知商品或者服务存在缺陷，即主观故意的情况下，向消费者提供，造成消费者或其他受害人死亡或者健康严重损害的，受害人应当根据第 49 条的规定，赔偿医疗费、护理费、交通费等为治疗和康复支出的合理费用，以及因误工减少的收入。造成残疾的，还应当赔偿残疾生活辅助具费和残疾赔偿金。造成死亡的，还应当赔偿丧葬费和死亡赔偿金。根据第 51 条的规定，造成受害人精神损失的，承担精神损害赔偿责任。同时，受害人还可以要求所受损失 2 倍以下的惩罚性赔偿。修改后的规定增加了法院在审理案件中的可操作性，为消费者维权作出了指示，进一步明确了销售者在消费关系中应承担的责任。但是，修改后的法律仍旧未对何为消费欺诈进行规定，在《民法通则》欺诈的原则性规定下，留给了学者们进行讨论的余地。同时，该法虽然对销售者主观故意造成消费者的或其他受害人的责任进行了规定，但是对于经营者重大过失、恶意不作为等造成消费者或其他受害人的权益受到损害，乃至受害人死亡或健康严重损害时的情形没有规定。对于经营者虽是主观故意，但造成消费者或其他受害人轻微伤、轻伤、健康一般损害的情形，在不能适用第二款的情形下，没有法律依据。有待此后的立法进一步作出明确规定。

（二）合力华通公司的行为是否构成消费欺诈

本案中，双方共同认可被告合力华通公司交付原告张莉的车辆应为无维修记录的新车，现所售车辆在交付前实际上经过维修。原告主张合力华通公司在销售时并未告知车辆曾有维修，其在签字时备注一栏中没有"此车右侧有钣喷修复，按约定价格销售"字样，认为被告构成了销售欺诈。北京市朝阳区人民法院认为，车辆销售价格的降低或优惠以及赠送车饰是销售商常用的销售策略，也是双方当事人协商的结果，不能由此推断出合力华通公司在告知张莉汽车存在瑕疵的基础上对其进行了降价和优惠。合力华通公司提交的有张莉签名的车辆交接验收单，因系合力华通公司单方保存，且备注一栏内容由该公司不同人员书写，加之张莉对此不予认可，该验收单不足以证明张莉对车辆以前维修过有所了解。故对合力华通公司抗辩称其向张莉履行了瑕疵告知义务，不予采信，应认定合力华通公司在售车时隐瞒了车辆存在的瑕疵，有欺诈行为，构成了销售欺诈。

三、本案例相关知识点剖析

（一）买卖合同

1. 买卖合同的概念与特征

依据《合同法》第 130 条规定："买卖合同是出卖人转移标的物所有权于买受人，买受人支付价款的合同。"在买卖合同中交付标的物并转移标的物所有权的一方成为出卖方或者卖方，受领标的物并支付价款的一方成为买受人或者买方，约定交付并转移所有权的标的物称为出卖物。买卖合同有广义与狭义之分：广义的买卖合同是指各种以支付价款取得物权、知识产权、债权以及股权等财产权的合同；狭义的买卖合同是指出卖人向买受人转移标的物的所有权，买受人向出卖人支付价款的合同，仅指以实物买卖，不包括各种财产权利的买卖。

买卖合同具有以下特征：（1）买卖合同是出卖人转移财产所有权的合同。买卖的目的即在于转移财产所有权，卖方将标的物转移于买方，买方取得标的物的所有权。这也是买卖合同区别与其他需交付财产的合同的主要区别。（2）买卖合同是买受人向出卖人支付价款的合同。出卖人出卖标的物的主要目的即取得价款，买受人须按照合同约定向出卖人支付价款。（3）买卖合同为诺成性合同。买卖合同不以交付标的物为成立要件，只要买卖双方的意思表示一致合同即告成立。（4）买卖合同是双务合同。买卖合同的双方当事人互付对等给付义务，双方当事人既是债权人又是债务人，双方的权利义务是对等的，一方的义务即是对方的权利。具体而言，出卖人享有取得合同价款的权利，担负着向买受人交付标的物并转移所有权的义务。买受人享有取得标的物及其所有权的权利，但负有向出卖人支付价款的义务。（5）买卖合同是有偿合同。无论是买受人还是出卖人取得权利都须支付一定的对价。《合同法》第 174 条规定："法律对其他有偿合同有规定的，依照其合同；没有规定的，参照买卖合同的有关规定。"（6）买卖合同是不要式合同。买卖合同并不要求具备一定的形式即可成立。（7）买卖合同是要因合同。买卖合同以一方取得标的物的所有权及另一方取得价款为原因，若无此原因则不能成立。

2. 买卖合同双方当事人的权利义务

（1）出卖人的义务

①交付标的物。出卖人是买卖合同中交付标的物于买受人的合同一方当事

人。所谓交付标的物是指出卖人将买卖合同的标的物的占有转移给买受人的行为。

标的物占有的转移可分为现实交付与观念交付两种。现实交付是指出卖人将标的物现实地转移给买受人,使买受人实际地直接占有标的物。观念交付又称拟制交付,是指出卖人将买卖合同标的物的占有权利转移给买受人以代替实物的现实交付。在观念交付中,又可以分为简易交付、占有改定、指示交付三种具体形式:简易交付是指在买卖合同生效以前,买受人或其代理人因其他法律关系或事实状态,已经实际占有了标的物。占有改定是指买卖合同双方当事人达成协议使买受人取得标的物的间接占有,以代替该标的物的现实交付。指示交付是指买卖合同成立、生效后,如果标的物现由第三人占有,则出卖人可以将其享有针对第三人的返回请求权转让给买受人而代替现实交付,即出卖人可以指示第三人向买受人返回标的物。①

出卖人应当按照约定或者交易习惯向买受人交付提取标的物单证以外的有关单证和资料。出卖人应当按照约定的包装方式交付标的物,对包装方式没有约定或者约定不明确,双方又不能达成补充协议的,应当按照通用的方式包装,没有通用方式的,应当采取足以保护标的物的包装方式。出卖人交付标的物应符合合同约定的数量。出卖人多交付标的物的,买受人可以接收或者拒绝接收多交的部分。买受人接收多交部分的,按照合同的价格支付价款;买受人拒绝接收多交部分的,应当通知出卖人。

出卖人应当按照合同约定的期限交付标的物。约定交付期间的,出卖人可以在该交付期间内的任何时间交付。当事人没有按照约定标的物的交付期限或者约定不明的,当事人协议补充,不能达成补充协议的,按照合同有关条款或者交易习惯又不能确定的,出卖人可以随时交付,在买受人要求其交付时,应在买受人所给予的准备时间届满前交付。标的物在订立合同之前已为买受人占有的,合同生效的时间为交付时间。

出卖人应当按照约定的地点交付标的物。标的物需要运输的,出卖人应当将标的物交付给第一承运人以运输方式交给买受人。标的物不需要运输的,出卖人和买受人订立合同时知道标的物在某一地点的,出卖人应当在该地点交付标的物;不知道标的物在某一地点的,应当在出卖人订立合同时的营业地交付标的物。

②转移标的物的所有权。出卖人应将标的物所有权转移给买受人,使买受人既获得标的物的占有,又获得标的物的所有权。出卖标的物,应当属于出卖

---

① 参见黄萍主编:《民法分论》,中国政法大学出版社 2010 年版,第 382～383 页。

人所有或者出卖人有权处分。法律、行政法规禁止或者限制转让的标的物，依照其规定。当标的物是动产时，自交付时起转移所有权；当标的物是法律有特别规定的动产和不动产时，自登记时转移，出卖人应依约定协助买受人办理所有权转移的登记有关过户手续，并将相关的产权证明交付给买受人。当事人可以在买卖合同中约定买受人未履行支付价款或者其他义务的，标的物的所有权属于出卖人。出卖具有知识产权的计算机软件等标的物的，除法律另有规定或者当事人另有约定的以外，该标的物的知识产权不属于买受人。

③瑕疵担保责任。瑕疵担保责任是指出卖人在将标的物转移给买受人时，应担保该标的物不存在质量或权利上的瑕疵，即出卖人应担保其转移所有的标的物的所有权完全转移于买受人，第三人不能对标的物主张任何权利。瑕疵担保责任包括物的瑕疵担保责任与权利瑕疵担保责任两种。物的瑕疵担保责任是指出卖人交付的标的物质量不符合法律规定或者合同约定，出卖人应承担相应的民事责任。权利瑕疵担保责任是指出卖人就交付的标的物，保证第三人不得向买受人主张权利。

比较法上的瑕疵担保责任。大陆法系国家多数都在民法中详细规定了瑕疵担保责任。德国立法规定，出卖人有担保其标的物灭失、价值减少的危险，或应具通常效用或契约预定或减少价值，或请求不履行的损害赔偿。[1] 买卖双方可以协议免除或者限制出卖人的瑕疵担保义务，但出卖人故意隐瞒其瑕疵时，该协议无效。[2] 法国民法典规定，买卖标的物含有隐蔽的瑕疵，以致不适于其应有的用途或减少其效用时，出卖人应承担瑕疵担保责任。即在法国，作为瑕疵担保责任之一的损害赔偿不仅适用于出卖人明知的情况，也适用于出卖人不知标的物有瑕疵的场合。在后者不知是赔偿买受人所受的全部损害，而只是赔偿买受人的契约费用。[3] 英美法系国家早期只承认卖方的默示担保，后逐渐在立法中规定了权利瑕疵担保责任制度。英国立法中规定，如果买卖合同中显示出或者从合同的各方面情况可以推断出一种意图，即卖方只应移转他或者第三人可以拥有的所有权，则本条的规定适用于该合同。美国立法规定，买卖双方可协议免除卖方的瑕疵担保责任。但只有通过具体明确的语言或因下述实际情况才能改变或取消；买方有理由知道，卖方对所卖之货并未主张所有权，或者

①　张伟：《论买卖合同的瑕疵担保责任》，载《河北法学》2007 年第 2 期。

②　吴志忠：《论出卖人的瑕疵担保责任》，载《中南财经政法大学学报》2006 年第 3 期。

③　张伟：《论买卖合同的瑕疵担保责任》，载《河北法学》2007 年第 2 期。

卖方意图只是出卖他或第三人所拥有的那部分权利或所有权。①

瑕疵担保责任与违约责任。关于二者的关系，主要有两种学说，一是独立说。认为瑕疵担保责任是独立于违约责任的一种责任形态。二是统和说。现代制度模式下，根据统和说，瑕疵担保责任已被统和入违约责任之中。有学者认为，统和说可能有如下含义：一是我国现行法上已经不存在构成要件、救济方式乃至理念等方面都特殊的瑕疵担保责任了，只存在着统一的违约责任制度；二是我国现行法上仍然存在着构成要件、救济方式乃至理念等方面都特殊的瑕疵担保责任，同时存在着一般意义的违约责任，但它们都叫违约责任；三是我国现行法上的所谓瑕疵担保责任在若干方面已被修正，与一般意义的违约责任相差无几，事实上完全可以也被纳入违约责任制度之中，这样的违约责任制度已经不同于一般意义上的违约责任了，它在构成要件上有所变化，其救济方式有所增加，所受限制的时间制度多样化。②

我国《合同法》规定，买受人订立合同时知道或者应当知道第三人对买卖的标的物享有权利的，出卖人不承担标的物毁损、灭失的风险。当买受人有确切证据证明第三人可能就标的物主张权利的，可以中止支付相应的价款。出卖人应当按照约定的质量要求交付标的物，出卖人提供有关标的物质量说明的，交付的标的物应当符合该说明的质量要求。出卖人交付的标的物不符合质量要求的，买受人可以要求出卖人承担瑕疵履行的违约责任，主要包括合理选择要求对方承担修理、更换、重作、退货、减少价款或者报酬等违约责任。

（2）买受人的义务

①支付价款。买受人应当按照约定的数额支付价款。对价款没有约定或者约定不明确的，应当按照合同订立时的合同履行地的市场价格确定价款，依法应当执行政府定价或者政府指导价的，在合同约定的交付期限内政府价格调整时，按照交付时的价格计价。逾期交付标的物的，遇价格上涨时，按照原价格执行；价格下降时，按照新价格执行。逾期提取标的物或者逾期付款的，遇价格上涨时，按照新价格执行；价格下降时，按照原价格执行。

买受人应当按照约定的地点支付价款。对支付地点没有约定或者约定不明确，依照《合同法》第61条的规定仍不能确定的，买受人应当在出卖人的营业地支付，但约定支付价款以交付标的物或者交付提取标的物单证为条件的，在交付标的物或者交付提取标的物单证的所在地支付。

---

① 参见吴志忠：《论出卖人的瑕疵担保责任》，载《中南财经政法大学学报》2006年第3期。

② 崔健远：《物的瑕疵担保责任的定性与定位》，载《中国法学》2006年第6期。

买受人应当按照约定的时间支付价款。对支付时间没有约定或者约定不明确，依照《合同法》第 61 条的规定仍不能确定的，买受人应当在收到标的物或者提取标的物单证的同时支付。

②受领标的物的义务。买受人负有及时受领标的物的义务。如果买受人不及时受领出卖人交付的标的物，则构成了受领迟延，买受人须承受违约责任。出卖人多交标的物的，买受人可以接收或者拒绝接收多交的部分。买受人接收多交部分的，按照合同的价格支付价款；买受人拒绝接收多交部分的，应当及时通知出卖人。

③检验标的物的义务。买受人收到标的物时应当在约定的检验期间内检验。没有约定检验期间的，应当及时检验。当事人约定检验期间的，买受人应当在检验期间内将标的物的数量或者质量不符合约定的情形通知出卖人。买受人怠于通知的，视为标的物的数量或者质量符合约定。当事人没有约定检验期间的，买受人应当在发现或者应当发现标的物的数量或者质量不符合约定的合理期间内通知出卖人。买受人在合理期间内未通知或者自标的物收到之日起 2 年内未通知出卖人的，视为标的物的数量或者质量符合约定，但对标的物有质量保证期的，适用质量保证期，不适用该 2 年的规定。出卖人知道或者应当知道提供的标的物不符合约定的，买受人不受前述规定的通知时间的限制。

3. 标的物毁损灭失的风险负担与利益承受

（1）风险负担

风险负担是指合同标的物在合同订立后，标的物非因可归责于合同双方当事人的原因而发生的意外的毁损、灭失的风险。标的物毁损、灭失的风险由当事人约定，当事人无约定时，在标的物交付之前由出卖人承担，交付之后由买受人承担；因买受人的原因致使标的物不能按照约定的期限交付的，买受人应当自违反约定之日起承担标的物毁损、灭失的风险。出卖人出卖交由承运人运输的在途标的物，除当事人另有约定的以外，毁损、灭失的风险自合同成立时起由买受人承担。当事人没有约定交付地点或者约定不明确，依照《合同法》第 141 条第 2 款第 1 项的规定，标的物需要运输的，出卖人将标的物交付给第一承运人后，标的物毁损、灭失的风险由买受人承担。出卖人按照约定或者依照本法第 141 条第 2 款第 2 项的规定将标的物置于交付地点，买受人违反约定没有收取的，标的物毁损、灭失的风险自违反约定之日起由买受人承担。出卖人按照约定未交付有关标的物的单证和资料的，不影响标的物毁损、灭失风险的转移。因标的物质量不符合质量要求，致使不能实现合同目的的，买受人可以拒绝接受标的物或者解除合同。买受人拒绝接受标的物或者解除合同的，标的物毁损、灭失的风险由出卖人承担。标的物毁损、灭失的风险由买受人承担的，不影响因出卖人履行债务不符合约定，买受人要求其承担违约责任的权利。

（2）利益承受

利益承受是指合同订立后标的物所生的孳息的归属。根据合同法的规定，标的物在交付之前产生的孳息，归出卖人所有，交付之后所产生的孳息，归买受人所有。

（二）欺诈

在民法领域，欺诈主要适用于两个领域：一是在法律行为（合同）领域；二是在侵权行为领域。而欺诈是否可以构成侵权行为，是一项存在重大争议的问题。① 本文所指的欺诈，仅在合同领域范围内讨论，不涉及侵权行为领域。欺诈是指一方当事人故意陈述虚假事实或者隐瞒真实事实而使另一方当事人陷入错误并为意思表示的行为。欺诈的构成以欺诈人欺诈的故意为必要，相对人因欺诈行为而陷于错误，且因该错误而作出了意思表示。

德国民法典规定了因欺诈的意思表示，为意思瑕疵的重要类型，属于意思缺乏自由。欺诈是通过受欺诈人陷入错误为直接目的和结果，被欺诈人因为错误而作出了意思表示。在德国，欺诈的概念采取主观说，以表意人主观立场来判断，德国通说认为，即使是为表意人的利益而为欺诈，即所谓"善意欺诈"，也构成欺诈，不以金钱为目的，也不以使表意人遭受财产上的损失为要件。②

欺诈的构成要件：（1）欺诈方有欺诈的故意。欺诈的故意是指欺诈方故意使被欺诈方陷入错误而为意思表示，有意掩盖真相或者制造假象。欺诈的故意包括两个层次：第一个层次是有使受欺诈人陷入错误的故意；第二个层次是有使受欺诈人依其错误而为一定意思表示的故意，也就是欺诈人对于受欺诈人因错误而为意思表示。③（2）欺诈方实施了欺诈行为。欺诈行为是指为使对方陷入错误认识而故意捏造虚假事实或故意隐瞒真实事实的行为。前者是积极的作为的欺诈行为，后者是消极的不作为的欺诈行为，一般情况下，消极隐瞒真实事实的不作为不构成欺诈，但若根据法律、习惯，或者依据诚实信用原则，或根据双方之间的关系、合同的性质或合同成立时的环境，行为人负有告知义务而不予告知的，即构成欺诈。我国《民通意见》第68条规定："一方当事

---

① 韩世远：《合同法总论》，法律出版社2004年版，第207~208页。

② 参见龙卫球：《民法总论》，中国法制出版社2001年版，第562~563页。

③ 傅静坤：《民法总论》，中山大学出版社2002年版，第163页。

人故意告知对方虚假情况，或者故意隐瞒真实情况，诱使对方当事人作出错误意思表示的，可以认定为欺诈行为。"（3）被欺诈人因欺诈人的欺诈行为而陷入了错误认识，被欺诈人对欺诈行为是不知情的。若知情，则不构成欺诈。此处的错误认识是指对合同内容及其他重要事项的认识缺陷。（4）欺诈行为与被欺诈方实施的民事行为之间存在因果关系。被欺诈人因欺诈人的欺诈行为而陷于错误，作出了意思表示。如果没有错误，被欺诈人就不会作出该意思表示，则表明欺诈行为与被欺诈人的民事行为之间没有因果关系。

欺诈的法律后果。我国《民法通则》第58条第3项将受欺诈的意思表示归为绝对无效，但根据《合同法》的规定，一方以欺诈、胁迫的手段订立合同，损害国家利益的，为无效合同；一方以欺诈的方式使对方在违背真实意思的情况下订立合同的，受损方有权请求人民法院或者仲裁机构变更或者撤销合同。撤销权一经行使，溯及合同成立时，自始无效，且除法律另有规定者外，原则上具有对抗第三人的效力。合同被撤销的，因合同取得的财产，应当予以返还，遭受损失的一方可以要求损害赔偿。根据《合同法》第58条规定，合同无效或者撤销后，因该合同取得的财产，应当予以返还；不能返还或者没有必要返还的，应当折价补偿。有过错的一方应当赔偿对方因此所受到的损失，双方都有过错的，应当各自承担相应的责任。

（三）家用汽车的法律问题

家用汽车是指消费者为生活消费需要而购买和使用的乘用车。在经过8年的讨论、酝酿之后，《家用汽车产品修理、更换、退货责任规定》终于在2012年6月27日由国家质量监督检验检疫总局局务会议审议通过，并于2013年10月1日起实施。该规定首次明确"三包"法律制度。"三包"是指对家用汽车修理、更换、退货。

"三包"法律关系的权利主体是消费者，义务主体是销售者。根据《家用汽车产品修理、更换、退货责任规定》第4条规定："本规定所称三包责任由销售者依法承担。销售者依照规定承担三包责任后，属于生产者的责任或者属于其他经营者的责任的，销售者有权向生产者、其他经营者追偿。家用汽车产品经营者之间可以订立合同约定三包责任的承担，但不得侵害消费者的合法权益，不得免除本规定所规定的三包责任和质量义务。"

消费者享有要求销售者对瑕疵产品修理、更换、退货的权利。在"三包"法律关系中，生产者应当严格执行出厂检验制度；未经检验合格的家用汽车产品，不得出厂销售。生产者应当向国家质检总局备案生产者基本信息、车型信息、约定的销售和修理网点资料、产品使用说明书、三包凭证、维修保养手册、三包责任争议处理和退换车信息等家用汽车产品三包有关信息，并在信息发生变化时及时更新备案。生产者应当提供中文的产品合格证或相关证明以及产品使用说明书、三包凭证、维修保养手册等随车文件。

　　销售者应当建立并执行进货检查验收制度，验明家用汽车产品合格证等相关证明和其他标识。销售者销售家用汽车产品，应当符合下列要求：（1）向消费者交付合格的家用汽车产品以及发票；（2）按照随车物品清单等随车文件向消费者交付随车工具、备件等物品；（3）当面查验家用汽车产品的外观、内饰等现场可查验的质量状况；（4）明示并交付产品使用说明书、三包凭证、维修保养手册等随车文件；（5）明示家用汽车产品三包条款、包修期和三包有效期；（6）明示由生产者约定的修理者名称、地址和联系电话等修理网点资料，但不得限制消费者在上述修理网点中自主选择修理者；（7）在三包凭证上填写有关销售信息；（8）提醒消费者阅读安全注意事项、按产品使用说明书的要求进行使用和维护保养。

　　对于进口家用汽车产品，销售者还应当明示并交付海关出具的货物进口证明和出入境检验检疫机构出具的进口机动车辆检验证明等资料。

　　修理者应当建立并执行修理记录存档制度。书面修理记录应当一式两份，一份存档，一份提供给消费者。修理记录应包括法律规定的内容。修理记录应当便于消费者查阅或复制。修理者应当保持修理所需要的零部件的合理储备，确保修理工作的正常进行，避免因缺少零部件而延误修理时间。用于家用汽车产品修理的零部件应当是生产者提供或者认可的合格零部件，且其质量不低于家用汽车产品生产装配线上的产品。在家用汽车产品包修期和三包有效期内，家用汽车产品出现产品质量问题或严重安全性能故障而不能安全行驶或者无法行驶的，应当提供电话咨询修理服务；电话咨询服务无法解决，应当开展现场修理服务，并承担合理的车辆拖运费。

　　该规定对三包责任的认定方式提供了法律依据，同时规定在特定情形下，经营者可以免除法律责任。规定了当消费者与经营者因三包问题发生争议时，可以协商解决，可以依法向各级消费者权益保护组织等第三方社会中介机构请求调解解决；可以依法向质量技术监督部门等有关行政部门申诉进行处理。家用汽车产品三包责任争议双方不愿通过协商、调解解决或者协商、调解无法达成一致的，可以根据协议申请仲裁，也可以依法向人民法院起诉。

（四）消费者权益保护法

　　消费者权益保护法是以保护消费者权利为主要内容的法律。消费者权益保护法有广狭义之分，广义的消费者权益保护法是指所有涉及消费者权益保护的各种法律规范，包括消费者保护基本法和其他专门的、单行消费者保护法律和法规，以及其他法律和法规中的有关法律条款。狭义的消费者保护法是指国家有关消费者权益保护的专门立法。

　　世界上最早采用立法形式保护消费者权益的是法国。后来，随着商品经济的发展，美国、英国、日本、德国等商品经济发达的国家都制定了较为完备和系统的保护消费者权益的法律。美国对消费者的立法保护在世界各国中是最全面、最严格的。作为资本主义发展最早的英国，也是消费者保护法立法较早且较为完备的国家。英美没有统一的消费者权益保护法，是通过一系列的单行法进行保护的，在保护消费者方面比较注重合同法和侵权法的手段，有关经济管理方面的法规也着眼于商品经济关系的正常实现。并且除了垄断和竞争、产品卫生和安全方面的管理型法规外，这两个国家保护消费者的其他行政法规和程序法也是比较完备的。① 日本有关消费者保护立法是从规范食品及药物慢慢展开的，相较于英美两国，日本的消费者保护法起步较晚，"二战"后发展较快，现已经建立起了完备的消费者保护法体系。1968 年日本制定了《保护消费基本法》，该法本身不具有直接适用于消费者参加的法律关系的功能，为日本另行指定相关的消费者保护法提供了法律依据和准则。② 德国先后制定公布了各种理论体系完整详密的保护法规，诸如食品法、药物法、不正当竞争制止法、不正当竞争防止法、独占禁止法、一般契约条款法（又称附和契约防治法或定型化契约法）、分期付款买卖法及有关商品制造人责任等法律。③ 我国在改革开放前，长期实行计划经济体制，没有消费者保护得以生长的土壤。其后，经济体制的改革和对外开放政策，引进和发展了市场经济，我国先后制定了一批具有保护消费者利益内容的法律法规。1994 年 1 月 1 日，《消费者权益保护法》正式实施，消费者权益保护在法律上有了确切的保障，2009 年 8 月27 日作了第一次修改，2013 年 10 月 25 日进行了第二次修改，使《消费者权益保护法》得到了进一步完善。

　　1. 消费者权益保护法的调整对象

　　消费者权益保护法的调整对象，是围绕保护消费者利益而产生的各种社会关系。围绕消费者利益而产生的社会关系，主要有两种观点：一是三方关系说。该观点认为，消费者权益保护法就是调整国家、经营者、消费者三方之间的社会关系的各种法律规范。因此，三方关系主要是指消费者与生产经营者之

---

① 麻昌华主编：《消费者保护法》，中国政法大学出版社 2006 年版，第 5 页。

② 参见麻昌华主编：《消费者保护法》，中国政法大学出版社 2006 年版，第 5 页。

③ 张严方：《消费者保护法研究》，法律出版社 2006 年版，第 59 页。

间的关系，国家与生产经营者之间的关系，国家与消费者之间的关系。① 二是双方关系说。该观点认为消费者权益保护法只调整经营者与消费者之间的关系，而不调整国家与消费者以及经营者之间的关系。即双方关系仅包括消费者与生产者，消费者与销售者之间的关系。我国 2013 年新修订的《消费者权益保护法》② 第 2 条规定："消费者为生活消费需要购买、使用商品或者接受服务，其权益受本法保护。"第 3 条规定："经营者为消费者提供其生产、销售的商品或者提供服务，应当遵守本法。"由此可见，我国立法的调整对象主要包括消费者与经营者之间的关系。

2. 消费者权益保护法的特征

（1）以保护消费者权益为目的。在现代的商品交换过程中，消费者处于从属的、弱者的地位。因此，消费者权益保护法的主要目的即在于充分地保护消费者的权益。这就要求法律给予消费者更多的权利，而让经营者承担更多的义务。

（2）以强制性规范为方式。为保护消费者的利益不受侵害，消费者权益保护法多为强制性规范，对契约自由进行了必要的规定和限制。许多国家规定生产经营者有明示交易条件的义务，对于免责条款的内容进行说明和限制的义务。这些规定，都是强制性义务，经营者必须遵守，违反者就必须承担法律责任。③

（3）法律效力具有复合型或综合性。消费者保护法的法律法规特别广泛，既包括民事法领域，也包括行政法、刑事法以及程序法领域，因此，在效力上呈现复合法域或综合法域的现象。

（4）消费者权益保护机构的设立。各国一般都专门设立了保护消费者权益的特殊机构，我国《消费者权益保护法》第五章明确规定了消费者协会和其他消费者组织的法律地位，并规定了消费者协会的职能。

3. 消费者权益保护法的内容

消费者权益保护法的内容包括：总则、消费者权利、经营者义务、国家对消费者合法权益的保护、消费者组织、争议解决途径以及法律责任。

（1）总则

①消费。要厘清消费者的概念，首先须明确什么是消费。依照学理解释，消费有广义上的消费与狭义上的消费之分。所谓广义上的消费，是指人类为生

---

① 谢昌次主编：《消费者保护法通论》，法律出版社 1994 年版，第 96~99 页。

② 下文若无特别说明，皆指 2013 年修改的《消费者权益保护法》。

③ 参见麻昌华主编：《消费者保护法》，中国政法大学出版社 2006 年版，第 18 页。

产或生活的目的对各种资源的消耗。它包括生产消费和生活消费，生产消费的直接目的是延续和发展生产，生活消费的直接目的是延续和发展人类自身；生产消费是指在物质资料生产过程中的生产资料的消耗，生活消费是指在人们生存发展过程中的生活资料的消耗。生产消费是在生产领域进行的，包含在生产之中的，生活消费与人们的日常生活息息相关，是个人与单位维持生存与发展的所必需的活动。① 生活消费的对象可以是大自然本身存在的物质，也可以是人类通过实践活动而生产的物质。狭义的消费仅指生活消费。通常意义上的消费，既包括生活消费也包括精神消费，但在消费者保护领域里，消费只具有生活消费的内涵。② 我国《消费者权益保护法》第 2 条规定："消费者为生活消费需要购买、使用商品或者接受服务，其权益受本法保护。"

②消费者。关于消费者的概念，理论上和实践中对此意见分歧很大，争论很多。对此，有学者给出了有益的提示：不能忽略对人的观念及其演变的思考。③ 有学者从人的历史演变中探讨消费者的概念，认为自从有了人类，生命体就一直在"消费"着，之所以没有在自然人标注"消费者"的特殊身份，是因为消费者首先是一个市场问题，"消费者"的出现与市场结构及经济势力联系在一起。④

比较法上的消费者概念。在美国，所谓的消费者是指为满足个人和家庭需要而取得和使用贷款、购买动产、不动产和各类服务的个人。《布莱克法律词典》将消费者定义为购买、使用、保存和处分商品和服务的个人或最终产品的使用者，区别于制造者、批发商和零售商。欧盟在其《消费者保护宪章》中规定，消费者意味着在指令所涉及的交易范围内，出于非贸易或非职业目的而实施行为的自然人。⑤ 英国的《消费者保护法》规定，消费者是指那些购买、取得和使用各类物品和服务（包括住房）的个人。即一个人从零售商处购得的消费者产品。而这里所称的"一个人"是指一般自然人、继承人、遗嘱执行人、行政管理人、法定代理人或公司而言；此外，非营利性组织的团体，不问其是否为公司亦包括在内。⑥ 根据我国台湾地区 1994 年修订的"消

---

① 李凌燕：《消费信用法律研究》，法律出版社 2000 年版，第 5～7 页。

② 中国消费者协会编：《消费者保护理论与实务》，工商出版社 2000 年版，第 1 页。

③ 赵晓力：《民法传统经典文本中"人"的观念》，载《北大法律评论》1998 年第 1 卷第 1 辑。

④ 谢晓尧：《消费者：人的法律形塑与制度价值》，载《中国法学》2003 年第 3 期。

⑤ 《欧盟债法条例与指令全集》，吴越、李兆玉、李力宏译，法律出版社 2004 年版，第 122 页。

⑥ 麻昌华主编：《消费者保护法》，中国政法大学出版社 2006 年版，第 22 页。

费者保护法"第 2 条第 1 款的规定，所谓消费者，是指以消费为目的而为交易，使用商品或接受服务的人。我国的《消费者权益保护法》并未明确定义何为消费者，只是在第 2 条中模糊规定，消费者为生活消费需要购买、使用商品或者接受服务，其权利受到本法的保护；本法未做规定的，受其他有关法律、法规的保护。但在 1985 年 6 月 29 日颁布的国家标准《消费品使用说明总则》明确规定："消费者——为满足个人或家庭的生活需要而购买、使用商品或服务的个体社会成员。"我国有学者指出，可以将消费者定义为非以盈利为目的的购买商品或者接受服务的人。①

消费者的特征：第一，消费者是进行生活消费的人。该特征在上文已论述，在此不赘。第二，消费者是指购买商品或使用服务的个人。从以上各国或地区对消费者的概念定义可知，消费者是否仅限于自然人是有分歧的。在消费者保护法形成之初，所谓的消费者，或者说消费者权利主体的主体构成，就是所谓的"经济上的弱者"，即个人生活消费者。②

在我国，赞成消费者不包括单位的理由为，消费者原则上应仅限于自然人，不应当包括"单位"。该学者认为，消费者作为一个特定的法律用语，他是指与团体人格相对应的个体社会成员，即自然人，不包括"单位"，更不包括政府。③ 针对我国各地方性消费者权益保护立法将单位列为是消费者的情形，该学者认为只能"说明在理论和实践中对消费者概念的认识尚未澄清，还处在一个逐渐发展的过程中"。④ 另有学者认为，单位作为自然人的集合体，其购买商品或接受服务的目的是为了单位成员或其他有关人员的利益，归根结底是自然人成为终极消费的主体。同时，将单位视为消费者，可能导致单位采购人员和主管人员在"赔偿的归己，损失的归单位"上做文章，最终产生腐败。⑤ 单位若因消费而购买商品或接受服务，应当受合同法的调整，而不受消费者权益保护法的调整。⑥ 另外，如同我国上述立法中的规定一样，马克思主义的消费理论主张消费者仅限于个体社会成员。马克思将社会再生产分为生产、分配、交换、消费四个相互连接的环节，其中，在消费中，产品脱离这种

① 王利明：《消费者的概念及消费者权益保护法的调整范围》，载《政治与法律》2002 年第 2 期。

② 麻昌华主编：《消费者保护法》，中国政法大学出版社 2006 年版，第 22～23 页。

③ 孙颖：《消费者保护法律体系研究》，中国政法大学 2006 年博士学位论文。

④ 孙颖：《消费者保护法律体系研究》，中国政法大学 2006 年博士学位论文。

⑤ 陈运雄：《论消费者的概念》，载《求索》1998 年第 4 期。

⑥ 王利明：《消费者的概念及消费者权益保护法的调整范围》，载《政治与法律》2002 年第 2 期。

社会运动，直接变成个人需要的对象和仆役，被享受而满足个人需要。即消费者只能是个人消费者。然而，有学者认为，单位也要购买生活资料，如果不把他们作为保护的对象，或者说剔除消费者的范畴，那么就不利于这些单位在以类似消费者身份出现时的利益保护。无论是单位还是自然人，只要是为了自身生活消费的目的而购买商品或者接受服务的，都属于消费者的概念范畴。① 我国台湾地区的立法也未明确规定消费者仅限于自然人。我们认为，消费者应仅指自然人，因为消费者利益保护最终是与消费者个人权益联系起来的。

③消费者购买商品、接受服务非以营利为目的。消费者是与经营者相对应的概念，与经营者不同，消费者购买商品、接受服务并不是为了交易营利，而主要是为了用于个人或家庭的生活消费。当然，消费者购买商品、接受服务也可以用于存储、欣赏，或作为礼品赠送他人。但如果不是用于个人或家庭消费，而是用于生产和经营，则不是法律上的消费者。例如，《美国联邦瑕疵担保法》（Magnuson - Moss Warranty Act）第 101 条第 3 款对消费者定义为："（一）消费性商品的买受人（非以转售为目的）；（二）商品的默示或明示的担保期限内的受让人；（三）适用商品或服务的担保条款的人。"根据解释，消费者必须是自然人或法人为其本人、家人或家庭而直接使用商品或接受服务的人。这不同于合伙或公司是以进行商业交易，通过转售来获得商业利益为目的的。② 英国 1977年的《货物买卖法》第 12 条就规定，作为消费者的交易是指一方当事人在与另一方从事交易时不是专门从事商业，也不能使人认为其是专门从事商业的人。由此也说明确定消费者的概念必须严格区分消费与经营行为。③

④消费者进行交易可以是有偿的也可以是无偿的。即消费者购买商品或接受服务是否必须支付一定的对价。有学者认为支付对价是判断消费者和非消费者的一个重要标准，因为看一个人或一个家庭是否是法律意义上的消费者，关键是看他是否是有偿获得的商品或接受的服务，是否用来满足个人或家庭物质和文化生活的需要。如果个人或家庭有偿获得的商品或接受的服务是用于消费，那么该个人或家庭就是消费者。④ 有学者认为这一看法是值得商榷的，其理由在于尽管在一般情况下，消费者与经营者之间发生的生活消费关系，消费

---

① 麻昌华主编：《消费者保护法》，中国政法大学出版社 2006 年版，第 22～26 页。

② The "Magnuson - Moss Warranty - Federal Trade Commission Improvement Act", 15 U. S. C. A. 2301 - 12（1975），转引自王利明：《消费者的概念及消费者权益保护法的调整范围》，载《政治与法律》2002 年第 2 期。

③ 王利明：《消费者的概念及消费者权益保护法的调整范围》，载《政治与法律》2002 年第 2 期。

④ 李凌燕：《消费信用法律研究》，法律出版社 2000 年版，第 7 页。

者大多需要支付一定的对价，但应当指出的是，有偿方式并不是市场交易的单一表象，即在消费领域，消费者使用和接受某种商品或接受某种服务时，可能并没有也不需要支付一定的对价，但这并不否定使用商品或接受一定服务的人是消费者。例如免费使用产品及附赠式的销售。①

⑤消费者与买受人不完全等同。买受人系买卖合同的一方当事人，缔约购买商品的人，而消费者则不限于亲自缔约购买商品的人，还包括他人购买商品后，实际使用该商品的人。消费者并不一定是直接参与交易的当事人，也可能包括该商品以供消费的第三人。

对于王海"知假买假"的分析。关于王海"知假买假"的行为是否应受消费者权益保护法的保护，有两种观点：一种认为王海不属于消费者，不应受到《消费者权益保护法》的保护。其主要理由在于王海购买商品的主要目的不是消费，而是为了索赔，从而获取利益，因此不具有消费者的地位；另外，王海在购买大量商品时，其主观上已经知道所购买商品的真实情况，并且非常了解，因此并没有受到销售者的误导，是王海的自愿行为，销售者并未构成欺诈。另一种观点认为，王海属于消费者，其理由在于凡是到商店购买商品的顾客，都应当被视作消费者，至于购买动机和目的，可能涉及道德问题，但不属于法律问题，不宜深究。② 另外，给予销售者惩罚性赔偿，才能让制假、售假的不法厂商无容身之地，从而营造一个消费者无后顾之忧的购物环境。③ 在司法实践中，像王海如此的"职业打假人"是否应受到法律的保护长期未有定论。2014 年 2 月 16 日，最高人民法院公布的第六批指导性案例中明确了该问题。原告孙银山在被告南京欧尚超市有限公司江宁店（以下简称"欧尚超市江宁店"）购买"玉兔牌"香肠 15 包，其中价值 558.6 元的 14 包香肠已过保质期。孙银山到收银台结账后，即径直到服务台索赔，后因协商未果诉至法院，要求欧尚超市江宁店支付 14 包香肠售价 10 倍的赔偿金 5586 元。法院裁判认为，只要在市场交易中购买、使用商品或者接受服务是为了个人、家庭生活需要，而不是为了生产经营活动或者职业活动需要的，就应当认定为"为生活消费需要"的消费者，属于消费者权益保护法调整的范围。消费者购买到不符合食品安全标准的食品，要求销售者或者生产者依照食品安全法规定支

---

① 王利明：《消费者的概念及消费者权益保护法的调整范围》，载《政治与法律》2002 年第 2 期。

② 储皖中：《打假更须用守法》，载《法制日报》1996 年 10 月 16 日。

③ 沈幼伦、黄伟风：《也谈知假买假索赔的"王海现象"》，载《法学》2002 年第 8 期。

付价款 10 倍赔偿金或者依照法律规定的其他赔偿标准赔偿的，不论其购买时是否明知食品不符合安全标准，人民法院都应予支持。另外，在 2014 年 1 月出台，并于 3 月 15 日施行的《关于审理食品药品纠纷案件适用法律若干问题的规定》中也明确指出，因食品、药品质量问题发生纠纷，购买者向生产者、销售者主张权利，生产者、销售者以购买者明知食品、药品存在质量问题而仍然购买为由进行抗辩的，人民法院不予支持。至此，关于"知假买假"的争论终于尘埃落定。

（2）消费者权利

消费者的权利是指消费者在购买商品、使用服务的过程中所享受的权益。根据我国《消费者权益保护法》第二章的规定，我国消费者主要享有以下权利：①安全权。即消费者购买、使用商品和接受服务时享有人身、财产安全不受损害的权利。消费者有权要求经营者提供的商品和服务，符合保障人身、财产安全的要求。②知情权。消费者享有知悉其购买、使用的商品或者接受的服务的真实情况的权利。消费者有权根据商品或者服务的不同情况，要求经营者提供商品的价格、产地、生产者、用途、性能、规格、等级、主要成份、生产日期、有效期限、检验合格证明、使用方法说明书、售后服务，或者服务的内容、规格、费用等有关情况。③自主选择权。消费者享有自主选择商品或者服务的权利。消费者有权自主选择提供商品或者服务的经营者，自主选择商品品种或者服务方式，自主决定购买或者不购买任何一种商品、接受或者不接受任何一项服务。消费者在自主选择商品或者服务时，有权进行比较、鉴别和挑选。④公平交易权。消费者享有公平交易的权利。消费者在购买商品或者接受服务时，有权获得质量保障、价格合理、计量正确等公平交易条件，有权拒绝经营者的强制交易行为。⑤求偿权。消费者因购买、使用商品或者接受服务受到人身、财产损害的，享有依法获得赔偿的权利。⑥结社权。消费者享有依法成立维护自身合法权益的社会组织的权利。⑦获得知识权。消费者享有获得有关消费和消费者权益保护方面的知识的权利。消费者应当努力掌握所需商品或者服务的知识和使用技能，正确使用商品，提高自我保护意识。⑧受尊重权。消费者在购买、使用商品和接受服务时，享有人格尊严、民族风俗习惯得到尊重的权利，享有个人信息依法得到保护的权利。⑨监督权。消费者享有对商品和服务以及保护消费者权益工作进行监督的权利。消费者有权检举、控告侵害消费者权益的行为和国家机关及其工作人员在保护消费者权益工作中的违法失职行为，有权对保护消费者权益工作提出批评、建议。

（3）经营者义务

经营者是作为消费关系的另一方当事人，《消费者权益保护法》规定了其应当履行的义务。经营者在消费法律关系中，应当依照本法和其他有关法律、法规的规定履行义务。经营者和消费者有约定的，应当按照约定履行义务，但双方的约定不得违背法律、法规的规定。经营者向消费者提供商品或者服务，应当恪守社会公德，诚信经营，保障消费者的合法权益；不得设定不公平、不合理的交易条件，不得强制交易。具体包括：

①接受监督的义务。经营者应当听取消费者对其提供的商品或者服务的意见，接受消费者的监督。

②保障商品和服务安全的义务。经营者应当保证其提供的商品或者服务符合保障人身、财产安全的要求。对可能危及人身、财产安全的商品和服务，应当向消费者作出真实的说明和明确的警示，并说明和标明正确使用商品或者接受服务的方法以及防止危害发生的方法；宾馆、商场、餐馆、银行、机场、车站、港口、影剧院等经营场所的经营者，应当对消费者尽到安全保障义务；经营者发现其提供的商品或者服务存在缺陷，有危及人身、财产安全危险的，应当立即向有关行政部门报告和告知消费者，并采取停止销售、警示、召回、无害化处理、销毁、停止生产或者服务等措施。采取召回措施的，经营者应当承担消费者因商品被召回支出的必要费用。

③提供商品和服务真实信息的义务。经营者向消费者提供有关商品或者服务的质量、性能、用途、有效期限等信息，应当真实、全面，不得作虚假或者引人误解的宣传。经营者对消费者就其提供的商品或者服务的质量和使用方法等问题提出的询问，应当作出真实、明确的答复。经营者提供商品或者服务应当明码标价。

④标记真实名称和标记的义务。经营者应当标明其真实名称和标记。租赁他人柜台或者场地的经营者，应当标明其真实名称和标记。

⑤出具购物凭证或服务单据的义务。经营者提供商品或者服务，应当按照国家有关规定或者商业惯例向消费者出具发票等购货凭证或者服务单据；消费者索要发票等购货凭证或者服务单据的，经营者必须出具。

⑥保障商品和服务质量的义务。经营者应当保证在正常使用商品或者接受服务的情况下其提供的商品或者服务应当具有的质量、性能、用途和有效期限；但消费者在购买该商品或者接受该服务前已经知道其存在瑕疵，且存在该瑕疵不违反法律强制性规定的除外；经营者以广告、产品说明、实物样品或者其他方式表明商品或者服务的质量状况的，应当保证其提供的商品或者服务的实际质量与表明的质量状况相符；经营者提供的机动车、计算机、电视机、电冰箱、空调器、洗衣机等耐用商品或者装饰装修等服务，消费者自接受商品或者服务之日起 6 个月内发现瑕疵，发生争议的，由经营者承担有关瑕疵的举证

责任。

⑦退货、修理、更换的义务。经营者提供的商品或者服务不符合质量要求的，消费者可以依照国家规定、当事人约定退货，或者要求经营者履行更换、修理等义务。没有国家规定和当事人约定的，消费者可以自收到商品之日起 7 日内退货；7 日后符合法定解除合同条件的，消费者可以及时退货，不符合法定解除合同条件的，可以要求经营者履行更换、修理等义务。依照前款规定进行退货、更换、修理的，经营者应当承担运输等必要费用；经营者采用网络、电视、电话、邮购等方式销售商品，消费者有权自收到商品之日起 7 日内退货，且无须说明理由，但下列商品除外：消费者定作的；鲜活易腐的；在线下载或者消费者拆封的音像制品、计算机软件等数字化商品；交付的报纸、期刊。除前款所列商品外，其他根据商品性质并经消费者在购买时确认不宜退货的商品，不适用无理由退货。消费者退货的商品应当完好。经营者应当自收到退回商品之日起 7 日内返还消费者支付的商品价款。退回商品的运费由消费者承担；经营者和消费者另有约定的，按照约定。

⑧不得以格式条款侵犯消费者的权益。经营者在经营活动中使用格式条款的，应当以显著方式提请消费者注意商品或者服务的数量和质量、价款或者费用、履行期限和方式、安全注意事项和风险警示、售后服务、民事责任等与消费者有重大利害关系的内容，并按照消费者的要求予以说明。经营者不得以格式条款、通知、声明、店堂告示等方式，作出排除或者限制消费者权利、减轻或者免除经营者责任、加重消费者责任等对消费者不公平、不合理的规定，不得利用格式条款并借助技术手段强制交易。格式条款、通知、声明、店堂告示等含有前款所列内容的，其内容无效。

⑨尊重消费者人格权的义务。经营者不得对消费者进行侮辱、诽谤，不得搜查消费者的身体及其携带的物品，不得侵犯消费者的人身自由。

⑩网络购物中销售者应履行的义务。采用网络、电视、电话、邮购等方式提供商品或者服务的经营者，以及提供证券、保险、银行等金融服务的经营者，应当向消费者提供经营地址、联系方式、商品或者服务的数量和质量、价款或者费用、履行期限和方式、安全注意事项和风险警示、售后服务、民事责任等信息。

⑪保密的义务。经营者收集、使用消费者个人信息，应当遵循合法、正当、必要的原则，明示收集、使用信息的目的、方式和范围，并经消费者同意。经营者收集、使用消费者个人信息，应当公开其收集、使用规则，不得违反法律、法规的规定和双方的约定收集、使用信息；经营者及其工作人员对收集的消费者个人信息必须严格保密，不得泄露、出售或者非法向他人提供。经

营者应当采取技术措施和其他必要措施，确保信息安全，防止消费者个人信息泄露、丢失。在发生或者可能发生信息泄露、丢失的情况时，应当立即采取补救措施；经营者未经消费者同意或者请求，或者消费者明确表示拒绝的，不得向其发送商业性信息。

案例 10

中兴通讯公司劳动合同纠纷案

一、中兴通讯公司劳动合同纠纷案基本内容

中兴通讯（杭州）有限责任公司诉王鹏劳动合同纠纷案

（最高人民法院审判委员会讨论通过　2013 年 11 月 8 日发布）

关键词：民事　劳动合同　单方解除

裁判要点：劳动者在用人单位等级考核中居于末位等次，不等同于"不能胜任工作"，不符合单方解除劳动合同的法定条件，用人单位不能据此单方解除劳动合同。

相关法条：《中华人民共和国劳动合同法》第 39 条、第 40 条

基本案情：2005 年 7 月，被告王鹏进入原告中兴通讯（杭州）有限责任公司（以下简称"中兴通讯"）工作，劳动合同约定王鹏从事销售工作，基本工资每月 3840 元。该公司的《员工绩效管理办法》规定：员工半年、年度绩效考核分别为 S、A、C1、C2 四个等级，分别代表优秀、良好、价值观不符、业绩待改进；S、A、C（C1、C2）等级的比例分别为 20%、70%、10%；不胜任工作原则上考核为 C2。王鹏原在该公司分销科从事销售工作，2009 年 1 月后因分销科解散等原因，转岗至华东区从事销售工作。2008 年下半年、2009 年上半年及 2010 年下半年，王鹏的考核结果均为 C2。中兴通讯认为，王鹏不能胜任工作，经转岗后，仍不能胜任工作，故在支付了部分经济补偿金的情况下解除了劳动合同。

2011 年 7 月 27 日，王鹏提起劳动仲裁。同年 10 月 8 日，仲裁委作出裁决：中兴通讯支付王鹏违法解除劳动合同的赔偿金余额 36596.28 元。中兴通讯认为其不存在违法解除劳动合同的行为，故于同年 11 月 1 日诉至法院，请求判令不予支付解除劳动合同赔偿金余额。

　　裁判结果：浙江省杭州市滨江区人民法院于 2011 年 12 月 6 日作出〔2011〕杭滨民初字第 885 号民事判决：原告中兴通讯（杭州）有限责任公司于本判决生效之日起 15 日内一次性支付被告王鹏违法解除劳动合同的赔偿金余额 36596.28 元。宣判后，双方均未上诉，判决已发生法律效力。

　　裁判理由：法院生效裁判认为，为了保护劳动者的合法权益，构建和发展和谐稳定的劳动关系，《劳动法》、《劳动合同法》对用人单位单方解除劳动合同的条件进行了明确限定。原告中兴通讯以被告王鹏不胜任工作，经转岗后仍不胜任工作为由，解除劳动合同，对此应负举证责任。根据《员工绩效管理办法》的规定，"C（C1、C2）考核等级的比例为 10%"，虽然王鹏曾经考核结果为 C2，但是 C2 等级并不完全等同于"不能胜任工作"，中兴通讯仅凭该限定考核等级比例的考核结果，不能证明劳动者不能胜任工作，不符合据此单方解除劳动合同的法定条件。虽然 2009 年 1 月王鹏从分销科转岗，但是转岗前后均从事销售工作，并存在分销科解散导致王鹏转岗这一根本原因，故不能证明王鹏系因不能胜任工作而转岗。因此，中兴通讯主张王鹏不胜任工作，经转岗后仍然不胜任工作的依据不足，存在违法解除劳动合同的情形，应当依法向王鹏支付经济补偿标准二倍的赔偿金。

二、案例评析

（一）依单位内部考核解聘员工的风险

　　这是一起用人单位以劳动者不符合用人单位内部考核结果，进而认定劳动者不能胜任工作，以此违法单方解除劳动合同的典型案例。本案中，原告中兴通讯诉称被告王鹏因两次不符合其内部《员工绩效管理办法》考核标准，因而认定其无法胜任工作，经转岗后，仍不能胜任工作，以此单方解除劳动合同的行为符合《劳动合同法》的相关规定。因此中兴通讯除已先行支付的部分经济补偿金外，不应再支付王鹏任何其他费用。

　　法院经审理查明，原告中兴通讯所依据的《员工绩效管理办法》属其内部规定，虽然王鹏曾经考核结果为 C2，但是 C2 等级并不完全等同于"不能胜任工作"，中兴通讯仅凭该限定考核等级比例的考核结果，不能证明劳动者不能胜任工作，不符合《劳动法》、《劳动合同法》中有关用人单位单方解除劳动合同的法定条件，用人单位不能据此单方解除劳动合同。在本案此种情况下，原告中兴通讯应当向被告王鹏支付经济补偿标准二倍的赔偿金。

　　《劳动合同法》第 39 条明确规定："劳动者有下列情形之一的，用人单位可以解除劳动合同：（一）在试用期间被证明不符合录用条件的；（二）严重违反用人单位的规章制度的；（三）严重失职，营私舞弊，给用人单位造成重大损失的；（四）劳动者同时与其他用人单位建立劳动关系，对完成本单位的工作任务造成严重影响，或者经用人单位提出，拒不改正的；（五）因本法第二十六条第一款第一项规定的情形致使劳动合同无效的；（六）被依法追究刑事责任的。"同时，《劳动合同法》第 40 条规定："有下列情形之一的，用人单位提前三十日以书面形式通知劳动者本人或者额外支付劳动者一个月工资后，可以解除劳动合同：（一）劳动者患病或者非因工负伤，在规定的医疗期满后不能从事原工作，也不能从事由用人单位另行安排的工作的；（二）劳动者不能胜任工作，经过培训或者调整工作岗位，仍不能胜任工作的；（三）劳动合同订立时所依据的客观情况发生重大变化，致使劳动合同无法履行，经用人单位与劳动者协商，未能就变更劳动合同内容达成协议的。"这两条明确了用人单位单方解除劳动合同的限定条件。本案中被告王鹏并不属于《劳动合同法》第 40 条中规定的"劳动者不能胜任工作，经过培训或者调整工作岗位，仍不能胜任工作"的情形。况且虽然 2009 年 1 月王鹏从分销科转岗，但是转岗前后均从事销售工作，并存在分销科解散导致王鹏转岗这一根本原因，故不能证明王鹏系因不能胜任工作而转岗。因此，中兴通讯主张王鹏不胜任工作，经转岗后仍然不胜任工作的依据不足，存在违法解除劳动合同的情形，应当依法向王鹏支付经济补偿标准二倍的赔偿金。

（二）"末位淘汰制"考核指标体系引发的纠纷

本案是典型的因"末位淘汰制"引发的纠纷。随着越来越多的企业将"末位淘汰制"写入企业的规章制度或者劳动合同中，来作为对员工绩效考核体系的一种制度方法，定期将业绩居于末位的劳动者调薪、调岗或与其解除劳动合同，由此引发的劳动争议纠纷也逐渐增多。

在劳动合同法视野下，"末位淘汰制"是指工作单位根据本单位的总体目标和具体目标，结合各岗位的实际情况，设定一定的考核指标体系，以此指标体系为标准对员工进行考核，根据考核结果对得分靠后的员工进行淘汰的绩效管理制度。这一制度源于美国通用电气公司（GE）杰克韦尔奇创建的活力曲线，也叫 10% 淘汰率法则。在 GE，每年各级经理要对自己部门的员工进行严格评估，会产生 10% 的 C 类落后员工，通常表现最差的员工都必须走人，这种强势的管理方法，形成了"优胜劣汰、适者生存"的优化组合，提高了劳动生产率。后来，"末位淘汰制"被我国华为、中兴等知名公司所仿效。

1. "末位淘汰制"是用人单位的内部规章制度

《劳动合同法》第 4 条对用人单位的规章制度的制定有明确规定，其应具备以下条件：一是制定程序合法。用人单位在制定、修改或者决定有关劳动报酬、工作时间、休息休假、劳动安全卫生、保险福利、职工培训、劳动纪律以及劳动定额管理等直接涉及劳动者切身利益的规章制度或者重大事项时，应当经职工代表大会或者全体职工讨论，提出方案和意见，与工会或者职工代表平等协商确定。二是履行告知义务。用人单位应当将直接涉及劳动者切身利益的规章制度和重大事项决定公示，或者告知劳动者。

显然，"末位淘汰制"属于涉及劳动者切身利益的重大事项，用人单位应按照上述程序制定规章制度，才能得到法律认可，成为其管理员工的依据。

2. "末位淘汰制"并不能作为劳动合同的解除条件

"末位淘汰制"是单位的规章制度，但并不意味着用人单位对业绩居于末位的劳动者可以单方面解除劳动合同。用人单位单方面解除劳动合同的情形是法定的，《劳动合同法》第 39 条、第 40 条规定了用人单位的单方解除权（包括随时解除和提前 30 日通知解除）。本案中，中兴通讯正是引用了此条款中"劳动者不能胜任工作，经过培训或者调整工作岗位，仍不能胜任工作"来和本案被告王鹏解除劳动合同的。那么，劳动者业绩居于末位，是否构成"不能胜任工作"呢？末位是客观存在的，在每次的考核中，总会有人居于末位，这些人可能胜任工作，也可能不胜任工作，但是考核不合格不能直接等同于不胜任工作。因此，用人单位不能因为劳动者业绩居于末位，就主张其不能胜任工作而解除劳动合同。

"末位淘汰制"这种管理模式在激发员工的危机意识、竞争意识，最大限度挖掘员工个人潜力，以达到个人绩效的最大化方面有着积极作用。它也是用人单位常用的绩效考核方法，如果用人单位处理不当，有可能造成同劳动者违法解除劳动合同。在任何团队中都有"末位"员工的存在，用人单位绩效考核中排名末位的员工并不一定是不能胜任工作的，即使不能胜任此工作，用人单位也应当根据《劳动合同法》第 40 条的规定，为其提供培训或者调整工作岗位，如果劳动者仍不能胜任工作的，才可以单方解除劳动合同，并且还应当向劳动者支付经济补偿金。2012 年 6 月，最高人民法院《关于审理劳动争议案件适用法律若干问题的解释（四）（征求意见稿）》向社会征求意见。该司法解释规定，劳动合同存续期间，用人单位通过"末位淘汰"等形式单方解除劳动合同，劳动者以用人单位违法解除劳动合同为由，请求用人单位支付赔偿金的，法院应予支持。

在劳动合同法视野下，劳动合同的解除条件是法定的，用人单位对仅在考核中居于末位的劳动者，不能单方面解除劳动合同。"末位淘汰制"作为用人单位的规章制度，应当在符合法律规定的前提下，进一步探寻完善与变革之路。在本案中，中兴通讯的《员工绩效管理办法》规定，员工半年、年度绩效考核登记分别为 S、A、C1、C2 四个等级，其中 C（C1、C2）等级的比例为 10%；不胜任工作原则上考核为 C2。可以看出，中兴通讯是以单位规章制度的形式规定了"末位淘汰制"。因王鹏多次考核为 C2，故公司以王鹏不能胜任工作，经转岗后，仍然不胜任工作为由解除劳动合同。这里有两个问题：即考核为 C2 是否等同于不能胜任工作？王鹏是否因不能胜任工作而进行转岗？

第一，考核为 C2 不能等同于不能胜任工作。《员工绩效管理办法》规定："C（C1、C2）考核等级的比例一般为 10%，不胜任工作的员工原则上应考核为 C2。"可见，中兴通讯在公司规章制度中限定了考核为 C 的比例，即每次考核中，不管员工的业绩如何，总会有人被考核为 C。中兴通讯认为王鹏不胜任工作，应对此负举证责任，应该举证证明具体的考核依据以及王鹏不能胜任工作的具体事实。否则，考核为 C 不能直接等同于不能胜任工作。

第二，王鹏没有因不能胜任工作而进行转岗。即使王鹏不能胜任工作，公司也应该对其进行培训或调整工作岗位，如果仍不能胜任工作，公司才可以提前 30 日以书面形式通知劳动者本人或者额外支付劳动者 1 个月工资后，解除劳动合同。虽然 2009 年 1 月，王鹏从公司渠道管理部分销科转岗至华东区工作，表面上的确存在转岗的事实，但这里存在王鹏的原工作岗位分销科解散而导致王鹏不得不转岗这一根本原因，原分销科员工均进行了转岗，并不能证明王鹏的转岗系因不能胜任工作而进行的转岗。

因此，中兴通讯主张王鹏不胜任工作，经转岗后仍然不胜任工作的依据不足，中兴通讯存在违法解除劳动合同的情形，应当支付违法解除劳动合同赔偿金。

实践中，因用人单位行使单方解除权而产生的争议和纠纷颇多，尽管《劳动合同法》及相关法律、行政法规对用人单位单方解除权设置了诸多限制，并且明确了用人单位对劳动者所要承担的经济补偿金，但劳动者的劳动权和经济利益往往得不到保障，况且由于各种原因所限，取证、举证方面也存在很多现实困难。在今后司法实践中，希望能有更为切实可行的法律、法规或司法解释出台，对这一问题加以规范，使司法工作者在合理平衡劳动者和用人单位利益的同时，更好地实现对劳动者合法权益的保障。

三、本案例相关知识点剖析

随着资本主义的发展，产业革命以后，大批的劳动者进入了工厂，社会上形成了雇佣者与被雇佣者两大阶级，双方都有着各自独立的经济利益。对这种雇佣关系，初期在法律上沿用"雇佣自由"原则。这种原则的适用，导致雇主可以随意延长工时，减少工资，劳动条件恶劣，必然引起劳工的不满与反抗。① 工人每天平均工作时间在15个小时甚至18个小时，工资低，恶劣的工作环境也无法保障人身安全，劳资矛盾激化，影响了社会稳定，各国工人阶级为了自身的权利和利益与资产阶级进行斗争，要求国家进行立法保护他们的权利。资产阶级国家在这种情况下陆续进行立法，也反映了劳动法的本质，即是国家对劳资关系进行干预，稳定社会的经济秩序。随着经济的发展以及劳资双方抗衡力量的变化以及国家劳工运动的影响等因素，各国劳动立法在适用范围以及条文数目上都呈现出不断扩大的趋势，形成了完整而系统的法律体系。

在西方工业化国家的早期立法中，劳动合同曾属于民法的调整范围，适用契约自由的原则，在1804年的《法国民法典》中有专门的劳动合同条款，被称作"劳动力租赁契约"。在该法典的影响下，许多国家如欧洲的意大利，美洲的加拿大，亚洲的日本等都把劳动合同列为其民法典中的内容。20世纪初，出于国家干预劳动合同和协调劳动关系的需要，劳动合同由民法转入劳动法范围。比利时于1900年3月制定《劳动契约法》，从劳动契约的角度进行立法。法国在1910年颁布的《劳动法典》第一卷把雇佣合同列为第二篇。其后，许多国家相继把劳动合同置于劳动立法范围。②

新中国成立后，随着中国法制建设的发展和完善，劳动立法在我国也正在成为一个发展较快的法律部门。尤其是1978年以后，国家工作重点转入经济建设，劳动法制建设也取得重大进展。最为突出的是《劳动法》的颁布和实施。经过多年的起草工作，1994年7月5日第八届全国人民代表大会常务委员会第八次会议通过了《劳动法》，并于1995年1月1日开始实施。这是新中国成立后第一部综合性调整劳动关系的法律。《劳动法》颁布后，国家劳动部又陆续颁发了17个配套规章，紧接着，全国人大常委会、国务院、劳动部、国家经贸委等又相继颁布了一些重要法律法规。2007年是我国劳动立法中的一个里程碑。在这一年中，先后通过了三部重要的劳动法律，分别是6月29日通过的《劳动合同法》，8月30日通过的《就业促进法》以及12月29日通过的《劳动争议解调仲裁法》。这三部法律分别完善了我国的劳动合同法律制度、就业促进法律制度和劳动争议处理法律制度，标志着我国已经初步建立了

---

① 贾俊玲：《劳动法学》，北京大学出版社2013年版，第30页。

② 李佳勋等：《劳动法研究》，中共中央党校出版社2005年版，第58页。

适应社会主义市场经济体制需要的劳动立法体系。尤其是《劳动合同法》，严格要求企业与劳动者签订书面劳动合同，并且扩大无固定期限劳动合同的适用范围，在社会上掀起了学习劳动法的热潮。除了三部法律以外，国务院还制定了两个重要的条例。一个是 2007 年 12 月 14 日公布的《职工带薪年休假条例》，该《条例》细化了《劳动法》所建立的带薪年休假制度，明确规定连续工作 1 年以上的职工，有权享受 5—15 天的带薪休假。另外一个是 2008 年 9 月 18 日公布的《劳动合同法实施条例》，该《条例》进一步明确了《劳动合同法》中的一些规定，并对该法的立法方向作出了适当的调整。2011 年，我国又颁布了一部重要法律，即《社会保障法》，这部法律全面而系统地规范了基本养老保险、基本医疗保险、工伤保险、生育保险、失业保险。同时对社会保险费的征缴、社会保险基金、社会保险的经办、社会保险监督、法律责任也作出了明确规定，该法适用范围广泛，是一部保障劳动者的社会保障权的重要法律。

（一）劳动合同

劳动合同又被称为劳动契约，欧美国家一般称雇佣合同，是指劳动者与用人单位之间为确立劳动关系，依法协商就双方权利和义务达成的协议。劳动合同是劳动关系建立、变更和终止的一种法律形式。劳动合同除了具有普通合同的一般特征外，还具有以下特点：

1. 劳动合同主体具有特定性。根据我国《劳动合同法》的明确规定，劳动合同的主体一方是劳动者，另一方是用人单位。劳动者是指依法具有劳动权利能力和劳动行为能力的自然人，包括在我国境内与用人单位确立劳动关系的本国公民、外国人和无国籍人。用人单位，主要是指企业、个体经济组织，也包括与劳动者通过签订劳动合同或其他方式确立劳动关系的国家机关、事业单位和社会团体。

2. 劳动合同具有从属性。劳动合同的从属性揭示了劳动主体双方之间的不平等关系，这可以从经济从属性、组织从属性和人格从属性三方面来理解。经济从属性是指劳动者需要依赖工资收入，因而在经济上对用人单位具有从属性。组织从属性是指劳动者通常会被用人单位编入其内部组织架构中，作为该组织的一员按照用人单位的安排参与生产经营。人格从属性是指劳动者不是按照自己的意志从事劳动，而是按照和服从用人单位的计划、管理和监督。无论是在大陆法系国家还是英美法系国家，人格从属性都是司法机关认定劳动者身份的主要标准。①

3. 劳动合同具有有偿性。劳动合同的有偿性表现为，劳动合同主体双方履行义务都有特定的物质性回报，即劳动者以提供劳动为条件获得工资收入和其他待遇；用人单位则以支付工资报酬等为条件获取对劳动力资源的利用，从而获得相应的劳动成果。有偿性特征表明，无偿的义务劳动或者志愿劳动不属于劳动合同的范畴，因而不能成立劳动关系。

4. 劳动合同具有社会性。劳动合同往往涉及第三人的物质利益关系，从而具有社会性特征，这是由劳动力本身再生产的特点决定的。劳动者因享有社会保险和福利待遇的权利而附带产生了劳动者的直系亲属依法享有一定的物质帮助权。如若劳动者因生育、年老、患病、工伤、残废、死亡等原因，部分或全部、暂时或永久地丧失劳动能力时，用人单位不仅要对劳动者本人给予一定的物质帮助，而且对劳动者所供养的直系亲属也要给予一定的物质帮助。劳动者享有的这种物质帮助全是通过国家立法强制实施的，反映在劳动合同中则体现为，劳动合同中必须具备社会保险条款，同时劳动合同双方当事人还可以在劳动合同中明确规定有关福利待遇的条款，而这些条款的内容往往涉及第三人的物质利益关系。

劳动合同与劳务合同是经常出现的容易混淆的概念，对两者进行区分，最核心的目的就在于确定民事赔偿责任的承担者。②

劳务合同是为完成某项工作而使用了一方的劳动，另一方向对方支付报酬的合同。在实践中，通常将提供劳动服务的过程称为劳务，它是属于民法的调整范畴，其"是当事人双方就一方提供劳动给另一方服务过程中形成的债权债务关系的协议"。③ 按照提供劳务的重点不同，可以把劳务合同划分为两类：一类是劳务合同的标的侧重于劳务行为本身，如委托合同、行纪合同、居间合同、保管合同、仓储合同、运输合同、旅游合同、演出合同、雇佣合同等，类似于民法中的"提供服务的合同"；另一类劳务合同的标的侧重于劳务行为的结果，如加工承揽合同和建设工程合同，这类似于民法上的"完成工作的合同"。广义的劳务合同遵循民法原理，受民法调整，而且很多上文中提到的合同都已经成为《合同法》所规定的有名合同。但是由于劳务活动也属于劳务，接受劳务方应向提供方支付报酬，因而劳务合同与劳动合同既有相似之处，也

---

① 参见周长征：《劳动法中的人——兼论"劳动者"原型的选择对劳动立法实施的影响》，载《现代法学》2012 年第 2 期。

② 张华贵：《劳动合同法：理论与案例》，清华大学出版社 2011 年版，第 194 页。

③ 中国社会科学院法学研究所：《法律词典》，法律出版社 2002 年版。

有很大的区别。它们的相同点主要表现在两个方面：一是均以双方之间的合意订立合同；二是均以劳动给付为目的；三是均为双务有偿合同。

劳动合同和劳务合同虽然只有一字之差，但二者却有很大的区别：

1. 合同的主体不同。劳动合同与劳务合同的主体区别体现在以下两个方面。一是用人单位不同。劳动合同的用人单位是特定的，即必须是中华人民共和国境内的企业、个体经济组织、民办非企业单位等组织，以及国家机关、事业单位、社会团体；国外公司办事处在国内没有用人权利，不能与我国公民建立劳动关系。如果办事处需招聘职工，必须通过涉外服务公司才行。劳务合同的用人方并不是特定的，可以说是十分广泛的，除了上述单位外，还可以是家庭或自然人。二是对被雇佣者一方的要求不同。劳动合同的被雇佣者必须是年满 16 周岁以上，60 周岁以下（女 55 周岁以下）且没有完全丧失劳动能力的劳动者。

2. 合同主体双方之间的法律关系不同。劳动合同的一方对另一方具有从属关系且在用人单位的管理和监督下进行劳动。正是由于劳动合同具有这种身份性、从属性，决定了劳动者在同一时期内，一般只能同一个用人单位签订劳动合同，而不能同时与两个或两个以上的单位签订劳动合同。否则，用人单位招用尚未解除劳动合同的劳动者，给原用人单位造成经济损失的，该用人单位应承担连带赔偿责任。在劳务合同中，双方当事人之间是平等的法律关系，它是独立的主体之间经济价值的交换，劳动支配权归劳动者所有，双方当事人之间不存在从属关系，彼此相互独立，劳务合同双方始终以自己名义分别履行合同规定义务；劳务合同所确定的也不是劳动组织内部关系，而是一种非内部的合同关系。劳务合同的当事人在同一时期，可以签订两个以上的劳务合同。

3. 合同目的不同。签订劳动合同的目的，在于将劳动过程完成而不是强调劳动成果的必然实现。由于劳动过程是相当复杂的，且并不是所有的劳动都能直接创造出劳动成果。我国《劳动合同法》第 12 条规定"劳动合同分为固定期限劳动合同、无固定期限劳动合同和以完成一定工作任务为期限的劳动合同"，这是强调关于劳动过程的规定。因此，签订劳动合同的目的，仅仅在于双方约定劳动成果在劳动过程中实现，而不要求劳动成果必然的实现。而劳务合同的目的则是强调基于劳务所完成的劳动成果，而非提供劳务本身。

4. 合同内容不同。劳动合同是以双方当事人的权利和义务为内容的。《劳动合同法》明确规定了劳动合同内容的必备条款和约定条款。劳动合同如果不具备法定条款可能导致此劳动合同不成立。劳务合同双方当事人在合同条款的约定上，具有较大的灵活性，只要劳务合同不违反法律、法规的强制性规定，当事人可以基于合同自由原则，对合同条款充分协商确定修改，相对于劳动合同，法律对劳务合同的限制较少。

5. 自由程度不同。劳动合同适用的是《劳动法》，其兼顾公法和私法特征，因此在签订劳动合同时，国家和社会对双方有较多限制。劳务合同适用的是《合同法》，属私法范畴，强调契约自由，基于此，劳务合同更多强调的是双方当事人的自愿平等原则。

6. 双方当事人的义务不同。《劳动法》要求用人单位必须为劳动者缴纳养老保险、医疗保险、失业保险，这是用人单位必须履行的法定义务，且不得由当事人约定变更，体现了国家的干预。劳务合同雇主则没有义务为其缴纳上述保险等。

7. 解除合同的规定不同。《劳动法》强调保护劳动者，因此，立法严格控制用人单位的解除行为，宽松对待劳动者的类似行为。若用人单位解除劳动合同，即使是在合法的前提下，没有出现违约解除，也要依法对劳动者进行补偿，并支付一次性经济补偿金。而在劳务合同中，只有在违法解除的情况下才有赔偿损失的出现。比如当事人在劳务合同中可以自由协商约定解除合同的时间、条件，而劳动合同中的用人单位只有在具备《劳动法》规定的可以解除合同的条件时，提前 30 天通知劳动者后才可解除合同。

8. 法律责任不同。在劳动合同履行过程中，劳动者在工作中受到职业性伤害，对劳动者适用无过错责任。在劳务合同履行过程中，劳动者在工作中受到伤害，则对劳动者适用过错责任。劳动合同的当事人不履行合同义务所产生的责任，不仅有民事责任，而且有行政责任、刑事责任。劳务合同的当事人不履行合同义务，仅产生民事责任。

9. 合同形式不同。《劳动合同法》规定，劳动合同应当以书面形式订立；而《合同法》并没有规定劳务合同订立形式，既可以是书面形式，也可以是口头形式或其他形式。

10. 司法救济不同。一是案件受理机关不同。如果是因劳动合同的履行发生纠纷的，当事人必须先向劳动争议仲裁委员会申请仲裁，对仲裁结果不服的，才能向人民法院起诉，即劳动仲裁程序是人民法院受理劳动合同争议案件的前置程序。根据我国法律的规定，因劳务合同的履行发生纠纷的，当事人可以直接向人民法院起诉。二是时效不同。如果是因为劳动合同发生纠纷的，当事人仲裁申请时效为 60 天，而劳务合同的诉讼时效期间应当按照一般诉讼时效的规定，即 2 年。除非是不可抗力或正当理由，否则劳动合同的仲裁申请时效不存在中止和中断的问题。而劳务合同的诉讼时效适用《民法通则》关于时效中止和中断的规定。

通常以合同期限的不同，把劳动合同分为有固定期限的劳动合同、无固定期限的劳动合同和以完成一定的工作为期限的劳动合同。

有固定期限的劳动合同，又称定期劳动合同。是劳动合同双方当事人明确约定合同有效的起始日期和终止日期的劳动合同。期限届满，合同即告终止。双方当事人可根据生产、工作的需要确定劳动合同的期限。为保护劳动者的身体健康，劳动法规定从事矿山井下以及其他有害身体健康的工种、岗位工作的农民工，实行定期轮换制度，合同期限最长不得超过 8 年。有固定期限的劳动合同适用范围比较广泛，灵活性较强。

无固定期限的劳动合同，又称不定期劳动合同。是劳动合同双方当事人只约定合同的起始日期，不约定其终止日期的劳动合同。对于无固定期限的劳动合同只要不出现法律、法规或合同约定的可以变更、解除、终止劳动合同的情况，双方当事人就不得擅自变更、解除、终止劳动关系。按照平等自愿、协商一致的原则，用人单位和劳动者只要达成一致，无论是初次就业的，还是由固定工转制的，都可以签订无固定期限的劳动合同。我国劳动法规定在下列情形下，应当签订无固定期限的劳动合同：劳动者在同一用人单位连续工作满 10 年以上，当事人双方同意续延劳动合同的；工作年限较长，且距法定退休年龄 10 年以内的；复员、转业军人初次就业的；法律、法规规定的其他情形。

法律规定无固定期限劳动合同签订条件的目的在于保护劳动者的"黄金年龄"。① 用人单位应当与劳动者签订无固定期限劳动合同而未签订的，人民法院可以视为双方之间存在无固定期限劳动合同关系，并以原劳动合同确定双方的权利义务关系。无固定期限的劳动合同不得将法定解除条件约定为终止条件，以规避解除劳动合同时用人单位依法应承担的支付劳动者经济补偿金的义务。

以完成一定工作为期限的劳动合同。是指劳动合同双方当事人将完成某项工作或工程作为合同有效期限的劳动合同。合同中不明确约定合同的起止日期，以某项工作或工程完工之日为合同终止之时。它一般适用于建筑业、临时性、季节性的工作或由于其工作性质可以采取此种合同期限的工作岗位。

（二）单方解除

提及单方解除，首先是从劳动合同解除制度谈起。劳动合同的解除，即合同当事人依法提前终止劳动合同的法律效力。其次是劳动合同制度中与劳动关系双方当事人利益密切相关的行为。实践中，劳动合同中所发生的大量争议多数是由于解除合同而引起的。从劳动关系历史演进角度来看，"人类劳动经历

---

① 郭捷：《劳动法学》，中国政法大学出版社 2011 年版，第 128 页。

了不自由劳动时代、租赁劳动时代（罗马法时代）、团体主义时代（日耳曼法时代）、雇佣契约时代、劳动契约时代及资讯社会时代"。进入 20 世纪以来，国家制定劳动保护法规，对雇主课以公法上之义务，以保护劳动者，劳动关系进入社会法之劳动契约时代。这种全球范围内国家对劳动立法的转变，给劳动关系立法穿上了公法与私法兼顾的外衣，从而导致劳动合同领域解除制度的立法理念调整。①

当前，赋予劳动者充分的劳动选择权是国际劳工立法的趋势。但世界各国在用人单位与劳动者劳动合同解除权配置的立法上一直存在解雇自由和解雇保护争议。前者指用人单位可随意解除劳动合同，而不受劳动者是否同意以及法律的限制。而解雇保护是指解雇的权利受国家法律制约，这种限制只针对于用人单位，它源于社会法中的生存保障原则。两种学说之间存在很大争议。

理论界对解雇自由和解雇限制的争论到现在还没有定论，这种争论也往往体现在各国的立法和实践中。就大部分国家而言，大都奉行解雇保护，但有少数国家也遵循解雇自由说，如美国，其一向崇尚私法自治，所以尽量避免公权力过分介入私人契约之事。虽然现在解雇自由受到多方攻击，但它依旧是美国雇佣法律制度中的一项重要原则。尽管各国在解雇自由和解雇保护之间的侧重点不同，但总体趋势是合理限制用人单位解雇权，至于限制程度则有所不同，因而形成了不同观点的解雇保护制度。如法国并未制定专门解雇保护制度，而是将该规范置于《法国劳动法典》中。而德国则通过《劳动法院法》、《企业委员会法》等专门立法对解雇制度进行实质性保护。

就我国现行劳动合同立法体系而言，其内容涵盖了《劳动法》第 24 条至第 32 条、《劳动合同法》第 36 条至第 50 条、《劳动合同法实施条例》第 18 条至第 27 条之规定，同时涉及原劳动部颁发的《违反和解除劳动合同的经济补偿办法》（劳部发〔1994〕481 号）、《企业经济性裁减人员规定》（劳部发〔1994〕447 号）等若干行政规章。从上述劳动立法的规定来看，劳动合同解除的具体条件由法律规定，双方约定解除的情形，必须符合相关法律规定，而不能由用人单位和劳动者双方随意制定。同时，劳动合同在合同双方签订之后、生效之前对双方均具有约束性，合同双方依旧可以依据法律解除。此类规定充分体现了我国劳动关系解除过程中，对劳动者保护的倾斜。

劳动合同的解除，可依据不同的标准进行分类。其中按照合同解除的方式不同，可分为协议解除和单方解除。单方解除，即享有单方解除权的当事人以单方意思表示解除劳动合同。所谓单方解除权，是指当事人依法享有的，无须

---

①　黄越钦：《劳动法新论》，中国政法大学出版社 2003 年版，第 3~7 页。

对方当事人同意而自主决定解除合同的权利。立法要求当事人应以要式行为行使其单方解除权。按照行使单方解除权是否需要提前告知，可分为单方预告解除和单方即时解除，前者需经预先通知对方当事人后才可以解除合同；后者在通知到达对方当事人之时即可解除合同。按照行使单方解除权的主体不同，又可分为劳动者单方解除和用人单位单方解除。对于不同形式的单方解除，立法规定也有所不同。

劳动者的单方解除权，主要有以下三种情形：一是法定辞职权，即《劳动合同法》第 37 条规定的劳动者提前 30 日以书面形式通知用人单位，可以解除劳动合同。从本条规定可知，劳动者行使本条规定的权利，必须满足提前 30 日通知用人单位和应以书面形式通知用人单位这两个条件。二是试用期的解除权，《劳动合同法》第 37 条规定，"劳动者在试用期内提前三日通知用人单位，可以解除劳动合同"。三是推定解雇的解除权，这是指劳动者不需向用人单位预告即可随时通知解除劳动合同。《劳动合同法》第 38 条规定："用人单位有下列情形之一的，劳动者可以解除劳动合同：（一）用人单位未按照劳动合同约定提供劳动保护和劳动条件的；（二）用人单位未及时足额支付劳动报酬的；（三）用人单位未依法为劳动者缴纳社会保险费的；（四）用人单位的规章制度违反法律、法规的规定，损害劳动者权益的；（五）因本法第二十六条第一款规定的情形致使劳动合同无效的；（六）法律、行政法规规定的其他情形。用人单位以暴力、威胁或者非法限制人身自由的手段强迫劳动者劳动的，或者用人单位违章指挥、强令冒险作业危及劳动者人身安全的，劳动者可以立即解除劳动合同，不需事先告知用人单位。"实践中，因劳动者无需事先通知即可解除与用人单位之间的劳动合同，致使很多劳动者在行使单方解除权时，说走就走，往往令用人单位措手不及，更可能给企业造成经济损失或给正常生产经营带来麻烦，因此很容易导致争议和纠纷。鉴于此，司法实践中应注意矫枉过正，合理平衡用人单位与劳动者之间的利益。

对于用人单位的单方解除权来说，劳动法赋予其的权利确实比劳动者要小得多，立法严格限定用人单位与劳动者解除劳动权的条件，以此来保护劳动者的劳动权。综观现行立法规定，有关用人单位单方解除权的规定，主要有以下三种情形：

首先，《劳动合同法》第 39 条规定："劳动者有下列情形之一的，用人单位可以解除劳动合同：（一）在试用期间被证明不符合录用条件的；（二）严重违反用人单位的规章制度，按照用人单位的规章制度应当解除劳动合同的；（三）严重失职，营私舞弊，给用人单位的利益造成重大损害的；（四）劳动者同时与其他用人单位建立劳动关系，对完成工作任务造成严重影响，经用人单位提出，拒不改正的；（五）因本法第二十六条第一款第一项规定的情形致使劳动合同无效的；（六）被依法追究刑事责任的。"本条是有关用人单位单方即时解除权的规定，也有学者称为过失性解雇。① 即时解除是指用人单位不用预先通知，可随时通知解除劳动合同。

其次，《劳动合同法》第 40 条规定："有下列情形之一的，用人单位提前三十日以书面形式通知劳动者本人或者额外支付劳动者一个月工资后，可以解除劳动合同：（一）劳动者患病或者非因工负伤，在规定的医疗期满后不能从事原工作，也不能从事由用人单位另行安排的工作的；（二）劳动者不能胜任工作，经过培训或者调整工作岗位，仍不能胜任工作的；（三）劳动合同订立时所依据的客观情况发生重大变化，致使劳动合同无法履行，经用人单位与劳动者协商，未能就变更劳动合同内容达成协议的。"本条规定的是用人单位单方通知解除权的规定，也有学者称之为非过失性解雇。所谓通知解除是指用人单位需提前 30 日以书面形式通知劳动者方能单方解除劳动合同的情形，主要适用于上述非因劳动者个人过错导致其不能依合同约定履行劳动合同的情形。

最后，《劳动合同法》第 41 条规定："有下列情形之一，需要裁减人员二十人以上或者裁减不足二十人但占企业职工总数百分之十以上的，用人单位提前三十日向工会或者全体职工说明情况，听取工会或者职工的意见后，裁减人员方案经向劳动行政部门报告，可以裁减人员：（一）依照企业破产法规定进行重整的；（二）生产经营发生严重困难的；（三）企业转产、重大技术革新或者经营方式调整，经变更劳动合同后，仍需裁减人员的；（四）其他因劳动合同订立时所依据的客观经济情况发生重大变化，致使劳动合同无法履行的。裁减人员时，应当优先留用下列人员：（一）与本单位订立较长期限的固定期限劳动合同的；（二）与本单位订立无固定期限劳动合同的；（三）家庭无其他就业人员，有需要扶养的老人或者未成年人的。用人单位依照本条第一款规定裁减人员，在六个月内重新招用人员的，应当通知被裁减的人员，并在同等条件下优先招用被裁减的人员。"本条是有关用人单位行使单方解除权的第三种情形，即经济性裁员。此种情形之下，用人单位濒临破产进行法定整顿期间或者生产经营状况发生严重困难，为改善生产经营状况而辞退成批人员。

除了以上三种用人单位行使单方解除权的情形之外，《劳动合同法》第 42 条还做了一个总括式的限制性规定，即"劳动者有下列情形之一的，用人单位不得依照本法第四十条、第四十一条的规定解除劳动合同：（一）从事接触职业病危害作业的劳动者未进行离岗前职业健康检查，或者疑似职业病病人在

---

① 　林嘉：《劳动合同法热点问题讲座》，中国法制出版社 2007 年版，第 185 页。

诊断或者医学观察期间的；（二）在本单位患职业病或者因工负伤并被确认丧失或者部分丧失劳动能力的；（三）患病或者非因工负伤，在规定的医疗期内的；（四）女职工在孕期、产期、哺乳期的；（五）在本单位连续工作满十五年，且距法定退休年龄不足五年的；（六）法律、行政法规规定的其他情形。"

但即便法律对用人单位的单方解除权规定了比较严格的限制条件，现实中仍有大量企业在与劳动者解除劳动合同时，滥用企业内部规章制度，随意或武断的与劳动者解除劳动合同，损害与劳动者密切相关的重大经济利益。为了避免这种情况的发生，相关立法明确了对经济补偿金的规定。

所谓经济补偿金，通常被称为离职费或遣散费。[①] 我国法律没有对经济补偿金给出明确定义，理论上认为经济补偿金是指在法定条件下，在劳动合同解除或终止时，用人单位依法向劳动者一次性支付的经济上的补助。依照《劳动合同法》第 46 条的规定，劳动合同解除或者终止时用人单位进行经济补偿包括以下几种情形：（1）由用人单位提出解除动议，双方协商一致解除劳动合同的，用人单位支付经济补偿。（2）由于用人单位的过错，导致劳动者单方即时辞职而解除劳动合同的，由用人单位支付经济补偿。（3）劳动者无过错的情形下，用人单位单方作出预告辞退决定，解除劳动合同的，由用人单位支付经济补偿。（4）因经济性裁员而解除劳动合同的，由用人单位支付经济补偿。（5）劳动合同期满终止时，除用人单位维持或提供劳动合同约定条件续订劳动合同，劳动者不同意续订的情况以外，终止固定期限劳动合同的，用人单位应支付经济补偿。（6）因用人单位主体资格终止而终止劳动合同的，由用人单位支付经济补偿。（7）法律、行政法规规定的其他应当给予经济补偿的情形，包括竞业限制人员的经济补偿，违法或不当解除劳动合同的经济补偿以及我国有些法律、法规中有关用人单位支付经济补偿的直接规定等。

有关经济补偿的标准有一般标准和特殊标准两类区分。依据《劳动合同法》第 47 条的规定，一般标准是按照劳动者在本单位工作的年限，每满 1 年支付 1 个月工资的标准向劳动者支付；6 个月以上不满 1 年的，按 1 年计算；不满 6 个月的，向劳动者支付半个月工资的经济补偿。其中，月工资是指劳动者在劳动合同解除或者终止前 12 个月的平均工资。而特殊标准是针对高薪劳动者的特殊标准以及军队等特殊单位工作年限的特殊计算规则。

如果用人单位没有按照《劳动合同法》第 46 的规定支付经济补偿金，依据《劳动合同法》第 48 条和第 87 条的规定，其法律后果是解除和终止劳动合同的行为无效，劳动合同继续有效，劳动者可以要求继续履行；劳动者不要

---

① 冯涛：《劳动合同法研究》，中国检察出版社 2008 年版，第 223 页。

求继续履行劳动合同的，可以要求支付双倍经济补偿金。同时，根据《劳动合同法》第85条的规定，用人单位解除或者终止劳动合同，未依照本法规定向劳动者支付经济补偿的，由劳动行政部门责令限期支付劳动报酬、加班费或者经济补偿；劳动报酬低于当地最低工资标准的，应当支付其差额部分；预期不支付的，责令用人单位按应付金额50%以上100%以下的标准向劳动者加付赔偿金。用人单位预期支付经济补偿金的，劳动者还可以要求用人单位按应付金额50%以上100%以下的标准向劳动者加付赔偿金。

此外，参考相关学者的观点，经济补偿金与劳动合同中约定的违约金因其性质和功能不尽相同，两者可以并存。违约金是当事人通过约定而预先确定的、在违约后生效的独立于履行行为之外的给付，是由双方约定的在违约后一方向另一方支付的一笔钱款，是一种违约责任。如果劳动合同中约定了违约金条款，用人单位违反规定或合同约定解除劳动合同，劳动者应当要求用人单位同时支付经济补偿金和违约金。

而有关经济补偿金与赔偿金可否并用的问题，《劳动法》第91条规定："用人单位有下列侵害劳动者合法权益情形之一的，由劳动行政部门责令支付劳动者的工资报酬、经济补偿，并可以责令支付赔偿金：……（4）解除劳动合同后，未依照本法规定给予劳动者经济补偿的。"最高人民法院《关于审理劳动争议案件适用法律若干问题的解释》第15条也规定："用人单位有下列情形之一，迫使劳动者提出解除劳动合同的，用人单位应当支付劳动者的劳动报酬和经济补偿，并可支付赔偿金……"《劳动合同法》第85条规定："用人单位有下列情形之一的，由劳动行政部门责令限期支付劳动报酬、加班费或者经济补偿；劳动报酬低于当地最低工资标准的，应当支付其差额部分；预期不支付的，责令用人单位按应付金额百分之五十以上百分之一百以下的标准向劳动者加付赔偿金……"因此，劳动者在要求用人单位支付经济补偿金后，仍然可以要求用人单位支付赔偿金。

案例 11

机动车交通事故责任案

一、机动车交通事故责任案基本内容

赵春明等诉烟台市福山区汽车运输
公司卫德平等机动车交通事故责任纠纷

（最高人民法院审判委员会讨论通过　2013 年 11 月 8 日发布）

关键词： 机动车交通事故　责任　套牌　连带责任

裁判要点： 机动车所有人或者管理人将机动车号牌出借他人套牌使用，或者明知他人套牌使用其机动车号牌不予制止，套牌机动车发生交通事故造成他人损害的，机动车所有人或者管理人应当与套牌机动车所有人或者管理人承担连带责任。

相关法条：《中华人民共和国侵权责任法》第 8 条
《中华人民共和国道路交通安全法》第 16 条

基本案情： 2008 年 11 月 25 日 5 时 30 分许，被告林则东驾驶套牌的鲁 F417××货车在同三高速公路某段行驶时，与同向行驶的被告周亚平驾驶的客车相撞，两车冲下路基，客车翻滚致车内乘客冯永菊当场死亡。经交警部门认定，货车司机林则东负主要责任，客车司机周亚平负次要责任，冯永菊不负事故责任。原告赵春明、赵某某、冯某某、侯某某分别系死者冯永菊的丈夫、儿子、父亲和母亲。

鲁 F417××号牌在车辆管理部门登记的货车并非肇事货车，该号牌登记货车的所有人系被告烟台市福山区汽车运输公司（以下简称"福山公司"），实际所有人系被告卫德平，该货车在被告永安财产保险股份有限公司烟台中心支公司（以下简称"永安保险公司"）投保机动车第三者责任强制保险。

套牌使用鲁 F417××号牌的货车（肇事货车）实际所有人为被告卫广辉，

林则东系卫广辉雇佣的司机。据车辆管理部门登记信息反映，鲁 F417××号牌登记货车自 2004 年 4 月 26 日至 2008 年 7 月 2 日，先后 15 次被以损坏或灭失为由申请补领号牌和行驶证。2007 年 8 月 23 日卫广辉申请补领行驶证的申请表上有福山公司的签章。事发后，福山公司曾派人到交警部门处理相关事宜。审理中，卫广辉表示，卫德平对套牌事宜知情并收取套牌费，事发后卫广辉还向卫德平借用鲁 F417××号牌登记货车的保单去处理事故，保单仍在卫广辉处。

发生事故的客车的登记所有人系被告朱荣明，但该车辆几经转手，现实际所有人系周亚平，朱荣明对该客车既不支配也未从该车运营中获益。被告上海腾飞建设工程有限公司（以下简称"腾飞公司"）系周亚平的雇主，但事发时周亚平并非履行职务。该客车在中国人民财产保险股份有限公司上海分公司（以下简称"人保公司"）投保了机动车第三者责任强制保险。

裁判结果：上海市宝山区人民法院于 2010 年 5 月 18 日作出〔2009〕宝民一（民）初字第 1128 号民事判决：

一、被告卫广辉、林则东赔偿四原告丧葬费、精神损害抚慰金、死亡赔偿金、交通费、误工费、住宿费、被扶养人生活费和律师费共计 396863 元；

二、被告周亚平赔偿四原告丧葬费、精神损害抚慰金、死亡赔偿金、交通费、误工费、住宿费、被扶养人生活费和律师费共计 170084 元；

三、被告福山公司、卫德平对上述判决主文第一项的赔偿义务承担连带责任；被告卫广辉、林则东、周亚平对上述判决主文第一、二项的赔偿义务互负连带责任；

四、驳回四原告的其余诉讼请求。

宣判后，卫德平提起上诉。上海市第二中级人民法院于 2010 年 8 月 5 日作出〔2010〕沪二中民一（民）终字第 1353 号民事判决：驳回上诉，维持原判。

裁判理由：法院生效裁判认为，根据本案交通事故责任认定，肇事货车司机林则东负事故主要责任，而卫广辉是肇事货车的实际所有人，也是林则东的雇主，故卫广辉和林则东应就本案事故损失连带承担主要赔偿责任。永安保险公司承保的鲁 F417××货车并非实际肇事货车，其也不知道鲁 F417××机动车号牌被肇事货车套牌，故永安保险公司对本案事故不承担赔偿责任。根据交通事故责任认定，本案客车司机周亚平对事故负次要责任，周亚平也是该客车的实际所有人，故周亚平应对本案事故损失承担次要赔偿责任。朱荣明虽系该客车的登记所有人，但该客车已几经转手，朱荣明既不支配该车，也未从该车运营中获益，故其对本案事故不承担责任。周亚平虽受雇于腾飞公司，但本案事发时周亚平并非在为腾飞公司履行职务，故腾飞公司对本案也不承担责任。至于承保该客车的人保公司，因死者冯永菊系车内人员，依法不适用机动车交通事故责任强制保险，故人保公司对本案不承担责任。另，卫广辉和林则东一方、周亚平一方虽各自应承担的责任比例有所不同，但车祸的发生系双方的共同侵权行为所致，故卫广辉、林则东对于周亚平的应负责任份额、周亚平对于卫广辉、林则东的应负责任份额，均应互负连带责任。

鲁 F417××货车的登记所有人福山公司和实际所有人卫德平，明知卫广辉等人套用自己的机动车号牌而不予阻止，且提供方便，纵容套牌货车在公路上行驶，福山公司与卫德平的行为已属于出借机动车号牌给他人使用的情形，该行为违反了《道路交通安全法》等有关机动车管理的法律规定。将机动车号牌出借他人套牌使用，将会纵容不符合安全技术标准的机动车通过套牌在道路上行驶，增加道路交通的危险性，危及公共安全。套牌机动车发生交通事故造成损害，号牌出借人同样存在过错，对于肇事的套牌车一方应负的赔偿责任，号牌出借人应当承担连带责任。故福山公司和卫德平应对卫广辉与林则东一方的赔偿责任份额承担连带责任。

二、案例评析

（一）错综复杂的法律关系

本案是一起典型的道路交通事故引起的损害赔偿责任纠纷案件，但因案件中包含了车辆的套牌行为、肇事司机与公司之间的雇佣关系、车辆登记所有人与实际所有人不一致以及保险公司作为第三人等一系列案情，使得本案的法律关系错综复杂。

一审法院通过审理查明，肇事车辆货车司机林则东负主要责任，客车司机周亚平负次要责任。本案中的肇事车辆之一，车牌为鲁 F417××的货车是一辆套牌车，其实际所有人为卫广辉，林则东是雇佣司机，被套牌车车主为卫德平，且有证据查明卫德平对套牌事宜知情并收取套牌费，该被套牌车登记的所有人是烟台市福山区汽车运输公司，被套牌车在永安财产保险股份有限公司烟台中心支公司（以下简称"永安公司"）投保机动车第三者责任强制保险。另一肇事车辆，该客车的登记所有人是朱荣明，但朱荣明对该客车既不支配也未从该车运营中获益，实际所有人为周亚平，周亚平受雇于上海腾飞建设工程有限公司，但事发时周亚平并非履行职务，该客车在中国人民财产保险股份有限公司上海分公司（以下简称"人保公司"）投保了机动车第三者责任强制保险。

（二）谁为这起交通事故负责

法院审理结果认为，首先，两家保险公司都不应该承担责任。永安公司承保的鲁 F417×× 货车并非实际肇事车辆，其也不知道鲁 F417×× 机动车号牌被肇事货车套牌的事实，因此永安公司对本案事故不承担赔偿责任。虽然人保公司承包的车辆确实就是肇事车辆本身，但是机动车第三者责任强制保险的保险范围并不包括肇事车辆本车人员的人身伤亡和财产损失，法律依据是《机动车交通事故责任强制保险条例》第 3 条："本条例所称机动车交通事故责任强制保险，是指由保险公司对被保险机动车发生道路交通事故造成本车人员、被保险人以外的受害人的人身伤亡、财产损失，在责任限额内予以赔偿的强制性责任保险。"因此，两家保险公司都不应该在机动车第三者责任强制保险的范围内予以承担赔偿责任。

其次，根据交警部门的认定，货车司机林则东负主要责任，客车司机周亚平负次要责任。最高人民法院《关于审理人身损害赔偿案件适用法律若干问题的解释》第 3 条规定："二人以上共同故意或者共同过失致人损害，或者虽无共同故意、共同过失，但其侵害行为直接结合发生同一损害后果的，构成共同侵权，应当依照民法通则第一百三十条规定承担连带责任。二人以上没有共同故意或者共同过失，但其分别实施的数个行为间接结合发生同一损害后果的，应当根据过失大小或者原因力比例各自承担相应的赔偿责任。"第 9 条规定："雇员在从事雇佣活动中致人损害的，雇主应当承担赔偿责任；雇员因故意或者重大过失致人损害的，应当与雇主承担连带赔偿责任。雇主承担连带赔偿责任的，可以向雇员追偿。"第 17 条规定："受害人遭受人身损害，因就医疗支出的各项费用以及因误工减少的收入，包括医疗费、误工费、护理费、交通费、住宿费、住院伙食补助费、必要的营养费，赔偿义务人应当予以赔偿。受害人因伤致残的，其因增加生活上需要支出的必要费用以及因丧失劳动能力导致的收入损失，包括残疾赔偿金、残疾辅助器具费、被抚养人生活费，以及因康复护理、继续治疗实际发生的必要的康复费、护理费、后续治疗费，赔偿义务人也应当予以赔偿。受害人死亡的，赔偿义务人除应当根据抢救治疗情况赔偿本条第一款规定的相关费用外，还应当赔偿丧葬费、被扶养人生活费、死亡补偿费以及受害人亲属办理丧葬事宜支出的交通费、住宿费和误工损失等其他合理费用。"因此，被告卫广辉、林则东和被告周亚平都应当承担赔偿责任，且被告卫广辉、林则东和被告周亚平之间应互负连带赔偿责任，赔偿责任的范围，根据法律的规定和原告的请求赔偿范围确定为：丧葬费、精神损害抚慰金、死亡赔偿金、交通费、误工费、住宿费、被扶养人生活费和律师费。

福山公司作为肇事货车的登记车主，卫德平作为被套牌车辆车主，在明知该肇事货车是套牌车的情况下，没有及时制止，并且收取套牌费用。根据最高人民法院《关于审理道路交通事故损害赔偿案件适用法律若干问题的解释》第 5 条规定："套牌机动车发生交通事故造成损害，属于该机动车一方责任，当事人请求由套牌机动车的所有人或者管理人承担赔偿责任的，人民法院应予支持；被套牌机动车所有人或者管理人同意套牌的，应当与套牌机动车的所有人或者管理人承担连带责任。"因此福山公司和卫德平应该对卫广辉和林则东所应承担的赔偿义务负连带责任。

肇事客车的登记所有人朱荣明不应当承担赔偿责任。根据最高人民法院《关于审理道路交通事故损害赔偿案件适用法律若干问题的解释》第 4 条规定："被多次转让但未办理转移登记的机动车发生交通事故造成损害，属于该机动车一方责任，当事人请求由最后一次转让并交付的受让人承担赔偿责任的，人民法院应予支持。"在案情中，发生事故的客车的登记所有人为朱荣明，但该车辆几经转手，朱荣明对该客车既不支配也未从该车运营中获益。因此，朱荣明不应当承担任何赔偿责任。

上海腾飞建设工程有限公司（以下简称"腾飞公司"）也不应当承担赔偿责任。根据最高人民法院《关于审理人身损害赔偿案件适用法律若干问题的解释》第 8 条规定："法人或者其他组织的法定代表人、负责人以及工作人员，在执行职务中致人损害的，依照民法通则第一百二十一条的规定，由该法人或者其他组织承担民事责任。上述人员实施与职务无关的行为致人损害的，应当由行为人承担赔偿责任。属于《国家赔偿法》赔偿事由的，依照《国家赔偿法》的规定处理。"在本案中，周亚平是腾飞公司的雇员，但有证据证明事发时周亚平并非履行工作职务。因此，上海腾飞建设工程有限公司不应当承担任何赔偿责任。

综上所述，因为本案涉及的当事人较多，且各当事人之间的关系较复杂。因此在处理的过程中需要高超的法律智慧和娴熟的法律技巧，既要全面考虑各种法律关系以及他们在案件中所占的比重，又要依照法律和事实，客观、公正地分配法律责任。法院的判决结果严格地依照了事实和法律，理清了错综复杂的法律关系，排除了与适用法律无关的案件情节，该案判决逻辑清晰、论证有力，具有很高的参考和指导价值。

三、本案例相关知识点剖析

（一）机动车交通事故

随着经济的发展和科技的进步，汽车成为一种重要的日常出行工具，汽车消费品也从奢侈品向一般消费品转变。尤其是近年来，我国的机动车的保有量一直不断上升，据统计，2013 年年底北京机动车总量将达到 544 万辆。在提高效率、享受生活的同时，这不仅是造成城市日益拥堵的重要原因之一，而且伴随着机动车数量的不断增加，机动车交通事故的发生也呈上升趋势，交通事故的发生也给个人、家庭以及社会带来了痛苦和沉重的负担。为了维护道路交通秩序，预防和减少交通事故，保护人身安全，保护公民、法人和其他组织的财产安全及其他合法权益，提高道路通行质量，以及在最大程度上为交通事故的受害人提供及时和基本的保障，我国先后颁布实施了一系列法律法规。

目前，我国有关交通事故处理的适用法律主要有《民法通则》、《侵权责任法》、《道路交通安全法》、《机动车交通事故责任强制保险条例》、最高人民法院《关于审理人身损害赔偿案件适用法律若干问题的司法解释》等。除此之外，国务院曾于 1991 年 9 月 22 日发布了《道路交通事故处理办法》，但这一法规随着《道路交通安全法》的出台而失去了效力。其中，《道路交通安全法》是处理交通事故的主要法律依据。机动车交通事故作为一种侵权行为，《侵权行为法》第六章机动车交通事故责任，第 48 条明确规定："机动车发生交通事故造成损害的，依照道路交通安全法的有关规定承担赔偿责任。"由此可知，关于机动车交通事故损害赔偿的基本规则，《侵权责任法》采取了规范指引的立法技术，将相关规范指向了《道路交通安全法》。

《道路交通安全法》的立法目的在其第 1 条中明确规定："为了维护道路交通秩序，预防和减少交通事故，保护人身安全，保护公民、法人和其他组织的财产安全及其他合法权益，提高道路通行质量，制定本法。"由此可知，预防和减少道路交通事故是《道路交通安全法》立法的一大宗旨。但是"交通事故""道路""车辆""机动车""非机动车"等这些法律词语究竟该作何理解、与在日常中经常使用的生活语言有何差别？这是一个前提性的问题，必须有统一明确的界定。根据《道路交通安全法》第 119 条，本法中下列用语的含义为：（1）"道路"，是指公路、城市道路和虽在单位管辖范围但允许社会机动车通行的地方，包括广场、公共停车场等用于公共通行的场所。（2）"车辆"，是指机动车和非机动车。（3）"机动车"，是指以动力装置驱动或者牵引，上道路行驶的供人员乘用或者用于运送物品以及进行工程专项作业的轮式车辆。（4）"非机动车"是指以人力或者蓄力驱动，上道路行驶的交通工具，以及虽有动力装置驱动但设计最高时速、空车质量、外形尺寸符合有关国家标准的残疾人机动轮椅车、电动自行车等交通工具。（5）"交通事故"，是指车辆在道路上因过错或者意外造成的人身伤亡或者财产损失的事件。本法条对这些问题作了统一的规定，但这些简短的法条规定之外却蕴含着丰富的含义。

1. 关于"机动车"的认定

实际上，何种车辆应认定为机动车，是一个广受争议的问题。① 根据《道路交通安全法》第 119 条的定义："机动车"是指以动力装置驱动或者牵引，上道路行驶的供人员乘用或者用于运送物品以及进行工程专项作业的轮式车辆。同时，该法条对"非机动车"定义如下："以人力或者蓄力驱动，上道路行驶的交通工具，以及虽有动力装置驱动但设计最高时速、空车质量、外形尺寸符合有关国家标准的残疾人机动轮椅车、电动自行车等交通工具。"综合这两个定义可知，并非所有具有动力装置驱动的车辆都是《道路交通安全法》所称的"机动车"。如果只是简单地以是否具有动力驱动装置为标准，那么，日常生活中的履带式车辆、残疾人专用车、电动自行车等都应该被纳入机动车的范围，但法条明确规定，"虽有动力装置驱动但设计最高时速、空车质量、外形尺寸符合有关国家标准的残疾人机动轮椅车、电动自行车等"属于非机动车。蕴藏在这一法条背后的立法基础是交通事故中的"危险责任理论"，即参与道路交通的车辆，在因速度、质量等因素而具有较大的危险性时，应认定为机动车。因此法条规定设计最高时速、空车质量、外形尺寸符合国家标准作为将残疾人机动轮椅车、电动自行车排除出机动车的条件，是有正当法理基础的。但是现实中的关键问题是，设计的最高时速、空车质量、外形尺寸超过国家标准的残疾人机动轮椅车和电动自行车究竟该如何认定，实践中以电动自行车最为典型，电动自行车超速行驶，造成行人人身伤害的案件时有发生。2009 年 12 月，国家标准化管理委员会发布《电动摩托车和电动轻便摩托车通用技术条件》新国标，根据这一标准，40 公斤以上、时速 20 公里以上的电动自行车，将称为轻便电动摩托车或电动摩托车，划入机动车范畴。这一电动轻便摩托车的新标准引起了极大的争议，后被暂缓实行，至今尚无定论。世界上其他国家对交通事故中的机动车概念的认定也不尽一致。

在英国，1988 年的英国《道路交通法》第 185 条规定："机动车是意图在道路上使用，或者适合于在道路上使用而制造的具有机械驱动力的乘坐物。气

---

① 刘家安：《机动车交通事故责任的归责原则及责任归属》，载《政治与法律》2010年第 5 期。

垫船包含在内，但不含马达收割机。"①

法国在界定交通事故受害人的概念时对"机动车"做了规定。1985年制定的《以改善交通事故受害人的状况和促进赔偿程序为目的的法律》首条的内容包括"不包含固有轨道上的铁道电车，包含所有带发动机的车辆及其牵引或半牵引相关的交通事故所造成的受害人都适用，当然他们被运送的场合也包含在其中。"② 这一规定中包含了机动车概念的界定范围，但从这一规定中也可以看出，法国道理交通事故法中对于机动车的车辆类型和车速未做任何限制。

日本的《机动车损害赔偿保障法》有对机动车的详细规定，是指除供农耕作业为目的制造的小型特殊机动车之外的车辆，以及带发电机的自行车。同时该法对于"运行"状态做出了较为详细的解释。日本理论界就机动车的定义，提出了诸多学说，比如"出车库后进车库前说、行走装置说、发动机说以及物的危险性说，还有机动车是否被置于与通常行走相匹敌的场合所具有的危险性说等"。③ 因此，对于法院来说，对机动车的认定非常灵活。

相比与这些国家对机动车以及非机动车的定义和认定标准，我国法律对机动车的认定显得相对粗陋和模糊。在现实生活中，除了上文已经论述的40公斤以上、20公里以上的电动车、自行车能否认定为机动车这个问题以外，实践中还会经常遇到的就是私自加装动力装置的三轮车以及时速超过每小时20公里的残疾人机动轮椅车该如何认定。路面上行驶的私自加装动力装置的三轮车和有些残疾人机动轮椅车其时速表有的为0—60公里，还有的甚至可以达到80公里。若将这些车辆归于机动车之外，不利于交通管理控制，但是若将他们纳入机动车的范围又缺乏现行的法律依据，因此，这是一个亟待解决的问题。

2. 关于"道路"的认定

"道路"是成立机动车交通事故的必备空间要素。根据《道路交通安全法》第119条的规定："道路是指公路、城市道路和虽在单位管辖范围但允许社会机动车通行的地方，包括广场、公共停车场等用于公共通行的场所。"在这个条文中，对公路和城市道路的区分是采用了《公路工程技术标准》的规

---

① 石山卓磨：《英国的机动车事故保险制度》，载于敏编：《机动车损害赔偿责任与过失相抵》，法律出版社2006年版，第66页。

② 淡路刚久：《法国的交通事故赔偿法》，载于敏编：《机动车损害赔偿责任与过失相抵》，法律出版社2006年版，第66页。

③ 藤村和夫：《交通事故赔偿理论的新展开》，日本平文社1998年版，第314页。

定，即城市道路是指在城市范围中具有一定技术条件和设施的道路，而山区农村的"乡村道路"属于《道路工程技术标准》所称的"不符合等级的公路"，即等外公路，这些公路道路如果用于公共交通的通行，则应界定为公路。另外，对于虽在单位管辖范围内，但允许社会机动车通行，比如厂矿、港区、机场、景区、油田等地方，也应认定为道路。《道路交通安全法》第 77 条又同时规定："车辆在道路以外通行时发生的事故，公安机关交通管理部门接到报案的，参照本法有关规定办理。"此法条认为对车辆发生在道路以外的事故的处理应该参照《道路交通安全法》处理，但并不意味着对车辆发生在道路以外的事故也应该定义为交通事故，此法条只是提供了一个解决事故的途径而已。

　　3．"交通事故"的认定

　　在《道路交通安全法》实施以前，国务院曾于 1991 年 9 月 22 日发布了《道路交通事故处理办法》（以下简称《办法》），该《办法》第 2 条将道路交通事故定义为："车辆驾驶人员、行人、乘车人以及其他在道路上进行与交通有关活动的人员，因违反《中华人民共和国道路交通管理条例》和其他交通管理法规、规章的行为（以下简称"违章行为"），过失造成人身伤亡或者财产损失的事故。"尔后颁布施行的《道路交通安全法》对交通事故的定义有了很大的改变，第 119 条规定："交通事故，是指车辆在道路上因过错或者意外造成的人身伤亡或者财产损失的事件。"这一定义包含了两个层次的含义：（1）交通事故的主体。交通事故的主体是车辆，按照《道路交通安全法》第 119 条的规定，所称车辆包括机动车和非机动车。相比于《办法》中将引发交通事故的主体规定为车辆驾驶人员、行人、乘车人以及其他在道路上进行与交通有关活动的人员，《道路交通安全法》的规定有了很大改变。而且这一定义内在要求此时所称车辆是运行中的车辆，即机动车或非机动车正在按照其用途被加以利用。（2）交通事故的原因。交通事故是由过错或者意外引起的。之前的《办法》中仅将交通事故的原因限定为违反《道路交通管理条例》和其他交通管理法规、规章等的违规、违章行为，按照这一规定，如果没有违规违章行为的机动车或非机动车造成其他机动车或非机动车以及行人的人身和财产损失就不能认定为交通事故，这显然违背常识和逻辑，体现出这一规定过于狭窄。在现实实践中，很多交通事故的发生可能完全出于意外，例如山体滑坡、塌陷等自然事故。《道路交通安全法》的规定就扩大了交通事故的范围和种类，使其更加符合现实和实际的需要。而且《道路交通安全法》就由于意外所导致的交通事故的损害赔偿责任划分也有配套规定，第 76 条规定："机动车发生交通事故造成人身伤亡、财产损失的，由保险公司在机动车第三者责任强制保险责任限额范围内予以赔偿；不足部分，按照下列规定承担赔偿责任：
（一）机动车之间发生交通事故的，由有过错的一方承担赔偿责任；双方都有过错的，按照各自过错的比例分担责任。（二）机动车与非机动车驾驶人、行人之间发生交通事故，非机动车驾驶人、行人没有过错的，由机动车一方承担赔偿责任；有证据证明非机动车驾驶人、行人有过错的，根据过错程度适当减轻机动车一方的赔偿责任；机动车一方没有过错的，承担不超过百分之十的赔偿责任。交通事故的损失是由非机动车驾驶人、行人故意碰撞机动车造成的，机动车一方不承担赔偿责任。"这一规定确定了交通事故赔偿责任中机动车一方无过错时的有限赔偿责任，有限赔偿责任原则的确立充分体现了法律的公平公正之要义。

交通事故依据不同的分类标准，可以划分为不同的类型，常见的有以下几种：

（1）以交通事故的对象来分类，可以分为：机动车与机动车之间的事故、机动车与非机动车之间的事故、机动车与行人的事故、机动车单车事故和机动车与固定物碰撞事故等。此种分类是确定不同机动车交通事故的构成要件的基础。

（2）以交通事故违章行为主体来分类，可以分为：机动车驾驶人交通事故、非机动车驾驶人交通事故及行人交通事故。过错主体的确定以及对过错程度的认定是进行交通事故赔偿责任划分的前提。

（3）以交通事故造成后果的严重程度划分，可以分为：轻微事故、一般事故、重大事故和特大事故四个等级。这种划分的依据是 1991 年 12 月 2 日颁布实施的公安部《关于修订道路交通事故等级划分标准的通知》，其中规定，"轻微事故：一次造成轻伤 1—2 人，或者财产损失机动车事故不足 1000 元，非机动车事故不足 200 元的事故；一般事故：一次造成重伤 1—2 人，或者轻伤 3 人以上，或者财产损失不足 3 万元的事故；重大事故：一次造成死亡 1—2 人，或者重伤 3 人以上 10 人以下，或者财产损失 3 万元以上不足 6 万元的事故；特大事故：一次造成死亡 3 人以上，或者重伤 11 人以上，或者死亡 1 人，同时重伤 8 人以上，或者死亡 2 人，同时重伤 5 人以上，或者财产损失 6 万元以上的事故"。这种分类方法在公安机关进行交通事故统计和新闻媒体报道中经常使用。

（二）责任

法律责任是法理学的基本问题之一，是法律义务履行的保障机制和法律义务违反的矫正机制，在整个法律体系中占有十分重要的地位。法律责任按照行为人行为违反部门法的不同以及责任实施主体的不同，一般情况下，法律责任可以区分为：民事法律责任、刑事法律责任和行政法律责任。在民事责任领域，一般情况下，侵权或者违约行为的出现会导致相应的责任的产生，因此责任的产生和最终确定是需要其他相应的条件的。从一般意义上来说，如果将侵权行为的损害事实作为起点，将责任作为终点，那么，归责就是连接这两个点的过程。① 归责的含义是指行为人因其行为和物件致他人损害的事实发生以后，应依何种根据使其负责。归责的原则体现出了法律的价值判断，即法律应以行为人的过错还是应以已发生的损害结果为价值判断标准，抑或以公平考虑等作为价值判断标准，而使行为人承担侵权责任。因此，归责的核心是决定任何人对侵权行为的结果负担责任时应依据何种标准，只有这样才能真正实现民法的公平、公正的价值追求。

目前学界关于归责原则的分类有三种：过错责任原则、过错推定原则和无过错责任原则。在过错原则中，过错是侵权责任关键要件。在传统的侵权行为构成要件中，过错是唯一的主观因素，承担主要的法律价值判断。② 在这种归责原则的判断标准下，即使已经具备了客观要件，但如果行为人没有主观过错，也不能要求其承担责任。过错推定原则实质上是过错责任原则的发展，最早出现在法国，并得到德国民法及英国判例法的进一步完善。在过错推定原则下，受害人能够拿出加害人对自己造成损伤的证据，同时加害人不能向人们证明自己没错，就可以得出加害人有过错的推定，法律要求其承担民事责任。③过错推定责任与过错责任原则的区别在于举证责任的倒置，过错推定原则由加害人来证明自己无过错。无过错责任，又被称为严格责任、危险责任。它意味着只要实施了侵害行为，不论加害人有无主观上的过错，也不要求受害人对加害人过错的举证，只要侵权行为和损害后果之间存在因果关系，根据法律的规定就应当承担侵权责任的归责原则。

交通事故作为一种侵权行为，应当承担相应的责任，但是各个国家和地区有关交通事故赔偿责任的归责原则不尽一致，世界上比较典型的几个国家和地区的代表如下：

德国 1909 年公布的《汽车交通法》第 71 条规定："汽车占有人于营运过程中致人死亡或者身体、健康损害的，应当承担损害赔偿责任，但能证明损害由于不可避免的事故发生的除外。"这是当时处理交通事故的主要法律依据，

---

① 王利明：《侵权行为法归责原则研究》，中国政法大学出版社 1992 年版，第 18 页。

② 魏振瀛：《论民法典中的民事责任体系》，载《中外法学》2001 年第 3 期。

③ 魏振瀛主编：《民法》，北京大学出版社、高等教育出版社 2006 年版，第 679 页。

但是这一规定对免责事由规定的过于宽泛，导致对被害人的保护十分不利，在实践中越来越受到批评和指责。1952年，对《汽车交通法》进行了修改，修改为《道路交通法》，其中第7条规定："车辆在行驶过程中致人死亡、受伤或者损害人的健康和财物时，由车辆所有人就所生损害向受害人负赔偿责任。如果事故是由于不可避免的事件所引起，而这种不可避免的事件既不是因车辆故障也不是因操作失灵而起，则不负赔偿责任。"由此可见，在德国适用的是无过错责任，免责事由法定为"不可避免的事件"，被告一方还应该证明自己已尽高度注意义务，且非车辆机能障碍或操作失灵所致，而是由受害人或第三人的过错或动物所引起，才可以免责。①

19世纪末日本制定民法典时还不存在机动车，因此对交通事故的损害赔偿并没有相关规定。1955年日本通过了《机动车损害赔偿保障法》，该法规定了加害人方面的无过失责任原则。根据第3条的规定，"运行供用者"的责任，规定汽车运行供用者因汽车运行中肇事伤及他人生命或身体时，应当予以合理赔偿。如果汽车供用人以及操作者在车体功能正常的情况下已经履行了高度注意义务，或者受害人自己的过失造成，或者是两者之外的第三方造成，汽车运行供用者可不赔偿。② 被告只有证明在这三种情况下才能免责。

英国一直适用普通法侵权责任原则，损害赔偿责任的成立以所有人或驾驶人一方有过错为要件，属于过错责任。1960年修订的《道路交通事故法》对于交通事故的损害赔偿采过错责任原则，过错是承担责任的要件之一。③

我国台湾地区对于交通事故损害赔偿责任适用我国台湾地区"民法"关于侵权行为的规定，采过失责任原则，并设强制责任保险。为了更好地保护受害人，1996年制定的"强制汽车责任保险法"规定了两项重要制度：一是受害人对保险公司的直接请求权；二是设立汽车交通事故特别补偿基金。④

上述国家和地区的交通事故损害赔偿归责原则都经历了一个从适用一般侵权原则向采取特别法规定的转变的过程。这不仅反映了世界各国交通事故损害赔偿规则的发展变化，也体现出了交通事故损害赔偿正日渐走向成熟，更加趋于完善。

但是我国对交通事故损害赔偿的归责原则历来存在争议，主要有三种不同

---

① 梁慧星：《民法学说判例与立法研究》，中国政法大学出版社1993年版，第98页。
② 于敏：《日本侵权行为法》，法律出版社1998年版，第296页。
③ 张新宝：《侵权责任法原理》，中国人民大学出版社2005年版，第350页。
④ 王泽鉴：《侵权行为法》（第一册），中国政法大学出版社2001年版，第28页。

的观点：第一种观点认为应该适用一般过失责任；第二种观点认为应该适用过错推定责任，但过错推定没有脱离过错责任的轨道，只是适用过错责任原则的一种方法①；第三种观点认为应该适用无过错责任，他们认为机动车在道路上的运行是一种高度危险作业，因此，应该适用《民法通则》的第 123 条规定的无过错责任。②

产生这一分歧的最主要原因是，在《道路交通安全法》出台之前，《民法通则》和《道路交通事故处理办法》关于道路交通事故责任的归责原则有不同的规定，《民法通则》规定的是无过错责任原则，而《道路交通事故处理办法》规定的是过失责任原则。《道路交通安全法》颁布之后，成为处理道路交通事故的主要法律依据，改变了《道路交通事故处理办法》与《民法通则》的相关规定，它没有简单地一概适用过错原则或无过错原则，而是根据不同情况区别对待，形成了一个统一的归责原则体系，最终为法院在实践中审理交通事故侵权案件提供了统一的标准。

《道路交通安全法》规定的交通事故损害赔偿归责体系体现在第 76 条。《道路交通安全法》第 76 条规定："机动车发生交通事故造成人身伤亡、财产损失的，由保险公司在机动车第三者责任强制保险责任限额范围内予以赔偿；不足部分，按照下列规定承担赔偿责任：（一）机动车之间发生交通事故的，由有过错的一方承担赔偿责任；双方都有过错的，按照各自过错的比例分担责任。（二）机动车与非机动车驾驶人、行人之间发生交通事故，非机动车驾驶人、行人没有过错的，由机动车一方承担赔偿责任；有证据证明非机动车驾驶人、行人有过错的。根据过错程度适当减轻机动车一方的赔偿责任；机动车一方没有过错的，承担不超过百分之十的赔偿责任。交通事故的损失是由非机动车驾驶人、行人故意碰撞机动车造成的，机动车一方不承担赔偿责任。"由此可见，交通事故损害赔偿归责体系如下：

1. 保险公司在第三者责任强制保险责任范围内予以赔偿。《道路交通安全法》首先考虑了机动车第三者强制保险对于交通事故损害赔偿的影响，并规定了在第三者强制保险的范围内先行赔付的制度。有学者认为保险公司基于机动车强制保险合同所承担的赔偿责任属于无过错责任。③ 另有学者认为，上述观点显然是对侵权法语境下"无过错责任"的误用，因为，保险公司并非侵权行为法律关系的当事人，其之所以承担保险金给付义务，乃是基于保险合同

---

① 王卫国：《过错责任原则的第三次勃兴》，中国法制出版社 2000 年版，第 167 页。

② 王家福主编：《中国民法学·民法债权》，法律出版社 1991 年版，第 512 页。

③ 张新宝：《侵权责任法原理》，中国人民大学出版社 2005 年版，第 351 页。

的效力，而与过错问题无涉。① 本书更倾向于第二种观点，机动车第三者强制保险责任制度根据《机动车交通事故责任强制保险条例》等相关法律规定建立的法定强制保险制度，这一制度规定，在道路交通事故发生以后，受害人（被保险人和本车人员除外）是由于被保险机动车事故而造成财产和人身方面损害的，保险公司应该在一定范围的金额限度内对受害人进行赔偿。这一制度的目的是最大程度上为交通事故受害人提供及时和妥善的救济，使交通事故所带来的影响尽可能地减少和降低，这也是国际上通行的做法。因此保险公司并不是侵权法律关系的当事人，其提供的赔偿并没有基于任何的过错，反而承载了更多的社会管理、保障职能。因此，认为保险公司基于机动车强制保险合同所承担的赔偿责任属于无过错责任是不当的。

2. 机动车之间的道路交通事故损害赔偿责任适用过错责任。机动车之间发生交通事故的，由有过错的一方承担赔偿责任；双方都有过错的，按照各自过错的比例分担责任。这一观点很少存在争议，它符合了最朴素、最基本的公平观念。机动车、非机动车以及行人作为在交通道路通行的主体，由于其自身性质的差异导致了其在交通道路上了有了明显的强势弱势之分，机动车由于其自身的高速运转的速度，给交通道路上的非机动车和行人带来了更多的潜在危险，相比于机动车，非机动车和行人在交通道路上通行时明显处于一种弱势地位，需要法律的特殊保护，而机动车之间互相造成危险和抵御危险的能力是相当的，因此，他们之间发生的交通事故损害赔偿责任应该按照过错责任原则，双方都有过错的适用过错相抵，按照各自的过错比例分担责任。

3. 机动车与非机动车驾驶人、行人之间的道路交通事故损害赔偿适用的归责原则是无过错原则。法条规定"机动车与非机动车驾驶人、行人之间发生交通事故，非机动车驾驶人、行人没有过错的，由机动车一方承担赔偿责任；有证据证明非机动车驾驶人、行人有过错的，根据过错程度适当减轻机动车一方的赔偿责任；机动车一方没有过错的，承担不超过百分之十的赔偿责任。交通事故的损失是由非机动车驾驶人、行人故意碰撞机动车造成的，机动车一方不承担赔偿责任"。根据这一法条规定，机动车与非机动车驾驶人、行人之间发生交通事故时，机动车一方必然要承担责任，除非交通事故的损失是由非机动车驾驶人、行人故意碰撞机动车造成的，此时机动车一方才可以免责。在有证据证明非机动车驾驶人和行人有过错的情况下，这也只能当作一种减轻事由，可以适当减轻机动车一方的赔偿责任。这完全符合我国《侵权责

---

① 刘家安：《机动车交通事故责任的归责原则及责任归属》，载《政治与法律》2010年第 5 期。

任法》第 7 条关于无过错责任的规定："行为人损害他人民事权益，不论行为人有无过错，法律规定应当承担侵权责任的，依照其规定。"即机动车与非机动车驾驶人、行人之间发生交通事故时，不论机动车一方是否具有过错，都要承担一定的赔偿责任。另有学者认为"而就此百分之十的赔偿责任而言，其适用的逻辑前提恰恰是机动车一方证明自己无过错。因此，与其说这一新规定体现了无过错责任，不如说它主要体现了过错推定原则。只不过，与典型的过错推定不同（在典型的过错推定责任下，行为人如能证明自己无过错，即可不承担任何赔偿），此处基于'优者危险负担'及公平的考量，使机动车一方在无过错的情形仍分担受害方的一小部分损失。"① 笔者认为此观点也有一定的价值，根据我国《侵权责任法》对过错推定责任的规定，第 6 条"根据法律规定推定行为人有过错，行为人不能证明自己没有过错的，应当承担侵权责任"。根据这一法条的规定能否当然地推断出，当行为人如能证明自己无过错时即可不承担任何赔偿责任，或者即使行为人能证明自己无过错，仍须基于公平正义的理念承担一小部分责任。这仍然是一个悬而未决的问题，法律也尚无明文规定。因此，学理上有此种理解也无可非议，但目前学界内的大多数观点还是较倾向认为机动车与非机动车驾驶人、行人之间发生的交通事故适用的是无过错责任原则。

　　频发的交通事故，使交通事故损害赔偿的案件日益增多，有些地方特意设置了交通事故损害赔偿审判庭，面对日益增多的交通事故案件和不断出现的新情况、新类型，在交通事故损害赔偿案件的审理解决中急需理论的指导。交通事故侵权行为归责理论体系是一个系统的归责体系，它区分了不同类型交通事故侵权行为的特点和特征，具有针对性地确立了具体的归责原则，具有很强的可操作性，很好地指导了实际案例的解决。

（三）套牌

　　车牌是车辆的身份证，它不仅包含了这辆车的所有信息，还包含了车主的一些信息。根据我国《道路交通安全法》第 8 条规定："国家对机动车实行登记制度。机动车经公安机关交通管理部门登记后，方可上道路行驶。尚未登记的机动车，需要临时上道路行驶的，应当取得临时通行牌证。"现实生活中出现的"套牌车"是指，没有按照正常法律程序到交通管理部门领取牌证，而是通过仿制、拼接等技术手段制造与别人的车辆同样的车牌，有的甚至连他人

---

① 刘家安：《机动车交通事故责任的归责原则及责任归属》，载《政治与法律》2010年第 5 期。

的行驶证也一并复制的车辆。

　　目前，套牌车辆还是大量的存在，选择给车辆套牌的原因也是多种多样，首先，套牌车可以获得一些经济利益。套牌之后可以逃避缴纳各种税费、养路费等。且因交通违法、违规行为受到的处罚也不会记在套牌车主的名下，而是由被套牌的实际主人承担责任，实际主人要证明自己被套牌往往比较困难。其次，一些套牌车主还往往有其他目的。比如套牌可以掩盖驾车人自身的真实身份或者是车辆的真实来历，实际生活中经常有犯罪嫌疑人或者逃犯开套牌车避免其在检查车辆或者违反交通规则受到处罚时暴露真实身份。最后，近几年来套牌车的产生又有了一个新的原因，在一些大城市，为了减轻日益严重的交通拥堵状况和减少环境污染，北京、天津等城市先后实施了汽车限购政策，随机摇号。由于我国实施的是机动车登记制度，一车一牌，没有合法牌照登记的车辆禁止上路行驶，因此，对于那些久摇不中而又用车心切的人就开始使用套牌。与此同时，个别单位和私家车车主自愿提供出租套牌的业务，给那些因为车辆限购等政策或者因为车辆存在问题而无法办理牌照的人，并收取相应的佣金和利益或者无偿使用。这些都加重了套牌车存在的严重性。

　　套牌车的存在有很大的危害性，它损害了多方的利益。首先，套牌车损害了国家的利益，套牌车不需要缴纳车辆购置税、养路费等各种税费，因此会造成国家税费的大量流失。其次，套牌车还将损害保险公司和套牌车主的合法权益。在实际中，自愿被套牌的车辆在发生道路交通事故后，实际车主会配合套牌人向保险公司要求理赔，从而发生骗保的情形。对于那些非自愿情况下的套牌车辆发生交通违法的，相关责任却被算在了实际车主头上，而实际车主要想证明自己被套牌的事实，往往需要花费一些时间和金钱。① 另外，套牌车还扰乱了公安机关对车辆管理和交通安全的管控。因为套牌车没有合法手续和保险，往往在行驶中故意不遵守交通法规，一旦发生交通事故，驾驶人还极易驾车逃逸，大大增加了案件侦破的难度。与此同时，套牌车还有可能成为犯罪活动的作案工具。由此可见，套牌车的大量存在不仅给机动车登记管理部门的管理带来困难，也加大了道路交通秩序治理的难度，甚至有的套牌车主利用套牌车进行违法犯罪活动，大大加大了国家打击犯罪的难度和成本，严重扰乱了社会管理秩序。因此，必须严厉打击套牌车的行为。

　　套牌车辆的查处和治理是一项复杂的工程，既需要交通、道路、车辆管理等各行政部门的联合查处，也需要法律层面上的制裁惩罚措施。目前，我国对套牌车的处罚规定主要体现在《道路交通安全法》和《刑法》的相关规定中。

---

　　① 卢涛：《车辆被套牌能否索赔》，载《北京日报》2013 年 11 月 13 日第 018 版。

《道路交通安全法》第 16 条规定："任何单位和个人不得有下列行为：（一）拼装机动车或者擅自改变机动车已登记的结构、构造或者特征。（二）改变机动车型号、发动机号、车架号或者车辆识别代号。（三）伪造、变造或者使用伪造、变造的机动车登记证书、号牌、行驶证、检验合格标志、保险标志。（四）使用其他机动车的登记证书、号牌、行驶证、检验合格标志、保险标志。"如有上述行为的，应由公安机关交通管理部门予以收缴，扣留该机动车；构成犯罪的，还应依法追究刑事责任。《刑法》第 280 条规定："伪造、变造、买卖或者盗窃、抢夺、毁灭国家机关的公文、证件、印章的，处三年以下有期徒刑、拘役、管制或者剥夺政治权利；情节严重的，处三年以上十年以下有期徒刑。伪造公司、企业、事业单位、人民团体的印章的，处三年以下有期徒刑、拘役、管制或者剥夺政治权利。伪造、变造居民身份证的，处三年以下有期徒刑、拘役、管制或者剥夺政治权利；情节严重的，处三年以上七年以下有期徒刑。"第 281 条规定："非法生产、买卖人民警察制式服装、车辆号牌等专用标志、警戒，情节严重的，处三年以下有期徒刑、拘役或者管制，并处或者单处罚金。单位犯前款罪的，对单位判处罚金，并对其直接负责的主管人员和其他直接责任人员，依照前款的规定处罚。"

上述是国家从行政法和刑法的角度对套牌车给予的处罚，现实生活中，由于套牌车引起的道路交通事故损害赔偿案件也是层出不穷，所引起的民事纠纷也是十分的普遍，因此，为解决此类问题，最高人民法院于 2012 年通过并发布的最高人民法院《关于审理道路交通事故损害赔偿案件适用法律若干问题的解释》对套牌车引起的交通事故的损害赔偿责任进行了规定，该"解释"第 5 条规定："套牌机动车发生交通事故造成损害，属于该机动车一方责任，当事人请求由套牌机动车的所有人或者管理人承担赔偿责任的，人民法院应予以支持；被套牌机动车所有人或者管理人同意套牌的，应当与套牌机动车的所有人或者管理人承担连带责任。"

我国立法从民事、行政以及刑事三个方面都对套牌车所产生的法律责任进行了规定，套牌行为不仅会产生行政责任，严重的可能会触犯国家刑法，将要接受国家刑罚的制裁。这些制裁套牌行为的法律法规形成了一个立体化、多层次、有梯度地打击套牌车的体系，有效地预防和减少了套牌行为，但是为了一己私利，甘冒风险，进行套牌行为的人仍然存在，还需加大治理力度，加强监管，及时发现并予以制裁，将套牌车所带来的各种危害结果降低到最小程度，营建一个良好的车辆管理制度和交通安全秩序。

案例 12

斯瑞曼侵害发明专利权纠纷案

一、斯瑞曼侵害发明专利权纠纷案基本内容

深圳市斯瑞曼精细化工有限公司诉深圳市
坑梓自来水有限公司、深圳市康泰蓝水
处理设备有限公司侵害发明专利权纠纷案

（最高人民法院审判委员会讨论通过　2013 年 11 月 8 日发布）

关键词： 民事　知识产权　侵害　发明专利权　临时保护期　后续行为

裁判要点： 在发明专利申请公布后至专利权授予前的临时保护期内制造、销售、进口的被诉专利侵权产品不为专利法禁止的情况下，其后续的使用、许诺销售、销售，即使未经专利权人许可，也不视为侵害专利权，但专利权人可以依法要求临时保护期内实施其发明的单位或者个人支付适当的费用。

相关法条：《中华人民共和国专利法》第 11 条、第 13 条、第 69 条

基本案情： 深圳市斯瑞曼精细化工有限公司（以下简称"斯瑞曼公司"）于 2006 年 1 月 19 日向国家知识产权局申请发明专利，该专利于 2006 年 7 月 19 日公开，2009 年 1 月 21 日授权公告，授权的发明名称为"制备高纯度二氧化氯的设备"，专利权人为斯瑞曼公司。该专利最近一次年费缴纳时间为 2008 年 11 月 28 日。2008 年 10 月 20 日，深圳市坑梓自来水有限公司（以下简称"坑梓自来水公司"）与深圳市康泰蓝水处理设备有限公司（以下简称"康泰蓝公司"）签订《购销合同》一份，坑梓自来水公司向康泰蓝公司购买康泰蓝二氧化氯发生器一套，价款 26 万元。康泰蓝公司已于 2008 年 12 月 30 日就上述产品销售款要求税务机关代开统一发票。在上述《购销合同》中，约定坑梓自来水公司分期向康泰蓝公司支付设备款项，康泰蓝公司为坑梓自来水公司提供安装、调试、维修、保养等技术支持及售后服务。

2009 年 3 月 16 日，斯瑞曼公司向广东省深圳市中级人民法院诉称：其拥

有名称为"制备高纯度二氧化氯的设备"的发明专利（以下简称"涉案发明专利"），康泰蓝公司生产、销售和坑梓自来水公司使用的二氧化氯生产设备落入涉案发明专利保护范围。请求判令二被告停止侵权并赔偿经济损失 30 万元、承担诉讼费等费用。在本案中，斯瑞曼公司没有提出支付发明专利临时保护期使用费的诉讼请求，在一审法院已作释明的情况下，斯瑞曼公司仍坚持原诉讼请求。

裁判结果：广东省深圳市中级人民法院于 2010 年 1 月 6 日作出〔2009〕深中法民三初字第 94 号民事判决：康泰蓝公司停止侵权，康泰蓝公司和坑梓自来水公司连带赔偿斯瑞曼公司经济损失 8 万元。康泰蓝公司、坑梓自来水公司均提起上诉，广东省高级人民法院于 2010 年 11 月 15 日作出〔2010〕粤高法民三终字第 444 号民事判决：驳回上诉，维持原判。坑梓自来水公司不服二审判决，向最高人民法院申请再审。最高人民法院于 2011 年 12 月 20 日作出〔2011〕民提字第 259 号民事判决：撤销原一、二审判决，驳回斯瑞曼公司的诉讼请求。

裁判理由：最高人民法院认为：斯瑞曼公司在本案中没有提出支付发明专利临时保护期使用费的诉讼请求，因此本案的主要争议焦点在于，坑梓自来水公司在涉案发明专利授权后使用其在涉案发明专利临时保护期内向康泰蓝公司购买的被诉专利侵权产品是否侵犯涉案发明专利权，康泰蓝公司在涉案发明专利授权后为坑梓自来水公司使用被诉专利侵权产品提供售后服务是否侵犯涉案发明专利权。

对于侵犯专利权行为的认定，应当全面综合考虑专利法的相关规定。根据本案被诉侵权行为时间，本案应当适用 2000 年修改的《专利法》。《专利法》第 11 条第 1 款规定："发明和实用新型专利权被授予后，除本法另有规定的以外，任何单位或者个人未经专利权人许可，都不得实施其专利，即不得为生产经营目的制造、使用、许诺销售、销售、进口其专利产品，或者使用其专利方法以及使用、许诺销售、销售、进口依照该专利方法直接获得的产品。"第 13 条规定："发明专利申请公布后，申请人可以要求实施其发明的单位或者个人支付适当的费用。"第 62 条规定："侵犯专利权的诉讼时效为二年，自专利权人或者利害关系人得知或者应当得知侵权行为之日起计算。发明专利申请公布后至专利权授予前使用该发明未支付适当使用费的，专利权人要求支付使用费的诉讼时效为二年，自专利权人得知或者应当得知他人使用其发明之日起计算，但是，专利权人于专利权授予之日前即已得知或者应当得知的，自专利权授予之日起计算。"综合考虑上述规定，专利法虽然规定了申请人可以要求在发明专利申请公布后至专利权授予之前（即专利临时保护期内）实施其发明的单位或者个人支付适当的费用，即享有请求给付发明专利临时保护期使用费的权利，但对于专利临时保护期内实施其发明的行为并不享有请求停止实施的权利。因此，在发明专利临时保护期内实施相关发明的，不属于专利法禁止的行为。在专利临时保护期内制造、销售、进口被诉专利侵权产品不为专利法禁止的情况下，其后续的使用、许诺销售、销售该产品的行为，即使未经专利权人许可，也应当得到允许。也就是说，专利权人无权禁止他人对专利临时保护期内制造、销售、进口的被诉专利侵权产品的后续使用、许诺销售、销售。当然，这并不否定专利权人根据《专利法》第13条规定行使要求实施其发明者支付适当费用的权利。对于在专利临时保护期内制造、销售、进口的被诉专利侵权产品，在销售者、使用者提供了合法来源的情况下，销售者、使用者不应承担支付适当费用的责任。

　　认定在发明专利授权后针对发明专利临时保护期内实施发明得到的产品的后续使用、许诺销售、销售等实施行为不构成侵权，符合专利法的立法宗旨。一方面，专利制度的设计初衷是"以公开换保护"，且是在授权之后才能请求予以保护。对于发明专利申请来说，在公开日之前实施相关发明，不构成侵权，在公开日后也应当允许此前实施发明得到的产品的后续实施行为；在公开日到授权日之间，为发明专利申请提供的是临时保护，在此期间实施相关发明，不为专利法所禁止，同样也应当允许实施发明得到的产品在此期间之后的后续实施行为，但申请人在获得专利权后有权要求在临时保护期内实施其发明者支付适当费用。由于专利法没有禁止发明专利授权前的实施行为，则专利授权前制造出来的产品的后续实施也不构成侵权。否则就违背了专利法的立法初衷，为尚未公开或者授权的技术方案提供了保护。另一方面，专利法规定了先用权，虽然仅规定了先用权人在原有范围内继续制造相同产品、使用相同方法不视为侵权，没有规定制造的相同产品或者使用相同方法制造的产品的后续实施行为是否构成侵权，但是不能因为专利法没有明确规定就认定上述后续实施行为构成侵权，否则，专利法规定的先用权没有任何意义。

　　本案中，康泰蓝公司销售被诉专利侵权产品是在涉案发明专利临时保护期内，该行为不为专利法所禁止。因此，坑梓自来水公司后续的使用行为不侵犯涉案发明专利权。同理，康泰蓝公司在涉案发明专利授权后为坑梓自来水公司使用被诉专利侵权产品提供售后服务也不侵犯涉案发明专利权。

二、案例评析

（一）关于专利临时保护请求权范围的观点

　　这是一起有关发明专利在临时保护期内是否应受到专利法保护的案例。原告斯瑞曼公司认为二被告生产、销售、使用的二氧化氯生产投加设备落入了涉案发明专利保护范围，要求二被告承担侵权责任。广东省深圳市中级人民法院一审认为二被告在临时保护期内生产、销售、使用涉案发明专利权的行为侵犯了原告斯瑞曼公司的发明专利权，广东省高级人民法院维持了这一判决。然而再审中，最高人民法院认为，被告康泰蓝公司销售被诉专利侵权产品是在涉案发明专利临时保护期内，该行为不为专利法所禁止。在此情况下，后续的坑梓自来水公司使用所购买的被诉专利侵权产品的行为也应当得到允许。即二被告不侵犯涉案发明专利权。最高人民法院的判决为专利法原则性的规定提供了具体操作的方法，对此类案件的解决具有借鉴作用。

发明专利临时保护期。临时保护期是指发明专利申请公布后至专利权授予之前的时期。在此时期，由于国家知识产权局依法公布了专利申请人的专利申请文件，社会公众可以通过阅读相关专利申请文件所记载的内容实施该专利，即在实质上，该专利权处于公开状态，专利权人的权利有随时被侵犯的可能性。为此，法律必须为将来可能的专利权人提供法律上的保护。我国《专利法》第 13 条规定："发明专利申请公布后，申请人可以要求实施其发明的单位或者个人支付适当的费用。"根据我国立法可知，临时保护请求权的主体是专利申请人，请求权的义务人是实施申请人发明的单位或者个人，请求权的内容是要求支付一定的费用。

临时保护请求权若要受到专利法的保护，还需满足一定的条件：

1. 专利申请充分公开。申请人在向国家知识产权局提交专利申请后，初步审查后，应当予以公开。公众可以通过阅读相关专利申请文件所记载的内容实施该专利。国务院专利行政部门收到发明专利申请后，经初步审查认为符合本法要求的，自申请日起满 18 个月，须先行公布。

2. 义务人实施了专利申请人的发明。在专利临时的保护期内，第三人未经专利申请人同意而实施了申请人发明专利的，须根据法律的规定，向专利申请人支付一定的费用，否则，申请人可以要求实施人承担侵权责任。

3. 专利获得了实质授权。根据专利法的规定，只有在专利获得实质性授权后，专利权人才可以向未经专利申请人同意而实施其专利的第三人主张权利，在此之前，专利申请人的主张不受法律保护。

关于专利临时保护请求权的范围，大致有三种观点：一是以公布的权利要求为准。概因公众在临时保护期内，只能看到公布的权利要求，并不能看到最终的授权权利要求；二是以最终授权专利的要求为准。只有此时，专利人才能向未经其同意实施专利的人主张权利，因此，应以授权专利要求的内容确定临时保护期的保护范围。三是折中观点，即结合上述两种做法，综合考虑，根据不同的情况确定不同的保护范围。欧洲专利公约规定，当授权的范围等于申请的范围时，临时保护的范围就等于申请的范围；当授权的范围小于申请的范围时，临时保护的范围以最终授权的范围为准；当授权的范围大于申请的范围时，临时保护的范围以申请的范围为准。我国可借鉴此规定，完善立法。①

专利临时保护请求权是一个期待性权益，即使专利申请人在临时保护期内已获知他人实施了自己的专有技术，专利申请人也无权提出主张，只有等到专利授权之日起才可以向义务人提出请求。因此说，临时保护请求权是一个期待性权利，只有专利获得实质授权后才可以成为实质的权利。②

专利保护请求不是独立的诉权，临时保护期内，专利申请人不具有诉讼法上的诉讼当事人的法律地位，不享有独立的诉权，其享有独立诉权的前提是该专利被依法获得授权，只有该专利被依法授权后，专利申请人转化为专利人，才可以成为诉讼法上适格的当事人。③

专利的临时保护不同于专利保护，专利保护是指从专利权授予登记公告之日起，第三人未经专利权人的许可，为生产经营目的制造、使用、许诺销售、销售、进口其专利产品的，构成对专利的侵权，专利权人可以依据法律规定保护期专利权。专利的临时保护是指如上文所述是对经过初步审查公布的专利的保护。二者的起算时间并不相同。另外，在第三人侵权的情况下，临时保护请求权人只能要求侵权人支付一定的费用，无权要求实施人停止实施该专利。而在专利保护期内，专利权人可以采取法律规定的方式要求实施人停止侵权、赔偿损失。

在实行"早期公开，延迟申请"的国家，大都规定了临时保护期制度。美国《发明人保护法》在第 154 条规定了专利权人有权从公布申请之日起到授予专利权时的期间利用其发明的人处获得合理的使用费，但规定了时间限制，即从授予专利权之日起超过 6 年的，获得合理使用费的权利不得行使。日本《特许法》规定了在发明专利权期间的临时保护期内的补偿金数额、行使条件（发出警告、若没有发出警告但对方是在申请案公开后知道并在申请案公告前实施），寻求救济的时间（授予专利权后）以及救济的程序。④

我国立法虽亦规定了临时保护请求权制度，但规定较为原则，不利于申请人的权利保护。同时我国还规定了临时保护请求权的诉讼时效，《专利法》第

---

① 孙海：《发明专利权临时保护探析》，载《平原大学学报》2006 年第 4 期。
② 安雪梅、朱学忠：《论临时保护请求权》，载《时代法学》2007 年第 3 期。
③ 安雪梅、朱学忠：《论临时保护请求权》，载《时代法学》2007 年第 3 期。
④ 孙海：《发明专利权临时保护探析》，载《平原大学学报》2006 年第 4 期。

62 条规定："侵犯专利权的诉讼时效为二年，自专利权人或者利害关系人得知或者应当得知侵权行为之日起计算。发明专利申请公布后至专利权授予前使用该发明未支付适当使用费的，专利权人要求支付使用费的诉讼时效为二年，自专利权人得知或者应当得知他人使用其发明之日起计算，但是，专利权人于专利权授予之日前即已得知或者应当得知的，自专利权授予之日起计算。"

（二）本案争议的焦点：是否构成侵权

本案的争议焦点是使用、购买临时保护期内的专利产品是否构成侵权，即坑梓自来水公司在涉案发明专利授权后使用其在涉案发明专利临时保护期内向康泰蓝公司购买的被诉专利侵权产品是否侵犯涉案发明专利权，康泰蓝公司在涉案发明专利授权后为坑梓自来水公司使用被诉专利侵权产品提供售后服务是否侵犯涉案发明专利权。

最高人民法院在综合考虑专利法的相关规定的基础上，认定发明专利授权后针对发明专利临时保护期内实施发明得到的产品的后续使用、许诺销售、销售等实施行为不构成侵权，符合专利法的立法宗旨。最高人民法院分别从专利制度的设计初衷是"以公开换保护"及先用权方面论述了先用权人在原有范围内继续制造相同产品、使用相同方法不视为侵权及其后续实施行为也不构成侵权。最高人民法院的这一认定有助于保护专利权人的权益。根据该判决可知，专利权人在提起侵犯专利权纠纷诉讼后，如果经审理发现被诉侵权产品是在专利临时保护期内制造的，只能请求给付适当的费用，而不能请求停止侵权及赔偿损失。同时，最高人民法院在该案例中解释出的规则并不会导致实施人具有抢占市场的优势。因为在专利临时保护期内实施发明专利申请的，可能要面临专利权人在专利授权后提起的发明专利临时保护期使用费纠纷之诉，而且在专利授权后未经许可不能再继续制造专利产品（先用权抗辩除外）。①

三、本案例相关知识点剖析

（一）知识产权

知识产权是民事法律关系客体的一种，对知识产权概念的表达，出现过多种大同小异的方式，大体可以归纳为三种表达方式。第一种是列举知识产权主要内容的方法，第二种是下定义的方法，第三种是完全列举知识产权保护对象

---

① 郎贵梅（再审案件承办法官）：《专利临时保护期内制造的专利产品的后续行为不侵犯专利权》，载《人民司法》2013 年第 6 期。

或者划分的方法。①

我国《民法通则》规定，知识产权属于民事权利，是基于创造性智力成果和工商业标记依法产生的权利的统称。1967 年 7 月 14 日在斯德哥尔摩签订的《成立世界知识产权组织公约》采用列举的方式，在第 2 条第 8 款规定，知识产权包括以下有关项目的权利：文学艺术和科学作品；表演艺术家的演出、录音制品和广播节目；在人类一切活动领域内的发明；科学发现；工业品外观设计；商标、服务标记、商品名称和标记；禁止不正当竞争；在工业、科学、文学艺术或艺术领域内其他一切来自知识活动的权利。1993 年 12 月 15 日通过的《与贸易有关的知识产权协定》（以下简称"TRIPS 协定"）中所称知识产权的范围包括：著作权及其他相关权利；商标权；地理标记权；工业品外观设计权；专利权；集成电路布图设计权；对未公开信息的保护权；对许可合同中限制竞争行为的控制。

知识产权有区别于其他权利的特征。第一，权利客体的非物质性。知识产权的客体是智力成果，不是物质财产，不以物质的形态而存在，是一种没有形体的精神财富。郑成思教授认为权利客体的无形性是知识产权与其他财产权利的根本区别，知识产权的其他特征即独占性、时间性、地域性都由此派生而成。② 但吴汉东教授认为，知识产权与相关权利的本质区别，不是所谓该项权利的无形性，而在于其权利客体即知识产品的非物质特征，主要体现在：（1）不发生有形控制的占有。即人们对知识产品的占有不是一种实在而具体的占据，而是表现为对某种知识、经验的认识与感受。（2）不发生有形损耗的使用。即知识产品向社会公众公开后，人们从中得到有关知识即可使用，而且在一定时空条件下，可以被若干主体共同使用。但这种使用不会像有形物体使用那样发生损耗。（3）不发生消灭知识产品的事实处分与有形交付的法律处分。即知识产品不可能有实物形态的消费而导致其本身消灭之情形，它的存在仅会因期间（即法定保护期）届满产生专有财产与社会公共财富的区别。同时，有形交付与法律处分并无联系，换言之，非权利人有可能不通过法律途径去"处分"属于他人而自己并未实际"占有"的知识产品。③

第二，知识产权的地域性。知识产权要受到地域的限制，具有严格的领土性。在通常情况下，知识产权的效力只限于特定的国境，在特定的国家领

---

① 刘春田主编：《知识产权法》，高等教育出版社、北京大学出版社 2007 年版，第 2 页。

② 参见郑成思主编：《知识产权法教程》，法律出版社 1993 年版，第 45 页。

③ 吴汉东主编：《知识产权法》，北京大学出版社 2007 年版，第 6～7 页。

土范围内受法律保护，超出了该地域范围就不受保护。在地区经济一体化的情况下，有些国家通过签订双边或者多边条约使知识产权的地域性得到扩展。①

然而，当今社会，随着经济全球化和现代科学技术的发展如跨国知识产权的出现，涉外知识产权管辖权与法律适用的发展，使得知识产权的地域性受到挑战，知识产权一体化的趋势越发明显。我国 2010 年修改的《著作权法》第 2 条规定："外国人、无国籍人的作品根据其作者所属国或者经常居住地国同中国签订的协议或者共同参加的国际条约享有的著作权，受本法保护。外国人、无国籍人的作品首先在中国境内出版的，依照本法享有著作权。未与中国签订协议或者共同参加国际条约的国家的作者以及无国籍人的作品首次在中国参加的国际条约的成员国出版的，或者在成员国和非成员国同时出版的，受本法保护。"

第三，知识产权具有时间性。知识产权只在法律规定的期限内受到保护，一旦超过法律规定的有效期限，这一权利就自行消灭。知识产权具有时间性是出于促进科学文化发展、鼓励智力成果公开的目的需求。知识产权虽是权利人智力成果的体现，但也是在前人成果的基础上进行的，因此，知识产权具有时间性也是出于人类共有精神财富的需求。根据各类知识产权的性质、特征及本国实际情况，各国对著作权、专利权、商标权规定了长短不一的保护期。如我国《著作权法》规定著作权中财产权利的保护期限为作者终生及其死亡后 50 年，截止于作者死亡后第 50 年的 12 月 31 日；如果是合作作品，截止于最后死亡的作者死亡后第 50 年的 12 月 31 日。《专利权法》规定发明专利权的期限为 20 年，实用新型专利权和外观设计专利权的期限为 10 年，均自申请日起计算。

知识产权的客体即知识产品，又称为智力成果，是人们在科学、技术、文化等知识形态领域中所创造的精神性产品。知识产权的客体在学术界一直存在争议。一种观点认为，知识产权的客体与对象是不同的范畴，前者是指基于对知识产权对象的控制、利用和支配行为而产生的利益关系或社会关系，是法律所要保护的内容；后者是指具体的、感性的、客观的范畴，是第一性的事物，是法律关系发生的客观基础和前提。客体是法律关系的要素之一，客体是抽象的、理性的范畴，是利益关系即社会关系，是第二性的。法律关系的客体是对

---

① 金多才：《论知识产权的概念和特征》，载《河南省政法管理干部学院学报》2004 年第 6 期。

象即法律事实与一定的法律规范相互作用的结果。所以二者是两种不同的事物。① 另一种观点认为，知识产权的客体与对象是同一范畴。在多数民法著作中，权利的客体、标的、对象都作为相同概念来使用的。②

通说认为，知识产品的类型包括创造性成果、经营性标记与经营性资信。其中，创造性成果又包括作品及其传播媒介、工业技术。作品及其传播媒介是指著作权客体与邻接权客体，即在文学艺术领域中以不同表现形式出现的并且具有创造性的成果，以及在传播作品过程中产生的与原创作品有关联的各种产品、物品或其他传播媒介。工业技术主要指发明创造、外观设计等专利客体，指在工业产业领域内创造的知识技能。经营性标记主要是指商标权的客体，即能够标示产品来源的区别性标记。③

知识产权的客体虽是无形的，但总要通过一定的客观形式表现出来，即知识产品的载体。作为知识产品表现形式的载体，不同于知识产品的本身，该载体要受到物权法等相关法律的调整。知识产品的载体，其目的在于使创造知识产品以外的人能够了解知识产品，知识产品是精神产品，其效能和价值大于知识产品的载体。

知识产权是一种无形财产权，与物权、债权等传统有形财产权相比具有以下区别：其一，权利的标的不同。有形财产权的标的是有形的动产和不动产，是物理学意义上的存在。知识产权的客体是知识产品，是知识产权人的思想或情感，是非物质的。其二，是否只能独占使用不同。有形的物质产品，在特定时间地域内，只能由一个占有人，但对于无形的知识产品，一旦公布传播，可以为不同的主体同时占有、使用。其三，有形的财产权往往可以通过事实占有实现，知识产权的实现则须仰仗法律的保障。即知识产权只要一经公布，很难被权利人实际控制占有，因此知识产权的独占性和排他性不同于有形财产权，更易受到侵害。④

---

① 刘春田主编：《知识产权法》，高等教育出版社、北京大学出版社 2007 年版，第 5 页。

② 吴汉东主编：《知识产权法》，北京大学出版社 2007 年版，第 13 页。

③ 吴汉东主编：《知识产权法》，北京大学出版社 2007 年版，第 16 页。

④ 刘春田主编：《知识产权法》，高等教育出版社、北京大学出版社 2007 年版，第 18 页。

（二）发明专利权

1. 发明专利权的概念及特征

发明是指对产品、方法或者其他改进所提出的新的技术方案。发明可以分为产品发明、方法发明和改进发明三种。产品发明是关于新产品或新物质的发明。方法发明是指为解决某特定技术问题而采用的手段和步骤的发明。改进发明是对已有的产品发明或方法发明所作出的实质性革新的技术方案。

授予发明专利权，应当具备新颖性、创造性和实用性：

（1）新颖性，是指该发明或者实用新型不属于现有技术；也没有任何单位或者个人就同样的发明或者实用新型在申请日以前向国务院专利行政部门提出过申请，并记载在申请日以后公布的专利申请文件或者公告的专利文件中。申请专利的发明创造在申请日以前 6 个月内，有下列情形之一的，不丧失新颖性：①在中国政府主办或者承认的国际展览会上首次展出的；②在规定的学术会议或者技术会议上首次发表的；③他人未经申请人同意而泄露其内容的。

（2）创造性，是指与现有技术相比，该发明具有突出的实质性特点和显著的进步，该实用新型具有实质性特点和进步。突出的实质性特点是指发明与现有技术相比具有明显的本质区别，对于发明所属技术领域的普通技术人员来说是非显而易见的，不能直接从现有技术中得出构成该发明全部的必要技术特征，也不能够通过逻辑分析、推理或者实验而得到。显著的进步是指从技术效果上看，该发明与现有技术相比具有长足的进步，它表现在该发明解决了人们一直渴望解决，但始终未能获得成功的技术难题，或者克服了技术偏见，提出了一种新的研究路线，或者取得了意想不到的技术效果，以及代表某种新技术趋势。①

（3）实用性，是指该发明或者实用新型能够制造或者使用，并且能够产生积极效果。同时，根据我国《专利法》的规定，违反法律、社会公德或妨害公共利益的发明创造，不授予专利权。

根据我国的立法可知，以下各项因不具备发明专利的条件，而不授予专利权。（1）科学发现。即对自然客观中已经存在的未知物质或现象的发现与揭示，因其只是对客观存在的展示，因此不具备创造性，不是对客观世界的技术型改造。（2）智力活动的规则和方法。这是一种单纯的智力活动，并不是技术解决方案，也没有对自然规律进行利用。（3）疾病的诊断和治疗方法。（4）动物和植物品种，其缘由在于自然生成的产物，不是人类的发明创造。

---

① 吴汉东主编：《知识产权法》，北京大学出版社 2007 年版，第 148 页。

然而动植物品种所研制的生产方法，可以授予专利权；（5）用原子核变换方法获得的物质，其立足点在于公共安全的考量。原子核变方法缺乏安全性，会给公共安全带来巨大危害。（6）对平面印刷品的图案、色彩或者二者的结合作出的主要起标识作用的设计。

2. 发明专利权的主体

发明专利的申请权归发明人，申请批准后，发明人为专利权人。职务发明创造的主体。执行本单位的任务或者主要是利用本单位的物质技术条件所完成的发明创造为职务发明创造。职务发明创造申请专利的权利属于该单位；申请被批准后，该单位为专利权人。执行本单位的任务所完成的职务发明创造，是指：（1）在本职工作中作出的发明创造；（2）履行本单位交付的本职工作之外的任务所作出的发明创造；（3）退休、调离原单位后或者劳动、人事关系终止后1年内作出的，与其在原单位承担的本职工作或者原单位分配的任务有关的发明创造。利用本单位的物质技术条件所完成的发明创造，单位与发明人或者设计人订有合同，对申请专利的权利和专利权的归属作出约定的，从其约定。所谓利用本单位的物质技术条件，是指利用本单位的资金、设备、零部件、原材料或不对外公开的技术资料等。发明人要对发明的实质性特点作出创造性贡献，因此，在完成发明创造过程中只负责组织工作的人、为物质技术条件的利用提供方便的人或者其他从事辅助工作的人，不属于发明人。

合作开发发明创造的主体。两个以上单位或者个人合作完成的发明创造，除另有协议的以外，申请专利的权利属于完成或者共同完成的单位或者个人；申请被批准后，申请的单位或者个人为专利权人。合作方共有时，一方转让申请权的共有份额的，其他共有人有优先受偿权；专利申请权或者专利权的共有人对权利的行使有约定的，从其约定。没有约定的，共有人可以单独实施或者以普通许可方式许可他人实施该专利；许可他人实施该专利的，收取的使用费应当在共有人之间分配。除此之外，行使共有的专利申请权或者专利权应当取得全体共有人的同意。

委托开发发明创造的主体。一个单位或者个人接受其他单位或者个人委托所完成的发明创造，有约定时，按照约定；无约定时，归受托人，申请批准后，受托人为专利权人。

3. 发明专利权的内容

发明类型的不同，权利内容亦不同。产权专利权人享有制造权、使用权、许诺销售权、销售权、进口权；方法发明专利人享有对该方法的使用权、许诺销售权、销售、进口依照该专利方法直接获得产品。

（1）制造权。即专利人所享有的依照专利文件中的记载生产制造专利产品的权利。若他人未经许可生产制造的产品与专利产品相同，则构成侵权。

（2）使用权。即专利权人可以使用产品专利或方法专利的权利。使用权有两个限制：其一所谓权利用尽，又称作首次销售。即专利权人自己制造或许可了他人制造的产品一经上市销售，则专利权人不再享有这些产品的使用权。其二所谓善意侵权，即使用者在不知道其所销售的或者使用的专利权产品是侵犯他人专利权的行为，不承担侵权责任。我国立法规定，为生产经营目的使用或者销售不知道是未经专利权人许可制造并售出的专利产品或者依照专利方法直接获得的产品，能直接证明其产品合法来源的，不承担赔偿责任。

（3）许诺销售权。许诺销售是指明确表示愿意出售专利产品的意思表示。对于许诺销售所包含的范围，学术界有不同的观点，一种观点认为许诺销售仅仅包括为销售行为准备；而另一种观点认为，许诺销售不仅包括对销售行为的许诺，还包括为出租、展示专利产品或者免费向公众提供专利产品的许诺。①

（4）销售权。即专利权人将其专利产品的所有予以转让的行为。根据上述权利用尽原则，再次销售不侵犯专利人的权利。

（5）进口权。是指专利权人将专利产品从一个法律制度统辖的领域转入另一个法律制度统辖领域的权利。

（6）许可实施权。许可实施分为自愿许可与强制许可。

自愿许可是指权利人自主选择相对人通过合同的形式将自己的专利权许诺他人使用的权利。我国立法规定任何单位或者个人实施他人专利的，应当与专利权人订立书面实施许可合同，向专利权人支付专利使用费。被许可人无权允许合同规定以外的任何单位或者个人实施该权利。一般来说，自愿许可有以下分类：其一，独占许可，指被许可方在合同有限期内对专利有独占的权利，许可方自己不能使用该专利，也不得再许可第三人；其二，普通许可。是指许可方在被许可方使用该专利的同时亦可以使用，同时还可以再许可第三方使用；其三，排他许可，是指许可方与被许可方都可以使用某一专利，但是许可方不得再许可第三方使用；其四，分许可。是指被许可方可以再许可第三方使用该专利技术的许可；其五，交叉许可。是指改进发明的专利权人若实施某一专利技术，必须经原专利权人许可，原专利权人若实施新的专利技术，也必须经改进专利权人的许可。

强制许可是指违反专利权人的意志，由国家机关决定许可他人实施某专利。强制许可主要分为：其一，对具备实施条件单位的强制许可，是指专利权

---

① 刘春田主编：《知识产权法》，高等教育出版社、北京大学出版社 2007 年版，第 213 页。

人自专利权被授予之日起满 3 年，且自提出专利申请之日起满 4 年，无正当理由未实施或者未充分实施其专利或专利权人行使专利权的行为被依法认定为垄断行为，为消除或者减少该行为对竞争产生的不利影响的，国务院专利行政部门根据具备实施条件的单位或者个人的申请，可以给予实施发明专利或者实用新型专利的强制许可。此处的未充分实施其专利，是指专利权人及其被许可人实施其专利的方式或者规模不能满足国内对专利产品或者专利方法的需求。其二，公益性强制许可，是指在国家出现紧急状态或者非常情况时，或者为了公共利益的目的，国务院专利行政部门可以给予实施发明专利或者实用新型专利的强制许可。其三，药品专利的强制许可，是指为了公共健康目的，对取得专利权的药品，国务院专利行政部门可以给予制造并将其出口到符合中华人民共和国参加的有关国际条约规定的国家或者地区的强制许可。其四，依赖专利的强制许可，是指一项取得专利权的发明或者实用新型比前已经取得专利权的发明或者实用新型具有显著经济意义的重大技术进步，其实施又有赖于前一发明或者实用新型的实施的，国务院专利行政部门根据后一专利权人的申请，可以给予实施前一发明或者实用新型的强制许可。在依照该规定给予实施强制许可的情形下，国务院专利行政部门根据前一专利权人的申请，也可以给予实施后一发明或者实用新型的强制许可。其五，半导体技术的强制许可，是指当时是限于公共利益的目的或者专利权人行使专利权的行为被依法认定为垄断行为，为消除或者减少该行为对竞争产生的不利影响的，可以对半导体技术实施强制许可。取得实施强制许可的单位或者个人应当付给专利权人合理的使用费，或者依照中华人民共和国参加的有关国际条约的规定处理使用费问题。付给使用费的，其数额由双方协商；双方不能达成协议的，由国务院专利行政部门裁决。

4. 申请、授予发明专利权的程序

申请、授予发明专利权需要经过申请、受理、初步审查、实质审查、授予、复审与诉讼等几个程序。

（1）申请。申请发明专利，应当提交请求书、说明书及其摘要和权利要求书等文件。请求书应当写明发明或者实用新型的名称，发明人的姓名，申请人姓名或者名称、地址，以及其他事项。说明书应当对发明或者实用新型作出清楚、完整的说明，以所属技术领域的技术人员能够实现为准；必要的时候，应当有附图。摘要应当简要说明发明或者实用新型的技术要点。权利要求书应当以说明书为依据，清楚、简要地限定要求专利保护的范围。依赖遗传资源完成的发明创造，申请人应当在专利申请文件中说明该遗传资源的直接来源和原始来源；申请人无法说明原始来源的，应当陈述理由。当事人可以对其专利申请文件进行修改，但对发明专利申请文件的修改不得超出原说明书和权利要求书记载的范围。

先申请原则。同一申请人同日对同样的发明创造既申请实用新型专利又申请发明专利，先获得的实用新型专利权尚未终止，且申请人声明放弃该实用新型专利权的，可以授予发明专利权。两个以上的申请人分别就同样的发明创造申请专利的，专利权授予最先申请的人。申请文件为邮寄的，以寄出的邮戳日为申请日；邮戳日不清的，除当事人能证明外，以专利局收到之日起为申请日。申请日为国务院专利行政部门收到专利申请文件之日。说明书中写有对附图的说明但无附图或者缺少部分附图的，申请人应当在国务院专利行政部门指定的期限内补交附图或者声明取消对附图的说明。申请人补交附图的，以向国务院专利行政部门提交或者邮寄附图之日为申请日；取消对附图的说明的，保留原申请日。

在中国没有经常居所或者营业所的外国人、外国企业或者外国其他组织在中国申请专利和办理其他专利事务的，应当委托依法设立的专利代理机构办理。中国单位或者个人在国内申请专利和办理其他专利事务的，可以委托依法设立的专利代理机构办理。专利代理机构应当遵守法律、行政法规，按照被代理人的委托办理专利申请或者其他专利事务；对被代理人发明创造的内容，除专利申请已经公布或者公告的以外，负有保密责任。专利代理机构的具体管理办法由国务院规定。任何单位或者个人将在中国完成的发明或者实用新型向外国申请专利的，应当事先报经国务院专利行政部门进行保密审查。保密审查的程序、期限等按照国务院的规定执行。

单一申请原则。一件发明或者实用新型专利申请应当限于一项发明或者实用新型。属于一个总的发明构思的两项以上的发明或者实用新型，可以作为一件申请提出。

优先权原则。优先权是指将发明专利的后续申请日提前至首次申请日的权利。优先权原则是《保护工业产权巴黎公约》的基本原则之一，申请人在任一巴黎公约成员国首次提出正式专利申请后的一定期限内，又在其他巴黎公约成员国就同一内容的发明创造提出专利申请的，可将其首次申请日作为其后续申请的申请日。在要求优先权时，首次申请日被称作优先权日，享有优先权的期限被称作优先权期。

我国立法规定了国际优先权与国内优先权。国际优先权是指申请人自发明在外国第一次提出专利申请之日起 12 个月内，或者自外观设计在外国第一次提出专利申请之日起 6 个月内，又在中国就相同主题提出专利申请的，依照该外国同中国签订的协议或者共同参加的国际条约，或者依照相互承认优先权的原则，可以享有优先权。国际优先权是指申请人自发明在中国第一次提出专利申请之日起 12 个月内，又向国务院专利行政部门就相同主题提出专利申请的，可以享有优先权。

在我国，申请人要求优先权的，应当在申请的时候提出书面声明，并且在 3 个月内提交第一次提出的专利申请文件的副本；未提出书面声明或者逾期未提交专利申请文件副本的，视为未要求优先权。

申请人在一件专利申请中，可以要求一项或者多项优先权，要求多项优先权的，该申请的优先权期限从最早的优先权日期计算。同时，申请人要求本国优先权，在先申请是发明专利申请的，可以就相同主题提出发明或者实用新型专利申请；在先申请是实用新型专利申请的，可以就相同主题提出实用新型或者发明专利申请。然而，已经要求外国优先权或者本国优先权的，或者已经被授予专利权的，或者应属于按照规定提出分案申请的，在提出后一申请时，不得作为要求本国优先权的基础。

申请的撤回。申请人可以在被授予专利权之前随时撤回其专利申请。

（2）受理。专利局收到合格的专利申请后，即为受理。专利申请文件有下列情形之一的，国务院专利行政部门不予受理，并通知申请人：①发明专利申请缺少请求书、说明书（实用新型无附图）或者权利要求书的；②未使用中文的；③不符合《专利法实施细则》第 121 条第 1 款规定的，即各类申请文件应当打字或者印刷，字迹呈黑色，整齐清晰，并不得涂改。附图应当用制图工具和黑色墨水绘制，线条应当均匀清晰，并不得涂改；④请求书中缺少申请人姓名或者名称，或者缺少地址的；⑤明显不符合《专利法》第 18 条或者第 19 条第 1 款的规定的；⑥专利申请类别（发明、实用新型或者外观设计）不明确或者难以确定的。

（3）初步审查。国务院专利行政部门收到发明专利申请后，仅初步审查认为符合要求的，自申请日起满 18 个月，即行公布。

（4）实质审查。发明专利的实质审查主体是国务院专利行政管理部门，可以依当事人的申请进行审查，也可以自行审查。发明专利申请自申请日起 3 年内，国务院专利行政部门可以根据申请人随时提出的请求，对其申请进行实质审查；申请人无正当理由逾期不请求实质审查的，该申请即被视为撤回。国务院专利行政部门认为必要的时候，可以自行对发明专利申请进行实质审查。发明专利的申请人请求实质审查的时候，应当提交在申请日前与其发明有关的参考资料。发明专利已经在外国提出过申请的，国务院专利行政部门可以要求申请人在指定期限内提交该国为审查其申请进行检索的资料或者审查结果的资料；无正当理由逾期不提交的，该申请即被视为撤回。

国务院专利行政部门对发明专利申请进行实质审查后，认为不符合本法规定的，应当通知申请人，要求其在指定的期限内陈述意见，或者对其申请进行修改；无正当理由逾期不答复的，该申请即被视为撤回。

发明专利申请经申请人陈述意见或者进行修改后，国务院专利行政部门仍然认为不符合本法规定的，应当予以驳回。

（5）授予专利权。发明专利申请经实质审查没有发现驳回理由的，由国务院专利行政部门作出授予发明专利权的决定，发给发明专利证书，同时予以登记和公告。发明专利权自公告之日起生效。国务院专利行政部门发出授予专利权的通知后，申请人应当自收到通知之日起 2 个月内办理登记手续。申请人按期办理登记手续的，国务院专利行政部门应当授予专利权，颁发专利证书，并予以公告。期满未办理登记手续的，视为放弃取得专利权的权利。

（6）复审与诉讼。专利申请人对国务院专利行政部门驳回申请的决定不服的，可以自收到通知之日起 3 个月内，向专利复审委员会请求复审。专利复审委员会复审后，作出决定，并通知专利申请人。专利复审委员会由国务院专利行政部门指定的技术专家和法律专家组成，主任委员由国务院专利行政部门负责人兼任。

专利申请人对专利复审委员会的复审决定不服的，可以自收到通知之日起 3 个月内向人民法院起诉。

5. 专利权的期限、终止和无效

发明专利权的期限为 20 年，自申请之日起计算。专利权人若没有按照规定缴纳年费的或者专利权人以书面声明放弃其权利的，专利可以在期限届满前终止。

专利被宣告无效的则视为专利权自始不存在。对宣告专利权无效前人民法院作出并已执行的专利侵权的判决、调解书，已经履行或者强制执行的专利侵权纠纷处理决定，以及已经履行的专利实施许可合同和专利权转让合同，不具有追溯力。但是因专利权人的恶意给他人造成的损失，应当给予赔偿。依照该规定不返还专利侵权赔偿金、专利使用费、专利权转让费，明显违反公平原则。

6. 发明专利权的保护

（1）发明专利权的保护范围。专利权保护范围的确定大致有以下原则：一是周边限定原则。该原则主要为英美法系国家所采用，其含义是专利权的保护范围以权利要求书的范围为限，应当根据权利要求书的文字进行严格的解释。在此基础上，美国还发展了等同原则予以补充，意为某些表面上看起来有一些差异但是实质等同侵权的行为能够受到法律的追究。二是中心限定原则，是指以权利要求书作为中心，但不拘泥于权利要求书的文字记载，而是做综合性全面的考虑，将权利要求书中心一定范围内的技术也包括在专利保护的范围内。三是折中原则。该原则是上述两项原则的折中，《欧洲专利公约》是折中原则的一个代表性立法例。该公约第 69 条规定，一件欧洲专利或专利申请的保护范围应由其权利要求书的内容决定；然而，说明书和附图应当用于解释权利要求书。《公约第 69 条解释议定书》对本条款作出了进一步诠释："第 69 条不应解释为欧洲专利的保护范围仅以权利要求书应用的语言的严格含义和字面含义来理解，而说明书和附图仅用于解决权利要求书的模糊之处；也不应解释为权利要求书仅是一个指南，而实际保护可延伸至依据本领域的普通技术人员对说明书和附图的理解而为专利权人期望的范围。与之相反，该条款应被解释为定义了这些极端之间的一种立场，它既能够为专利权人提供公平保护，也能够为第三人提供合理的确定性。"① 我国《专利法》采用了折中原则，规定发明权利的保护范围以其权利要求的内容为准，说明书及附图可以用于解释权利要求的内容。即发明专利的权利保护范围应以权利要求书中明确记载的必要技术特征所确定的范围为准，也包括由这些必要技术特征的等同特征所确定的范围。

（2）侵犯发明专利权的种类。我国立法仅规定了直接侵权行为，即若为生产经营目的制造、使用、许诺销售、销售、进口某专利产品的，构成对该专利产品的侵权。同时，假冒或冒充他人专利的，亦构成我国专利法上的侵权。

（3）专利侵权的判定。专利侵权认定的原则主要有：一是全面覆盖原则。即专利产品的必要技术特征都被侵权产品覆盖，则可判定侵权。二是等同原则，是指与所记载的技术特征以基本相同手段，实现基本相同的功能，达到基本相同的效果，并且本领域的普通技术人员无须经过创造性劳动就能够联想到的特征。三是禁止反悔原则，是指在专利申请中，专利权人为获得专利，有时会对专利申请进行调整、限制等修改，那么在之后的侵权诉讼中，即使符合等同原则，专利权人也不得再要求享有他已放弃的权利内容。这是诚信原则在专利法中的体现，目的是让专利权人合理谨慎行使自己的权利。

（4）侵权的救济。因侵犯专利权引起纠纷的，有以下救济措施：其一，由当事人协商解决；其二，行政处理。当事人不愿协商或者协商不成的，专利权人或者利害关系人可以请求管理专利工作的部门处理。管理专利工作的部门处理时，认定侵权行为成立的，可以责令侵权人立即停止侵权行为，当事人不服的，可以自收到处理通知之日起 15 日内依照《行政诉讼法》向人民法院起

---

① 冯小青主编：《知识产权法》，中国政法大学出版社 2008 年版，第 263 页。

诉；侵权人期满不起诉又不停止侵权行为的，管理专利工作的部门可以申请人民法院强制执行。其三，调解。进行处理的管理专利工作的部门应当事人的请求，可以就侵犯专利权的赔偿数额进行调解；调解不成的，当事人可以依照《民事诉讼法》向人民法院起诉。其四，当事人不愿协商或者协商不成的，也可以直接向人民法院起诉。此外，假冒专利的，除依法承担民事责任外，由管理专利工作的部门责令改正并予公告，没收违法所得，可以并处违法所得 4 倍以下的罚款；没有违法所得的，可以处 20 万元以下的罚款；构成犯罪的，依法追究刑事责任。

（5）侵权赔偿数额的确定。侵犯专利权的赔偿数额按照权利人因被侵权所受到的实际损失确定；实际损失难以确定的，可以按照侵权人因侵权所获得的利益确定。权利人的损失或者侵权人获得的利益难以确定的，参照该专利许可使用费的倍数合理确定。赔偿数额还应当包括权利人为制止侵权行为所支付的合理开支。权利人的损失、侵权人获得的利益和专利许可使用费均难以确定的，人民法院可以根据专利权的类型、侵权行为的性质和情节等因素，确定给予 1 万元以上 100 万元以下的赔偿。

（三）共同诉讼

共同诉讼是指当事人一方或双方为两人以上，诉讼标的是共同的或者属于同一种类的，在诉讼过程中合并审理的诉讼。原告为两人以上的诉讼为积极性共同诉讼，被告为两人以上的诉讼为消极的共同诉讼，原被告均为两人以上的共同诉讼成为混合的共同诉讼。

1. 共同诉讼的特征

共同诉讼具有两个基本特征：一是当事人一方或双方为两人以上。共同诉讼的这一本质特征决定了其与单独诉讼的区别。二是共同诉讼人在同一诉讼程序中进行诉讼。只有当一方或双方为两人以上的当事人在同一诉讼程序中进行诉讼时，才能形成共同诉讼。

2. 共同诉讼的分类

按照共同诉讼标的是相同的还是同一种类的，可以将共同诉讼分为必要共同诉讼与普通共同诉讼。

（1）必要共同诉讼

必要共同诉讼是指当事人一方或双方为两人或两人以上，其诉讼标的是共同的，人民法院必须合并审理并在裁判中对诉讼标的合一确定的共同诉讼。

必要共同诉讼的特征。其一是当事人一方或双方为两人或两人以上。其二是诉讼标的是共同的，是指共同诉讼人在民事实体法律关系中存在着共同的利害关系，即享有共同的权利，承担共同的义务。因此，要求全体诉讼人必须一起参加诉讼，如果共同诉讼人未一同参加诉讼的，人民法院应当予以追加。其三是人民法院必须合并审理、合一判决。是指法院必须适用同一种诉讼程序进行审理，并对共同诉讼人的权利义务作出内容相同的判决。

必要共同诉讼的情形。必要共同诉讼可以分为固有的必要共同诉讼和类似的必要共同诉讼。固有的必要共同诉讼是指全体共同诉讼人必须合一确定，且必须一同参加诉讼的必要共同诉讼。类似的必要的共同诉讼是指各个共同诉讼人既可以一同起诉或应诉，又可以分别起诉或应诉，但一旦选择一同起诉或应诉，法院对共同诉讼人的诉讼标的就必须作合一确定的必要共同诉讼。我国没有上述两种分类。我国理论上通常将必要共同诉讼分为权利义务共同型的必要共同诉讼和原因共同型的必要共同诉讼。前者是指共同诉讼人之间存在着权利义务的共同关系或连带关系，且这种共同关系或连带关系并不是因为同一事实或同一法律上的原因引起的。在实务中主要是指共同诉讼人之间存在着权利义务的共同关系或是存在着连带债权或连带债务关系。后者是指共同诉讼人之间原本没有共同的权利或义务，但由于后来发生了同一事实或法律上的原因，才使得共同诉讼之间具有了共同的权利或义务。因共同侵权引起的诉讼是原因共同型必要诉讼的典型形态。

在司法实务中，必要共同诉讼主要有以下情形：一是挂靠。即个体工商户、个人合伙或私营企业挂靠集体企业并以集体企业的名义从事生产经营活动的，在诉讼中，该个体工商户、个人合伙或私营企业与其挂靠的集体企业为共同诉讼人。二是营业执照业主与实际经营者不一致。在诉讼中，个体工商户以营业执照上登记的业主为当事人。有字号的，应在法律文书中注明登记的字号。营业执照上登记的业主与实际经营者不一致的，以业主和实际经营者为共同诉讼人。三是个人合伙。个人合伙的全体合伙人在诉讼中为共同诉讼人。个人合伙有依法核准登记的字号的，应在法律文书中注明登记的字号。全体合伙人可以推选代表人；被推选的代表人，应由全体合伙人出具推选书。四是企业法人分立。企业法人分立的，因分立前的民事活动发生的纠纷，以分立后的企业为共同诉讼人。五是借用业务介绍信的。借用业务介绍信、合同专用章、盖章的空白合同书或者银行账户的，出借单位和借用人为共同诉讼人。六是继承遗产的。在继承遗产的诉讼中，部分继承人起诉的，人民法院应通知其他继承人作为共同原告参加诉讼；被通知的继承人不愿意参加诉讼又未明确表示放弃实体权利的，人民法院仍应把其列为共同原告。七是代理关系。被代理人和代理人承担连带责任的，为共同诉讼人。八是共同财产涉诉的。共有财产权受到他人侵害，部分共有权人起诉的，其他共有权人应当列为共同诉讼人。九是连带保证合同。因保证合同纠纷提起的诉讼，债权人向保证人和被保证人一并主张权利的，人民法院应当将保证人和被保证人列为共同被告；债权人仅起诉保证人的，除保证合同明确约定保证人承担连带责任的以外，人民法院应当通知被保证人作为共同被告参加诉讼；债权人仅起诉被保证人的，可只列被保证人为被告。十是共同侵权。因共同侵权引起诉讼的，所有实施侵权行为的人为共同诉讼人。

必要共同诉讼人的内部关系。必要共同诉讼人内部既有牵连性又有独立性。其牵连性是指必要共同诉讼人的民事诉讼行为能力的共同性，主要表现在必要共同诉讼中一人的行为只有有利于全体时才发生效力。我国现行《民事诉讼法》第52条规定："共同诉讼的一方当事人对诉讼标的有共同权利义务的，其中一人的诉讼行为经其他共同诉讼人承认，对其他共同诉讼人发生效力。"由此可知，共同诉讼人中一人所作的有利于全体的诉讼请求、陈述有利事实、提出的有利证据或者提出抗辩、反证的，虽然其他共同诉讼人未作出这些行为，但是对全体发生效力。共同诉讼中一人所作的自认、承认对方诉讼请求、放弃诉讼请求等不利行为，对全体共同诉讼人不发生效力。同时，必要共同诉讼的牵连性还表现在共同诉讼中一人遵守诉讼期间的，对全体发生效力。必要共同诉讼中共同诉讼人之间的独立性较弱，主要表现在各个必要共同诉讼人可以独立实施与其他共同诉讼人无关的诉讼行为，如各必要共同诉讼人均是由民事诉讼权利能力的独立民事主体，以及委托诉讼代理人等。

必要共同诉讼人的追加。对必要共同诉讼人的追加既可以依职权追加也可以依申请追加。根据我国相关立法规定，必须共同进行诉讼的当事人没有参加诉讼的，人民法院应当通知其参加；当事人也可以向人民法院申请追加。人民法院对当事人提出的申请，应当进行审查，申请无理的，裁定驳回；申请有理的，书面通知被追加的当事人参加诉讼。人民法院追加共同诉讼的当事人时，应通知其他当事人。应当追加的原告，已明确表示放弃实体权利的，可不予追加；既不愿意参加诉讼，又不放弃实体权利的，仍追加为共同原告，其不参加诉讼，不影响人民法院对案件的审理和依法作出判决。被追加的被告，如果不愿参加诉讼的，法院一般可以对其进行缺席判决，但对符合拘传条件的被告，则可以通过拘传强制其到庭参加诉讼。

（2）普通共同诉讼

普通共同诉讼是指当事人一方或双方为两人或两人以上，诉讼标的是同一种类，人民法院认为可以合并审理并经当事人同意合并审理而进行的共同诉讼。

普通共同诉讼的特征。一是当事人一方或双方为两人或两人以上。二是普通共同诉讼的标的有多个，且属于同一种类。所谓诉讼标的属于同一种类，是指各共同诉讼人与对方当事人之间发生争议的法律关系属于同一种法律类型，共同诉讼人之间没有共同的权利义务。三是普通共同诉讼是一种可分之诉。普通共同诉讼人可以共同起诉，也可以单独起诉。四是人民法院对案件进行合一审理，但分别判决。法院虽使用同诉讼程序对案件进行了审理，但最终要分别确定判决。

普通共同诉讼的内部关系。普通共同诉讼是一种可分之诉，共同诉讼人之间的法律地位是独立的，因此，普通共同诉讼的内部关系独立性是主要特征。其独立性主要体现在：每个共同诉讼人都有权独立的进行诉讼行为，并只对行为人本人发生效力，如诉讼中各共同诉讼人可以自行撤诉、自认、和解、上诉，其效力不及于其他共同诉讼人；各共同诉讼人可以分别委托诉讼代理人；各共同诉讼人出现诉讼中止、终结等，不对其他共同诉讼人产生效力；共同诉讼中的对方当事人，对于各共同诉讼人的行为可以不同，甚至对立；人民法院可以对共同诉讼人作出实体结果完全不同的判决。同时，普通共同诉讼人之间亦存在牵连关系，主要体现在：其一，证据共同原则，即共同诉讼中一人在诉讼中所提出的证据，可以作为对其他共同诉讼人主张的事实进行认定的资料；其二，主张共通原则，即共同诉讼中一人的主张，如果不抵触其他共同诉讼人的行为，当其对其他共同诉讼人有利时，法律效力及于其他共同诉讼人。

（3）普通共同诉讼与必要共同诉讼的区别

第一，诉讼标的的数量不同。必要共同诉讼的诉讼标的只有一个，而普通共同诉讼的诉讼标的是同一种类的多个。

第二，诉的特征不同。必要共同诉讼的诉讼标的不可分，普通共同诉讼的诉讼标的是可分的。

第三，共同诉讼人与诉讼标的的关系不同。必要共同诉讼人对诉讼标的存在共同的权利义务关系；而普通共同诉讼人相互之间没有实体上共同的权利义务关系。

第四，共同诉讼是否经当事人同意不同。必要共同诉讼无需经当事人同意，法院必须合并审理；而普通共同诉讼的合并审理必须经过共同诉讼人的同意。

第五，审理和裁判的方式不同。必要共同诉讼是不可分之诉，要求所有共同诉讼人一起参加诉讼，且法院必须合并审理，合一判决；而普通共同诉讼是一种可分之诉，法院可以合并审理，也可以分开审理，且无论是合并审理还是分开审理，裁判时也应对各当事人分别作出裁决。

第六，共同诉讼人之间的牵连性与独立性不同。必要共同诉讼中，共同诉讼人之间的牵连性较强，其中一人的诉讼行为经其他共同诉讼人同意，对其他共同诉讼人发生法律效力；在普通共同诉讼中，共同诉讼人之间的独立性是主要特征，共同诉讼人的诉讼行为只对自己发生效力，不及于其他共同诉讼人。

回到本案，从斯瑞曼公司诉请的被告和主张承担的连带赔偿责任上看，属于民事诉讼法规定的必要共同诉讼的种类。

图书在版编目（CIP）数据

最高人民法院指导性案例研究/姜丽萍，刘斌主编. —北京：中国
检察出版社，2015.4
ISBN 978－7－5102－1369－4

Ⅰ.①最⋯　Ⅱ.①姜⋯　②刘⋯　Ⅲ.①最高法院－审判－案例－中国
Ⅳ.①D925.05

中国版本图书馆 CIP 数据核字（2015）第 018309 号

最高人民法院指导性案例研究

姜丽萍　刘　斌　主编

出版发行：中国检察出版社
社　　址：北京市石景山区香山南路 111 号（100144）
网　　址：中国检察出版社（www.zgjccbs.com）
编辑电话：(010) 88685314
发行电话：(010) 68650015　68650016　68650029
经　　销：新华书店
印　　刷：三河市西华印务有限公司
开　　本：720 mm×960 mm　16 开
印　　张：16.5 印张
字　　数：297 千字
版　　次：2015 年 4 月第一版　2015 年 4 月第一次印刷
书　　号：ISBN 978－7－5102－1369－4
定　　价：55.00 元